ガイドブック

厚 生 労 働 省

厚 生 労 働 省

東京都千代田区霞が関 1 － 2 － 2

中央合同庁舎第 5 号館

郵便番号　100-8916

電　話　03-5253-1111（代表）

目　　　次

厚生労働省の組織

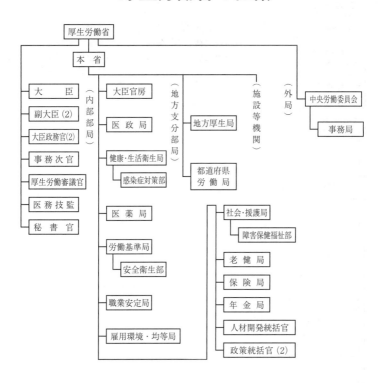

厚生労働省
本省

(内部部局)
大臣
副大臣 (2)
大臣政務官(2)
事務次官
厚生労働審議官
医務技監
秘書官

大臣官房
医政局
健康・生活衛生局
　感染症対策部
医薬局
労働基準局
　安全衛生部
職業安定局
雇用環境・均等局

社会・援護局
　障害保健福祉部
老健局
保険局
年金局
人材開発統括官
政策統括官 (2)

(地方支分部局)
地方厚生局
都道府県労働局

(施設等機関)

(外局)
中央労働委員会
事務局

(施設等機関)

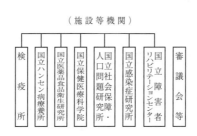

検疫所
国立ハンセン病療養所
国立医薬品食品衛生研究所
国立保健医療科学院
国立社会保障・人口問題研究所
国立感染症研究所
国立障害者リハビリテーションセンター
審議会等

大臣官房

- 総括審議官
- 総括審議官（国際担当）
- 危機管理・医務技術総括審議官
- 公文書監理官
- 審 議 官
- 地域保健福祉施策特別分析官
- 国際保健福祉交渉官
- 国際労働交渉官
- 参 事 官
- 人 事 課
  - 人事調査官
  - 調 査 官
  - 人事企画官
- 総 務 課
  - 公文書監理・情報公開室
  - 広 報 室
  - 企 画 官
- 会 計 課
  - 会計管理官
  - 監査指導室
  - 経 理 室
  - 管 理 室
  - 厚生管理企画官
- 地 方 課
  - 地方厚生局管理室
  - 地方企画官
  - 業務改善分析官
- 国 際 課
  - 国際企画・戦略官
  - 国際保健・協力室
  - 国際労働・協力室
- 厚 生 科 学 課
  - 災害等危機管理対策室
- 参事官（情報化担当）

　厚生労働省の行政を総括し、基本政策の立案、法令の制定改廃、予算編成、組織、人事、国際関係及び行政情報化推進等を含めた総合調整を行い、国会、省庁、マスメディア、国民一般及び対外国等に関する省全体の代表窓口としての機能を果たしています。

医政局

```
┬ 総  務  課
│  └ 医療政策企画官
├ 地域医療計画課
│  └ 医療安全推進・医務指導室
├ 医療経営支援課
│  ├ 国立ハンセン病療養所対策室
│  ├ 医療独立行政法人支援室
│  └ 政策医療推進官
├ 医  事  課
│  ├ 試験免許室
│  ├ 医師臨床研修推進室
│  └ 死因究明等企画調査室
├ 歯 科 保 健 課
│  └ 歯科口腔保健推進室
├ 看  護  課
│  ├ 看護サービス推進室
│  └ 看護職員確保対策官
├ 医薬産業振興・医療情報審議官
├ 医薬産業振興・医療情報企画課
│  ├ 医療機器政策室
│  └ 首席流通指導官
├ 研究開発政策課
│  └ 治 験 推 進 室
└ 参事官（特定医薬品開発支援・医療情報担当）
```

　近年の高齢化、疾病構造の変化、医療の質を求める国民の声の高まりなどに応え、21世紀における良質で効率的な医療提供体制の実現に向けた政策の企画立案を行っています。

健康・生活衛生局

- 総務課
  - 指導調査室
- 健康課
  - 地域保健企画官
  - 保健指導官
- がん・疾病対策課
  - 肝炎対策推進室
- 難病対策課
  - 移植医療対策推進室
- 生活衛生課
  - 生活衛生対策企画官
- 食品監視安全課
  - 輸入食品安全対策室

保健所等を通じた地域保健の向上や糖尿病、がんなどの生活習慣病の対策を講じるとともに、適正な移植医療の推進を図り、国民一人一人の健康の向上に取り組んでいます。

また、食品衛生法等に基づき食品の安全確保による国民の健康の保護及び理・美容店などの生活衛生関係営業の振興策、シックハウス対策等を担い、快適な生活環境の確保にも取り組んでいます。

感染症対策部

- 企画・検疫課
  - 検疫所業務企画調整官
- 感染症対策課
  - 感染症情報管理室
- 予防接種課

平時から、感染症の特性の分析・把握、予防接種対策、検疫対策等について一体的に実施するとともに、感染症危機対応の業務に関する厚生労働省内の調整を行っています。

医薬局

- 総務課
  - 薬事企画官
  - 薬局地域機能推進企画官
  - 医薬品副作用被害対策室
- 医薬品審査管理課
- 医療機器審査管理課
- 医薬安全対策課
- 監視指導・麻薬対策課
  - 麻薬対策企画官
  - 薬物取締調整官
- 血液対策課

医薬品・医薬部外品・化粧品・医療機器及び再生医療等製品の有効性・安全性の確保対策のほか、血液事業、麻薬・覚せい剤対策など、国民の生命・健康に直結する諸問題を担っています。

労働基準局

- 総務課
  - 石綿対策室
  - 主任労働保険専門調査官
- 労災保険業務分析官
- 労働条件政策課
  - 労働条件確保改善対策室
  - 医療労働企画官
  - 過労死等防止対策企画官
- 監督課
  - 過重労働特別対策室
  - 調査官
  - 主任中央労働基準監察監督官
- 労働関係法課
- 労働法規研究官
- 賃金課
  - 主任中央賃金指導官
- 最低賃金制度研究官
- 労災管理課
  - 労災保険財政数理室
  - 建設石綿給付金認定等業務室
  - 主任中央労災補償監察官
- 労働保険徴収課
  - 労働保険徴収業務室
- 補償課
  - 職業病認定対策室
  - 労災保険審理室
  - 調査官
- 労災保険業務課

労働条件の確保・改善、労働者の安全と健康の確保、的確な労災補償の実施などの諸対策を進めるための総合的な対策を推進しています。

安全衛生部

- 計画課
- 調査官
- 安全課
  - 建設安全対策室
  - 主任中央産業安全専門官
- 労働衛生課
  - 産業保健支援室
  - メンタルヘルス対策・治療と仕事の両立支援推進室
  - 電離放射線労働者健康対策室
  - 主任中央労働衛生専門官
  - 主任中央じん肺診査医
- 化学物質対策課
  - 化学物質評価室
  - 環境改善・ばく露対策室

産業安全（鉱山における保安を除く）に関すること、労働衛生（鉱山における通気及び災害時の救護に関することを除く）に関すること及び、家内労働者の安全及び衛生に関することを行っています。

職業安定局

- 総　務　課
  - 訓練受講支援室
  - 公共職業安定所運営企画室
  - 人材確保支援総合企画室
  - 首席職業指導官
  - 主任中央職業安定監察官
- 雇用政策課
  - 労働移動支援室
  - 民間人材サービス推進室
  - 雇用復興企画官
  - 労働市場分析官
- 雇用保険課
  - 主任中央雇用保険監察官
  - 調　査　官
- 需給調整事業課
  - 労働市場基盤整備室
  - 主任中央需給調整事業指導官
- 外国人雇用対策課
  - 国際労働力対策企画官
  - 海外人材受入就労対策室
  - 高齢・障害者雇用開発審議官
- 雇用開発企画課
  - 就労支援室
  - 建設・港湾対策室
- 高齢者雇用対策課
- 高年齢者雇用対策分析官
- 障害者雇用対策課
  - 地域就労支援室
  - 調　査　官
  - 主任障害者雇用専門官
- 地域雇用対策課
- 労働市場センター業務室
  - 主任システム計画官

雇用の安定、再就職の促進に全力で取り組んでいるほか、経済・産業構造の転換に的確に対応して、新規・成長分野を中心とした雇用機会の創出、雇用のミスマッチの解消などを重点とした雇用対策を積極的に推進することにより、国民の雇用不安を払拭し、再び希望と活力にあふれた経済社会をつくりだすことを目指しています。

雇用環境・均等局

- 総　務　課
  - 労働紛争処理業務室
  - 主任雇用環境・均等監察官
- 雇用機会均等課
  - ハラスメント防止対策室
- 有期・短時間労働課
- 職業生活両立課
- 在宅労働課
- 勤労者生活課
  - 労働者協同組合業務室
  - 労働金庫業務室

非正規雇用労働者の待遇の改善、ワーク・ライフ・バランスの推進等労働者が働きやすい一定水準以上の職場環境の整備や、性別や働き方にかかわらず、誰もがその能力を十分に発揮し、仕事と家庭を両立させながら働くことができるようにするための男女雇用機会均等の確保、多様な働き方のニーズに対応した就業環境づくりを行っています。

社会・援護局

- 総　務　課
  - 女性支援室
- 保　護　課
  - 自立推進・指導監査室
  - 保護事業室
- 地域福祉課
  - 成年後見制度利用促進室
  - 消費生活協同組合業務室
  - 生活困窮者自立支援室
- 福祉基盤課
  - 福祉人材確保対策官
- 援護企画課
  - 中国残留邦人等支援室
- 援護・業務課
- 事　業　課
  - 事業推進室
  - 戦没者遺骨鑑定推進室

社会福祉法人制度、福祉に関する事務所、共同募金会、社会福祉事業に従事する人材の確保やボランティア活動の基盤整備など社会福祉の各分野に共通する基盤制度の企画や運営を行うとともに、生活保護制度の企画や運営、ホームレス対策、消費生活協同組合に対する指導など幅広く社会福祉の推進のための施策を行っています。また、先の大戦の戦没者の慰霊、戦没者の遺骨の収集、墓参、その遺族や戦傷病者に対する医療や年金の支給などを行うとともに、中国残留邦人の帰国や定着自立の援護なども行っています。

障害保健福祉部

- 企　画　課
  - 自立支援振興室
  - 施設管理室
- 障害福祉課
- 精神・障害保健課
  - 心の健康支援室
  - 依存症対策推進室

障害者総合支援法に基づき、全ての国民が、障害の有無によって分け隔てられることなく相互に人格と個性を尊重し合いながら共生する社会の実現を目指して、障害者が地域で生活するために必要な支援等を担っています。また、精神障害者に対する医療保健や障害者の社会参加の推進など、幅広い施策を行っています。

老　健　局

- 総　務　課
  - 介護保険指導室
- 介護保険計画課
- 高齢者支援課
- 認知症施策・地域介護推進課
  - 認知症総合戦略企画官
- 老人保健課

老健局は、これまでに例のない高齢社会を迎える我が国において、高齢者が住み慣れた地域で安心して暮らし続けることができるよう、介護保険制度（介護を必要とする状態になっても、できる限り自宅や地域で自立した日常生活を営むことができるよう、必要な介護サービスを提供する仕組み）をはじめとする高齢者介護・福祉施策を推進しています。

保険局

- 総務課
- 保険課
  - 全国健康保険協会管理室
- 国民健康保険課
- 高齢者医療課
- 医療介護連携政策課
  - 保険データ企画室
- 医療課
- 歯科医療管理官
- 保険医療企画調査室
- 医療技術評価推進室
- 医療指導監査室
- 薬剤管理官
- 調査課
- 数理企画官

健康保険、船員保険、国民健康保険といった医療保険制度及び後期高齢者医療制度に関する企画立案に関することを行っています。

年金局

- 総務課
  - 首席年金数理官
  - 年金数理官
- 年金課
- 国際年金課
- 資金運用課
- 企業年金・個人年金課
  - 企業年金財政分析官
- 数理課
  - 数理調整管理官
- 年金管理審議官
- 事業企画課
  - システム室
  - 調査室
  - 監査室
  - 会計室
- 事業管理課

厚生年金保険、国民年金等の公的年金制度、企業年金等に関する企画立案、年金積立金の管理運用等に関すること。

人材開発統括官

- 参事官（人材開発総務担当）
- 参事官（人材開発政策担当）
  - 訓練企画官
  - 特別支援企画官
  - 就労支援訓練企画官
  - 主任職業能力開発指導官
- 参事官（若年者・キャリア形成支援担当）
  - キャリア形成支援企画官
  - 企業内人材開発支援企画官
- 参事官（能力評価担当）
  - 主任職業能力検定官
- 参事官（海外人材育成担当）
  - 海外協力企画官

すべての人が能力を高めて適した仕事に就くことができるよう、離職者等を対象とした公的職業訓練の実施、技能検定の実施等による職業能力評価体制の整備など、働く人のスキルアップを支援する施策を行っています。

政策統括官

政策統括官（総合政策担当）
- 政策立案総括審議官
- 労働経済特別研究官
- 参事官（総合政策統括担当）
  - 政策企画官（3）
  - 社会保障財政企画官
  - 労働経済調査官
- 参事官（調査分析・評価担当）
  - 政策立案・評価推進官

政策統括官（統計・情報システム管理、労使関係担当）
- 政策立案総括審議官（再掲）
- 参事官（企画調整担当）
  - 統計企画調整官
  - 審査解析官
- 統計管理官
- 人口動態・保健社会統計室
  - 保健統計官
  - 社会統計室
- 世帯統計官
- 統計管理官
- 雇用・賃金福祉統計室
  - 賃金福祉統計官
  - 調査官
- 参事官（労使関係担当）
  - 調査官
- サイバーセキュリティ・情報化審議官
- 参事官（サイバーセキュリティ・情報システム管理担当）
  - 情報システム管理官

社会保障政策と労働政策を総合的かつ一体的に推進するため、厚生労働省の総合的かつ基本的な政策を策定するとともに、政策評価を行っています。また、厚生労働行政に関する年次報告書の作成や経済問題に関する総合的な分析を行うとともに、人口政策などを実施しています。さらに、労働基本権の保障及び労働関係の調整を図り、労使関係の安定に努めています。あわせて、政策立案を支援する各種統計調査の企画、実施、解析と厚生労働省における行政情報化推進のための情報処理システムの企画、開発を行っています。

階	局	部・室（右→左、縦書き）
6F	健康・生活衛生局／医薬局	【健康・生活衛生局 感染症対策部】結核対策推進室／国際感染症対策室／エイズ対策推進室／パンデミック対策推進室／感染症対策課／感染症情報管理室／研究機構設立準備室／国立健康危機管理研究機構設立準備室／検疫所管理室／企画・検疫課／部長室　【医薬局】監視指導・麻薬対策課／監視指導室／医薬安全使用推進室／化学物質安全対策室／医薬品審査管理課／医薬情報室／分室／電子処方箋サービス推進室／薬局・販売制度企画室／総務課／書記室／審議官室／局長室
5F	医薬局／社会・援護局	【医薬局】医薬品副作用被害対策室／国際薬事規制室／総務課／血液対策課／プログラム医療機器審査管理室／再生医療等製品審査管理室／医療機器審査管理課／医薬品品質管理課／医薬品審査管理課／審議官室　【社会・援護局 障害保健福祉部】公認心理師制度推進室／心の健康支援室／依存症対策推進室／精神・障害保健課／医療観察法医療体制整備推進室／地域生活・発達障害支援室／障害福祉課／監査指導室／施設管理室／自立支援振興室／企画課／部長室
4F	社会・援護局	戦没者遺骨調査室／戦没者遺骨鑑定推進室／事業課／事業推進室／援護・業務課／中国残留邦人等支援室／援護企画課／審議官室／福祉人材確保対策室／福祉基盤課／成年後見制度利用促進室／地域共生社会推進室／生活困窮者自立支援室／消費生活協同組合業務室／地域福祉課／自立推進・指導監査室／保護課／女性支援室／保護事業室／総務課／書記室／審議官室／局長室
3F	診療室	診療室（内科・歯科）／共用第6会議室
2F	大臣官房	総務課／行政相談室／公文書監理情報公開室／審理室／ふくろう保育室
1F	大臣官房	会計課／管理室／展示ロビー／ロビー／共用第1会議室／〃第4／〃第5

階	内容（右から左へ）
12F	専用第15会議室／専用第14会議室　医療指導監査室　医事課　**保険局**　労働金庫業務室　労働者協同組合業務室　勤労者生活課　雇用保険課　中央雇用保険監察官室　雇用開発企画課　就労支援課　**雇用環境・均等局**　デジタル化企画室　労働政策担当　特別プロジェクト推進室　地方厚生（支）局業務支援　地方支分部局法令遵守室　労働局業務改革推進室　地方厚生局管理室　地方課　課長室　参事官室　事務官室　会計課　ヘルスケア推進室　監査指導室　会計企画調整室　厚生管理室　会計課　**大臣官房** ／ 保険局・雇用環境・均等局・職業安定局・大臣官房
11F	がん・疾病対策課　補償金支給業務室　ハンセン病元患者家族　難病対策課　指導調査室　総務課　**健康・生活衛生局**　経理室　契約班　管財班　出納班　地方財政班　予算第二班　予算第一班　予算総括班　庶務班　会計管理官室　課長室　会計課　**大臣官房**　書記室　参事官室　参事官室（労使関係担当）　賃金政策推進室　政策立案総括審議官室　審議官室　政策統括官室　政策統括官（総合政策担当）　**政策統括官** ／ 健康・生活衛生局・大臣官房・政策統括官
10F	課長室　総務課　参事官室　人事課　総括審議官室　官房長室　厚生労働審議官室　事務次官室　大臣政務官室　**大臣官房**　副大臣室　大臣室　大臣室　大臣官房 ／ 大臣官房
9F	厚生労働記者会　会見室　分かりやすい広報指導室　広報室　総務課　監視委員会室　調査室　監査室　医薬品等行政評価・　研究センター支援室　国立高度専門医療　災害等危機管理対策室　危機管理・医務技術総括審議官室　課長室　厚生科学課　人事課（分室）　省議室　国際保健・協力室　国際労働・協力室　国際労働交渉官室　国際保健福祉交渉官室　総括審議官室（国際担当）　医務技監室　**大臣官房** ／ 大臣官房
8F	年金記録審査室　給付審査室　年金記録回復室　事業管理課　年金事業運営推進室　監査室　調査室　システム室　会計課　事業企画課　基金企画室　企業年金・個人年金課　数理課　数理調整管理室　資金運用課　国際年金課　首席年金数理官室　年金管理審議官室　総務課　書記室　審議官室　局長室　**年金局** ／ 年金局
7F	救済推進室　予防接種健康被害　感染症対策部　生活衛生課　輸入食品安全対策室　食中毒被害情報管理室　HACCP推進室　食品監視安全課　女性の健康推進室　栄養指導室　保健指導室　地域保健室　健康課　難病対策課　移植医療対策推進室　肝炎対策推進室　がん・疾病対策課　原子爆弾被爆者援護対策室　総務課　書記室　審議官室　局長室　**健康・生活衛生局** ／ 健康・生活衛生局

— 18 —

階			
26F			
22F	政策統括官	政策統括官	賃金福祉統計室 / 雇用・賃金福祉統計室 / 世帯統計室 / 行政報告統計室 / 人口動態・保健社会統計室
21F	健康・生活衛生局 / 政策統括官	政策統括官室（統計・情報システム管理、労使関係担当） / 政策立案総括審議官室 / サイバーセキュリティ・情報化審議官室 / 参事官（企画調整担当） / 統計・情報総務室 / 統計企画調整室 / 審査解析室 / 国際分類情報管理室 / 情報システム管理室（サイバーセキュリティ・情報システム管理担当） / 参事官	健康・生活衛生局 / がん・疾病対策課 / B型肝炎訴訟対策室 / 食品監視安全課 / 輸出先国規制対策室	保健統計室 / 社会統計室
20F	政策統括官 / 医政局	医政局 / 審査官室 / 書記室 / 総務課 / 地域医療計画課 / 地域医療対策室 / 医師確保等対策室 / 外来・在宅医療対策室 / 精神科医療等対策室 / 医療関連サービス室 / 救急周産期医療対策室 / 新興感染症等医療対策室 / 医療安全推進・医務指導室 / 医療経営支援課 / 職員厚生室 / 医療法人支援室 / 医療独立行政法人支援室 / 国立ハンセン病療養所対策室 / 看護課 / 看護サービス推進室 / 歯科保健課 / 歯科口腔保健推進室 / 医事課 / 試験免許室 / 医師臨床研修推進室 / 死因究明等企画調査室 / 医師等医療従事者 / 働き方改革推進室 / 政策統括官 / 参事官（政策立案・評価担当）	局長室	
19F	政策統括官 / 医政局 / 大臣官房	大臣官房 / 総務課 / 公文班 / 人事課 / 分室（大臣官房業務改革推進室） / 医政局 / 研究開発政策課 / 治験推進室 / 再生医療等研究推進室 / 医療イノベーション推進室 / 医療経理室 / 政策統括官 / 統計・情報総務室 / 厚生労働省図書館 / 厚生日比谷クラブ / 労政記者クラブ / 共用第8会議室		

— 19 —

1階　各階配置図

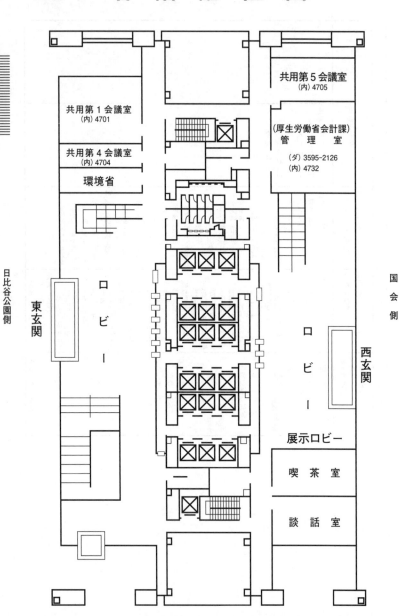

共用第5会議室
(内) 4705

共用第1会議室
(内) 4701

共用第4会議室
(内) 4704

環境省

(厚生労働省会計課)
管　理　室

(ダ) 3595-2126
(内) 4732

各階案内

日比谷公園側

東玄関

ロビー

国会側

ロビー

西玄関

展示ロビー

喫茶室

談話室

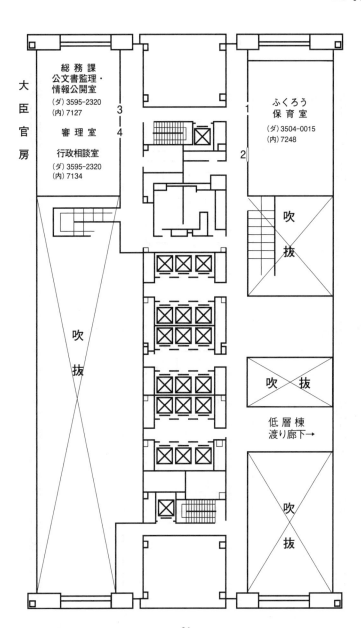

各階案内

大臣官房

総務課
公文書監理・
情報公開室
(ダ) 3595-2320
(内) 7127

審理室

行政相談室
(ダ) 3595-2320
(内) 7134

3
4

1

2

ふくろう
保育室

(ダ) 3504-0015
(内) 7248

吹抜

吹抜

吹抜

吹抜

低層棟
渡り廊下→

日比谷公園側

国会側

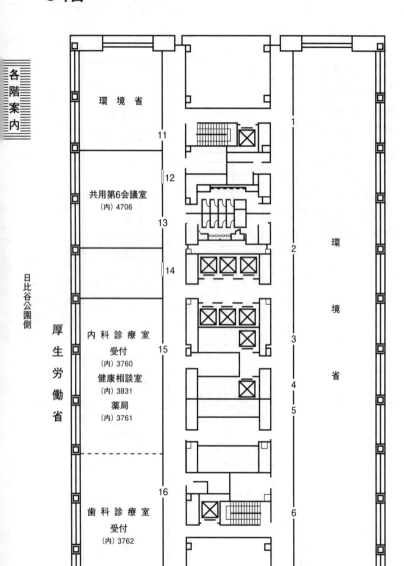

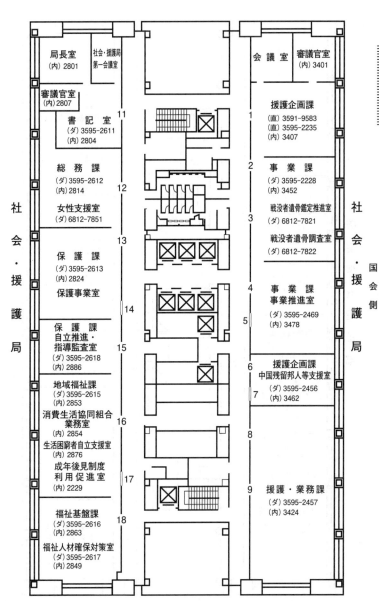

5階

社会・援護局　障害保健福祉部
医薬局

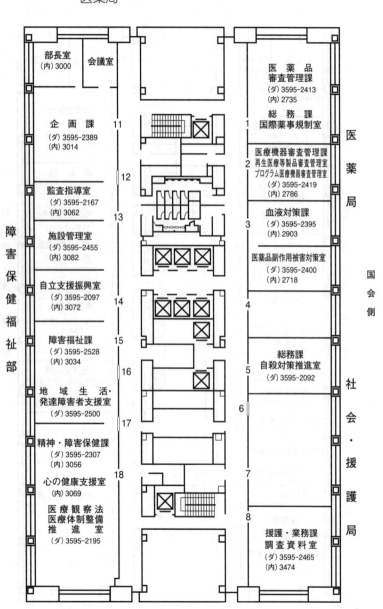

各階案内

日比谷公園側

障害保健福祉部

医薬局

国会側

社会・援護局

部長室
(内) 3000

会議室

企画課
(ダ) 3595-2389
(内) 3014

11

監査指導室
(ダ) 3595-2167
(内) 3062

12

13

施設管理室
(ダ) 3595-2455
(内) 3082

自立支援振興室
(ダ) 3595-2097
(内) 3072

14

障害福祉課
(ダ) 3595-2528
(内) 3034

15

16

地域生活・
発達障害者支援室
(ダ) 3595-2500

17

精神・障害保健課
(ダ) 3595-2307
(内) 3056

心の健康支援室
(内) 3069

18

医療観察法
医療体制整備
推進室
(ダ) 3595-2195

医薬品
審査管理課
(ダ) 3595-2413
(内) 2735

総務課
国際薬事規制室

1

医療機器審査管理課
再生医療等製品審査管理室
プログラム医療機器審査管理室
(ダ) 3595-2419
(内) 2786

2

血液対策課
(ダ) 3595-2395
(内) 2903

3

医薬品副作用被害対策室
(ダ) 3595-2400
(内) 2718

4

総務課
自殺対策推進室
(ダ) 3595-2092

5

6

7

8

援護・業務課
調査資料室
(ダ) 3595-2465
(内) 3474

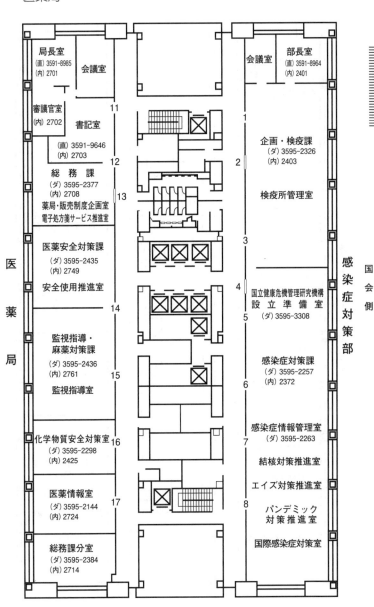

7階　健康・生活衛生局　感染症対策部

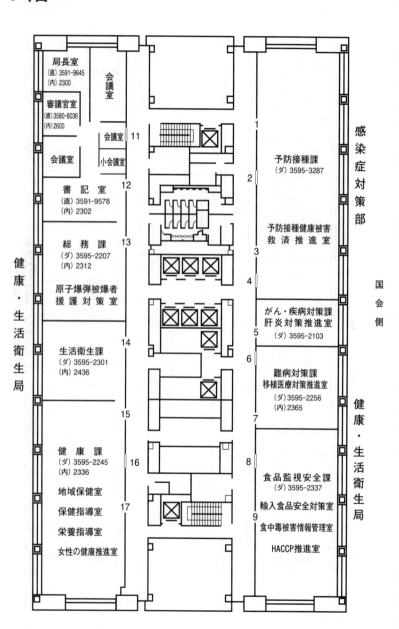

各階案内

日比谷公園側

健康・生活衛生局

感染症対策部

国会側

健康・生活衛生局

局長室
(直) 3591-9645
(内) 2300

会議室

審議官室
(直) 3580-8036
(内) 2600

会議室

会議室 11

小会議室

書記室
(直) 3591-9578
(内) 2302　12

総務課
(ダ) 3595-2207
(内) 2312　13

原子爆弾被爆者援護対策室

生活衛生課
(ダ) 3595-2301
(内) 2436　14

15

健康課
(ダ) 3595-2245
(内) 2336　16

地域保健室

保健指導室　17

栄養指導室

女性の健康推進室

1

予防接種課
(ダ) 3595-3287

2

予防接種健康被害救済推進室

3

4

がん・疾病対策課肝炎対策推進室
(ダ) 3595-2103　5

6

難病対策課移植医療対策推進室
(ダ) 3595-2256
(内) 2365　7

8

食品監視安全課
(ダ) 3595-2337

輸入食品安全対策室　9

食中毒被害情報管理室

HACCP推進室

年金局　　　　　　　　　　　　　　　　　**8 階**

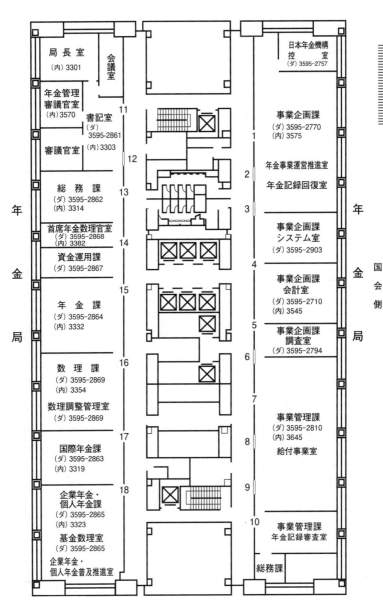

局　長　室
（内）3301

会議室

年金管理
審議官室
（内）3570

書記室
（ダ）3595-2861
（内）3303

審議官室

11

総　務　課
（ダ）3595-2862
（内）3314

12

首席年金数理官室
（ダ）3595-2868
（内）3382

13

資金運用課
（ダ）3595-2867

14

年　金　課
（ダ）3595-2864
（内）3332

15

数　理　課
（ダ）3595-2869
（内）3354

16

数理調整管理室
（ダ）3595-2869

国際年金課
（ダ）3595-2863
（内）3319

17

企業年金・
個人年金課
（ダ）3595-2865
（内）3323

18

基金数理室
（ダ）3595-2865

企業年金・
個人年金普及推進室

日本年金機構
控　　　室
（ダ）3595-2757

事業企画課
（ダ）3595-2770
（内）3575

1

年金事業運営推進室
年金記録回復室

2

事業企画課
システム室
（ダ）3595-2903

3

事業企画課
会計室
（ダ）3595-2710
（内）3545

4

事業企画課
調査室
（ダ）3595-2794

5

6

事業管理課
（ダ）3595-2810
（内）3645

7

給付事業室

8

9

事業管理課
年金記録審査室

10

総務課

各階案内

日比谷公園側

年　金　局

年　金　国　会　側　局

医務技監室
大臣官房 人事課 総務課 国際課 厚生科学課

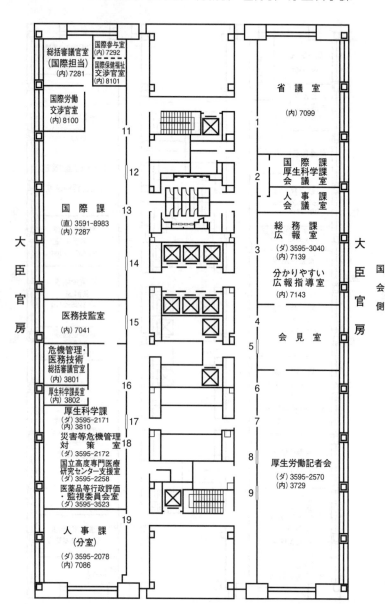

各階案内

日比谷公園側

大臣官房

国会側

大臣官房

総括審議官室
（国際担当）
（内）7281

国際参与室
（内）7292

国際保健福祉
交渉官室
（内）8101

国際労働
交渉官室
（内）8100

11

12

国際課

（直）3591-8983
（内）7287

13

14

医務技監室
（内）7041

15

危機管理・
医務技術
総括審議官室
（内）3801

厚生科学課長室
（内）3802

厚生科学課
（ダ）3595-2171
（内）3810

災害等危機管理
対　策　室
（ダ）3595-2172

国立高度専門医療
研究センター支援室
（ダ）3595-2258

医薬品等行政評価
・監視委員会室
（ダ）3595-3523

16

17

18

19

人　事　課
（分室）

（ダ）3595-2078
（内）7086

省　議　室

（内）7099

1

国　際　課
厚生科学課
会　議　室

2

人　事　課
会　議　室

総　務　課
広　報　室
（ダ）3595-3040
（内）7139

3

分かりやすい
広報指導室
（内）7143

会　見　室

4

5

6

7

厚生労働記者会
（ダ）3595-2570
（内）3729

8

9

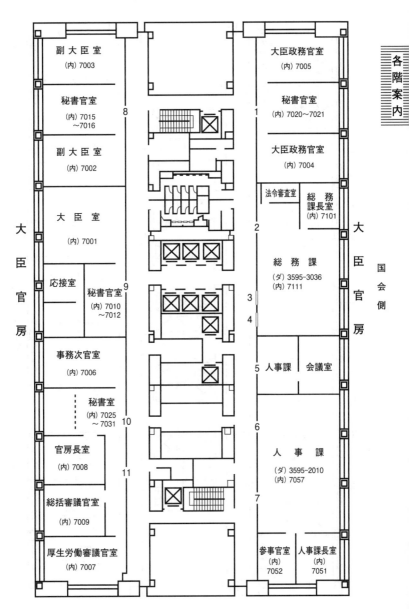

各階案内

日比谷公園側

大臣官房

副大臣室
(内) 7003

秘書官室
(内) 7015
～7016

副大臣室
(内) 7002

大臣室
(内) 7001

応接室

秘書官室
(内) 7010
～7012

事務次官室
(内) 7006

秘書室
(内) 7025
～7031

官房長室
(内) 7008

総括審議官室
(内) 7009

厚生労働審議官室
(内) 7007

8
9
10
11

大臣政務官室
(内) 7005

秘書官室
(内) 7020～7021

大臣政務官室
(内) 7004

法令審査室

総務
課長室
(内) 7101

総務課
(ダ) 3595-3036
(内) 7111

人事課　会議室

人事課
(ダ) 3595-2010
(内) 7057

参事官室
(内)
7052

人事課長室
(内)
7051

1
2
3
4
5
6
7

国会側

大臣官房

各階案内

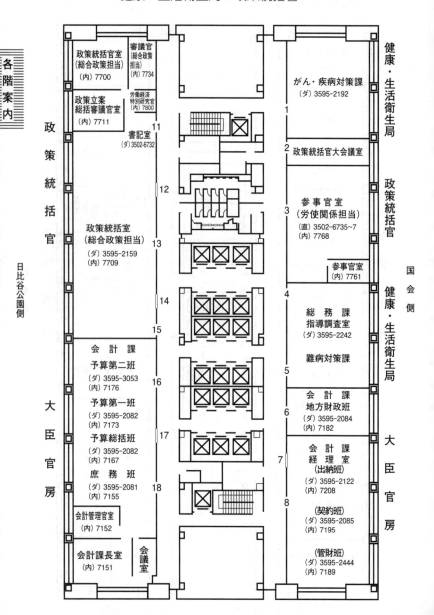

日比谷公園側

政策統括官

大臣官房

政策統括官室（総合政策担当）
（内）7700

審議官（総合政策担当）
（内）7734

政策立案総括審議官室
（内）7711

労働経済特別研究官室
（内）7800

書記室
（ダ）3502-6732

政策統括室（総合政策担当）
（ダ）3595-2159
（内）7709

会　計　課

予算第二班
（ダ）3595-3053
（内）7176

予算第一班
（ダ）3595-2082
（内）7173

予算総括班
（ダ）3595-2082
（内）7167

庶　務　班
（ダ）3595-2081
（内）7155

会計管理官室
（内）7152

会計課長室
（内）7151

会議室

がん・疾病対策課
（ダ）3595-2192

政策統括官大会議室

参事官室（労使関係担当）
（直）3502-6735~7
（内）7768

参事官室
（内）7761

総　務　課
指導調査室
（ダ）3595-2242

難病対策課

会　計　課
地方財政班
（ダ）3595-2084
（内）7182

会　計　課
経　理　室
（出納班）
（ダ）3595-2122
（内）7208

（契約班）
（ダ）3595-2085
（内）7195

（管財班）
（ダ）3595-2444
（内）7189

健康・生活衛生局

政策統括官

健康・生活衛生局

大臣官房

国会側

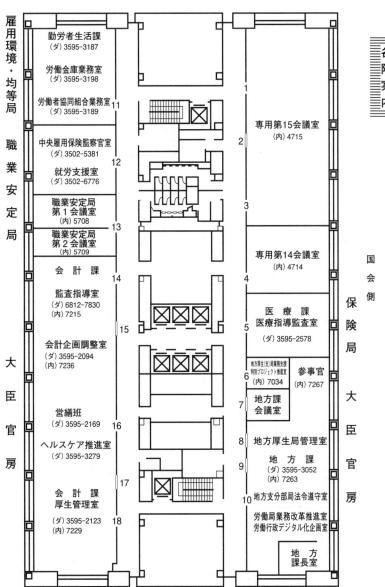

各階案内

雇用環境・均等局

職業安定局

大臣官房

日比谷公園側

勤労者生活課
(ダ) 3595-3187

労働金庫業務室
(ダ) 3595-3198

労働者協同組合業務室
(ダ) 3595-3189　11

中央雇用保険監察官室
(ダ) 3502-5381　12

就労支援室
(ダ) 3502-6776

職業安定局
第1会議室
(内) 5708　13

職業安定局
第2会議室
(内) 5709

会　計　課　14

監査指導室
(ダ) 6812-7830
(内) 7215　15

会計企画調整室
(ダ) 3595-2094
(内) 7236

営繕班
(ダ) 3595-2169　16

ヘルスケア推進室
(ダ) 3595-3279

17

会　計　課
厚生管理室
(ダ) 3595-2123　18
(内) 7229

専用第15会議室
(内) 4715　1

2

3

専用第14会議室
(内) 4714　4

医　療　課
医療指導監査室
5
(ダ) 3595-2578

地方厚生(支)局業務支援
特別プロジェクト推進室　参事官
6　(内) 7034　(内) 7267

地方課
7　会議室

8　地方厚生局管理室

地　方　課
9　(ダ) 3595-3052
(内) 7263

10　地方支分部局法令遵守室

労働局業務改革推進室
労働行政デジタル化企画室

地　方
課長室

国会側

保険局

大臣官房

13階 雇用環境・均等局
大臣官房　医政局

各階案内

日比谷公園側

雇用環境・均等局

国会側

医政局

大臣官房

局　長　室
(内) 7801

審議官室
(内) 7802

会議室

書　記　室
(ダ) 3595-2645
(内) 7804

11

総　務　課
(ダ) 3595-2491
(内) 7823

12

雇用環境・均等監察室
(ダ) 3595-2672

労働紛争処理業務室
(ダ) 3502-6679

13

雇用環境政策室
(ダ) 3595-3275

在宅労働課
(ダ) 3595-3273

14

フリーランス就業環境整備室
(ダ) 6812-7846

雇用機会均等課
(ダ) 3595-3271

15

ハラスメント防止対策室
(ダ) 3595-3272

16

17

厚生労働省
電話交換室

18

会議室

19

職業生活両立課
(ダ) 3595-3274

20

21

有期・短時間労働課
(ダ) 3595-3352

1

特定医薬品
開発支援・
医療情報担当
参 事 官 室
(ダ) 6812-7837

2

医療情報室

3

医薬品開発室

ワクチン等開発室

4

5

6

大 臣 官 房
情報化担当
参 事 官 室
(ダ) 3595-2314

7

全労働省労働組合本省本部

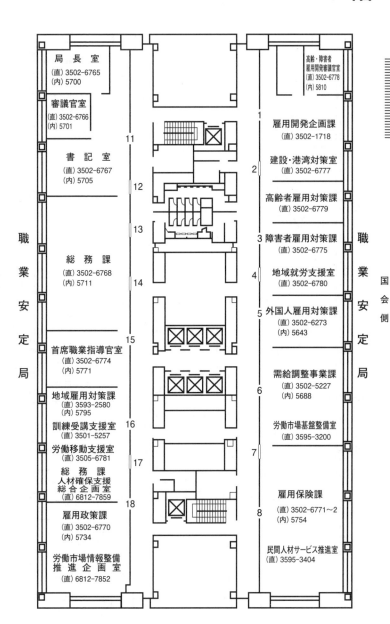

局　長　室
(直) 3502-6765
(内) 5700

審議官室
(直) 3502-6766
(内) 5701

書　記　室
(直) 3502-6767
(内) 5705

総　務　課
(直) 3502-6768
(内) 5711

首席職業指導官室
(直) 3502-6774
(内) 5771

地域雇用対策課
(直) 3593-2580
(内) 5795

訓練受講支援室
(直) 3501-5257

労働移動支援室
(直) 3505-6781

総　務　課
人材確保支援
総合企画室
(直) 6812-7859

雇用政策課
(直) 3502-6770
(内) 5734

労働市場情報整備
推進企画室
(直) 6812-7852

高齢・障害者
雇用開発審議官室
(直) 3502-6778
(内) 5810

雇用開発企画課
(直) 3502-1718

建設・港湾対策室
(直) 3502-6777

高齢者雇用対策課
(直) 3502-6779

障害者雇用対策課
(直) 3502-6775

地域就労支援室
(直) 3502-6780

外国人雇用対策課
(直) 3502-6273
(内) 5643

需給調整事業課
(直) 3502-5227
(内) 5688

労働市場基盤整備室
(直) 3595-3200

雇用保険課
(直) 3502-6771〜2
(内) 5754

民間人材サービス推進室
(直) 3595-3404

日比谷公園側

職業安定局

職業安定局

国会側

各階案内

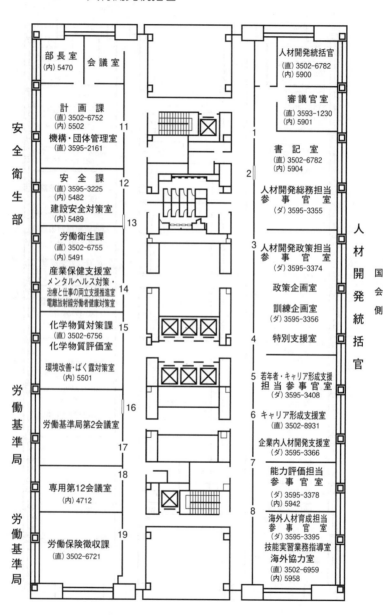

各階案内

日比谷公園側

安全衛生部

労働基準局

労働基準局

部長室 (内) 5470	会議室

計　画　課
(直) 3502-6752
(内) 5502　　11
機構・団体管理室
(直) 3595-2161

安　全　課
(直) 3595-3225
(内) 5482　　12
建設安全対策室
(内) 5489　　13

労働衛生課
(直) 3502-6755
(内) 5491

産業保健支援室
メンタルヘルス対策・
治療と仕事の両立支援推進室　14
電離放射線労働者健康対策室

化学物質対策課
(直) 3502-6756　15
化学物質評価室

環境改善・ばく露対策室
(内) 5501

16
労働基準局第2会議室

17

18
専用第12会議室
(内) 4712

19
労働保険徴収課
(直) 3502-6721

人材開発統括官

国会側

人材開発統括官
(直) 3502-6782
(内) 5900

審議官室
(直) 3593-1230
(内) 5901

書　記　室
(直) 3502-6782
(内) 5904

人材開発総務担当
参　事　官　室
(ダ) 3595-3355

人材開発政策担当
参　事　官　室
(ダ) 3595-3374

政策企画室

訓練企画室
(ダ) 3595-3356

特別支援室

若年者・キャリア形成支援
担　当　参　事　官　室
(ダ) 3595-3408

キャリア形成支援室
(直) 3502-8931

企業内人材開発支援室
(ダ) 3595-3366

能力評価担当
参　事　官　室
(ダ) 3595-3378
(内) 5942

海外人材育成担当
参　事　官　室
(ダ) 3595-3395
技能実習業務指導室
海外協力室
(直) 3502-6959
(内) 5958

1

2

3

4

5

6

7

8

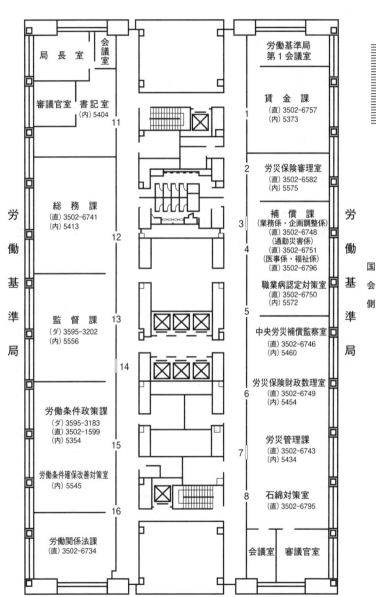

17階　保険局

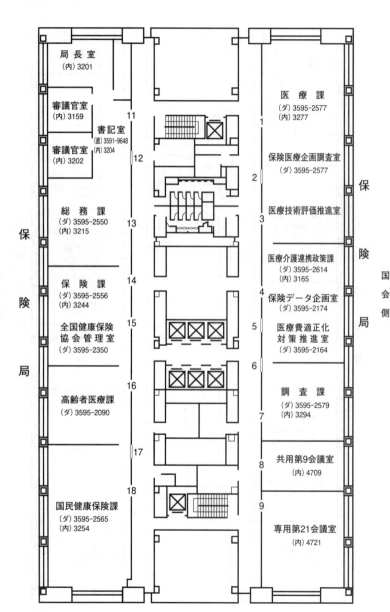

局長室
(内) 3201

審議官室
(内) 3159

書記室
(直) 3591-9648
(内) 3204

審議官室
(内) 3202

総　務　課
(ダ) 3595-2550
(内) 3215

保　険　課
(ダ) 3595-2556
(内) 3244

全国健康保険
協 会 管 理 室
(ダ) 3595-2350

高齢者医療課
(ダ) 3595-2090

国民健康保険課
(ダ) 3595-2565
(内) 3254

医　療　課
(ダ) 3595-2577
(内) 3277

保険医療企画調査室
(ダ) 3595-2577

医療技術評価推進室

医療介護連携政策課
(ダ) 3595-2614
(内) 3165

保険データ企画室
(ダ) 3595-2174

医療費適正化
対 策 推 進 室
(ダ) 3595-2164

調　査　課
(ダ) 3595-2579
(内) 3294

共用第9会議室
(内) 4709

専用第21会議室
(内) 4721

各階案内

日比谷公園側

保　険　局

保　険　局

国　会　側

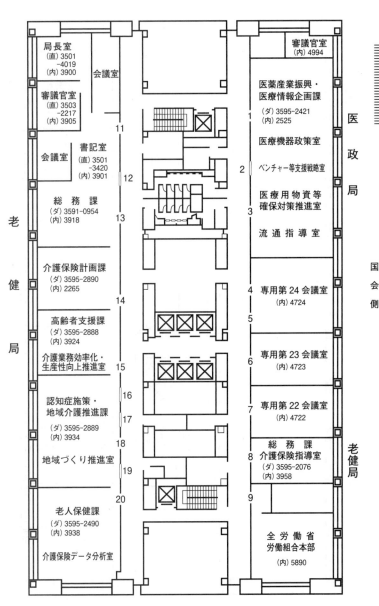

老健局

医政局

日比谷公園側

国会側

局長室
(直) 3501
-4019
(内) 3900

会議室

審議官室
(直) 3503
-2217
(内) 3905

会議室

書記室
(直) 3501
-3420
(内) 3901

総　務　課
(ダ) 3591-0954
(内) 3918

介護保険計画課
(ダ) 3595-2890
(内) 2265

高齢者支援課
(ダ) 3595-2888
(内) 3924

介護業務効率化・
生産性向上推進室

認知症施策・
地域介護推進課
(ダ) 3595-2889
(内) 3934

地域づくり推進室

老人保健課
(ダ) 3595-2490
(内) 3938

介護保険データ分析室

審議官室
(内) 4994

医薬産業振興・
医療情報企画課
(ダ) 3595-2421
(内) 2525

医療機器政策室

ベンチャー等支援戦略室

医療用物資等
確保対策推進室

流通指導室

専用第 24 会議室
(内) 4724

専用第 23 会議室
(内) 4723

専用第 22 会議室
(内) 4722

総　務　課
介護保険指導室
(ダ) 3595-2076
(内) 3958

全　労　働　省
労働組合本部
(内) 5890

11
12
13
14
15
16
17
18
19
20

1
2
3
4
5
6
7
8
9

19階　　大臣官房　医政局　政策統括官

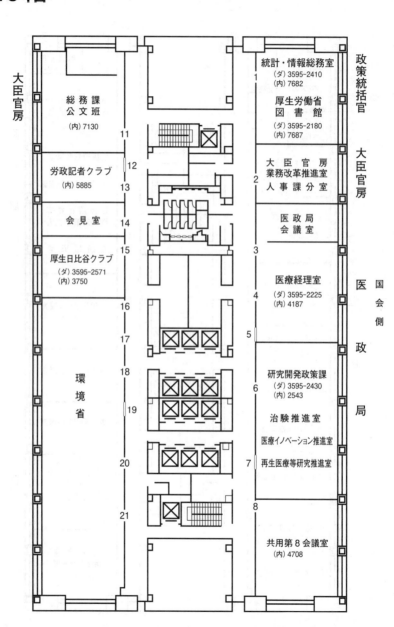

統計・情報総務室
（ダ）3595-2410
（内）7682
1

厚生労働省
図書館
（ダ）3595-2180
（内）7687

大臣官房
業務改革推進室
人事課分室
2

医政局
会議室
3

医療経理室
（ダ）3595-2225
（内）4187
4

5

研究開発政策課
（ダ）3595-2430
（内）2543
6

治験推進室

医療イノベーション推進室

再生医療等研究推進室
7

8

共用第8会議室
（内）4708

政策統括官

大臣官房

医　政　局

国会側

大臣官房

総務課
公文班
（内）7130
11

労政記者クラブ
（内）5885
12
13

会見室
14

厚生日比谷クラブ
（ダ）3595-2571
（内）3750
15

16

17

環境省
18

19

20

21

各階案内

日比谷公園側

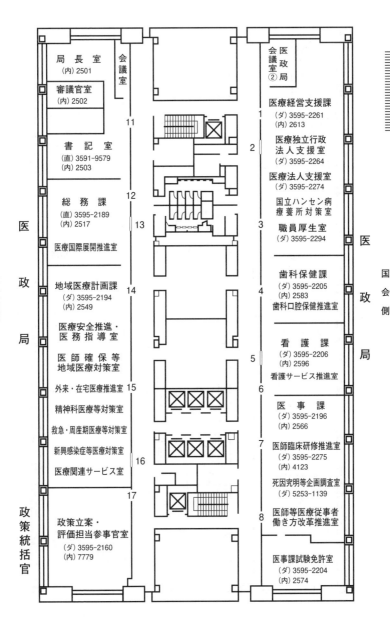

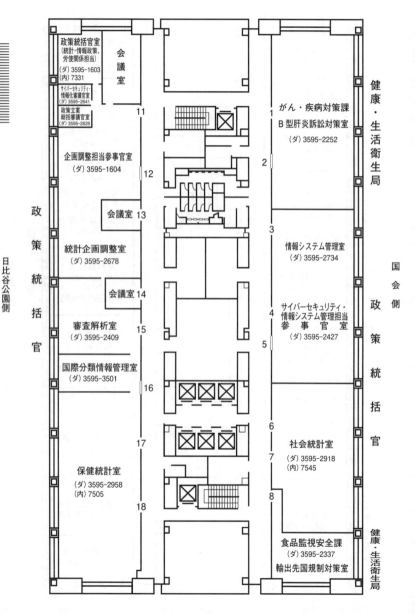

政策統括官室
(統計・情報政策、
労使関係担当)
(ダ) 3595-1603
(内) 7331

サイバーセキュリティ・
情報化審議官室
(ダ) 3595-2641

政策立案
総括審議官室
(ダ) 3595-2628

会議室

11

企画調整担当参事官室
(ダ) 3595-1604

12

会議室 13

統計企画調整室
(ダ) 3595-2678

会議室 14

審査解析室
(ダ) 3595-2409

15

国際分類情報管理室
(ダ) 3595-3501

16

17

保健統計室
(ダ) 3595-2958
(内) 7505

18

がん・疾病対策課
B型肝炎訴訟対策室
(ダ) 3595-2252

1

2

3

情報システム管理室
(ダ) 3595-2734

サイバーセキュリティ・
情報システム管理担当
参　事　官　室
(ダ) 3595-2427

4

5

6

社会統計室
(ダ) 3595-2918
(内) 7545

7

8

食品監視安全課
(ダ) 3595-2337
輸出先国規制対策室

各階案内

日比谷公園側

政策統括官

健康・生活衛生局

国会側

政策統括官

健康・生活衛生局

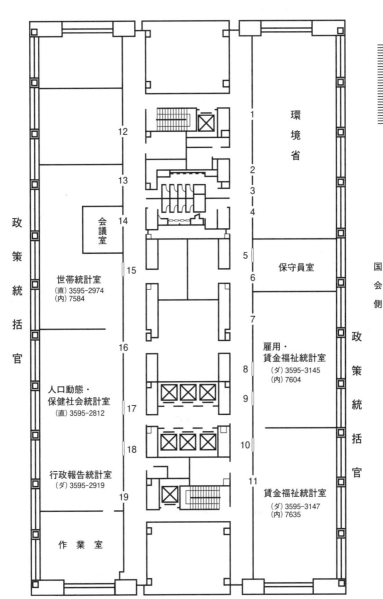

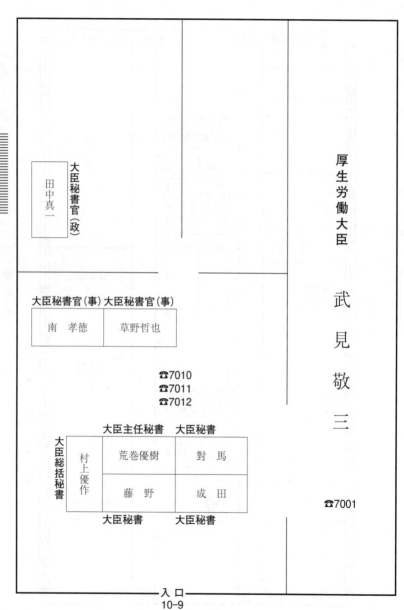

大臣官房

大臣秘書官（政）

田中真一

厚生労働大臣

武 見 敬 三

大臣秘書官（事）　大臣秘書官（事）

南　孝徳　　　草野哲也

☎7010
☎7011
☎7012

大臣総括秘書

村上優作

大臣主任秘書　　大臣秘書

荒巻優樹　　　對　馬

藤　野　　　成　田

大臣秘書　　　大臣秘書

☎7001

入 口
10-9

厚生労働副大臣

濱地雅一

☎7002

濱地副大臣秘書官（事）

井上翔太

☎7015

濱地副大臣主任秘書

小板橋　始

☎7015

宮﨑副大臣秘書官（事）

青木穂高

☎7016

宮﨑副大臣主任秘書

山本恭平

☎7016

☎7016

米陀

草薙

宮﨑副大臣秘書

濱地副大臣秘書

☎7015

厚生労働副大臣

宮﨑政久

☎7003

大臣官房

入口
10-8

三浦大臣政務官 秘書官	塩崎大臣政務官 秘書官
鈴木晴香	山方寛徳
☎7020	☎7021

三浦大臣政務官 主任秘書	塩崎大臣政務官 総括秘書
三浦侑也	野口栄治
☎7020	☎7021

三浦大臣政務官 秘書	塩崎大臣政務官 秘書
高　木	池　田
☎7020	☎7021

大臣官房

大臣政務官

三浦靖

☎7005

大臣政務官

塩崎彰久

☎7004

入口
10-1

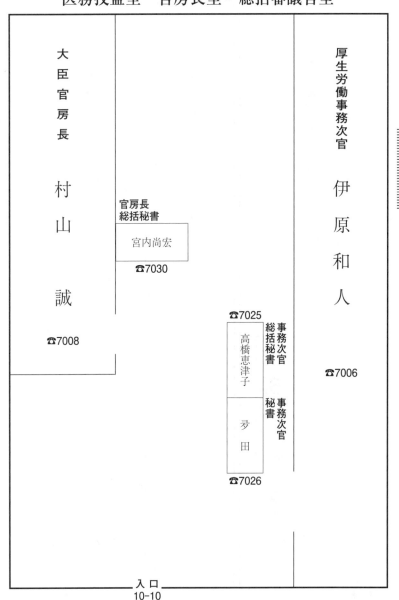

大臣官房長

村山　誠

☎7008

官房長
総括秘書

宮内尚宏

☎7030

厚生労働事務次官

伊原和人

☎7006

大臣官房

☎7025

事務次官
総括秘書

高橋恵津子

事務次官
秘書

尹田

☎7026

入口
10-10

大臣官房

医務技監

迫井正深

☎7041

☎7042

医務技監総括秘書	三國良樹
医務技監秘書	遠藤

☎7043

厚生労働審議官

田中誠二

☎7007

総括審議官

宮崎敦文

☎7009

総括審議官総括秘書

若松英和

☎7031

厚生労働審議官総括秘書	厚生労働審議官秘書
馬場信也	橋田
☎7027	☎7028

入口
9-16

入口
10-11

補佐	補佐	調査官	企画官
引野智弘	田中奈緒子	楊井千晶	奥山晃正
☎7024	☎8989	☎7046	☎8854

人事課長　矢田貝泰之　☎7051

人事企画官　松本直樹　☎8855

【企画班】

補佐	山田　怜	☎4420
企画専門官(併)		
企画第一係	礒　部	☎7064
	金　子	☎7063
	小野寺	☎7886
企画第二係長	藤本智樹	☎7065
	佐藤（広）	☎7887

【人事管理調整班】

補佐	瀬口　聡	☎7062
研修専門官	磯邉まみか	☎5125
企画調整専門官	加藤明香里	☎8806
人事管理調整係長	牧田美咲	☎4069
	小　林	☎7885
	林（舜）	☎4422
	澤　﨑	☎5127
庶務班	小　島	☎7363

総括補佐　渡邊淳一　☎7055

参事官　長良健二　☎7052

☎7040	☎7091	☎7058　調整係
栗　原	笹　原	係長　大和田　慎
小　澤	係長(併)　北村　厚	丸山恵美

【庶務班】

管理係　☎7040　班長　☎7057　補佐　☎7056

人事調査官　鈴木高太郎　☎7081

人　事　課

大臣官房　　　　　　　　　…10F…

大臣官房

補佐	任用専門官	補佐	補佐	補佐
平　知久	勝見達也	田邉敏之	佐藤純一	藤川正徳
☎7073	☎4419	☎7071	☎7049	☎7077

【任用総括係】
係長　臼井友也　☎7076
　　　栂野　　　☎7935
　　　松原　　　☎7072
　　　高山　　　☎7938

【任用第一係】
任用情報企画専門官　澤田　薫　☎7048
採用係長(併)
係長
　　　萬年義教　☎7074
　　　渡部瑞希　☎7018
　　　矢柄　　　☎4064
　　　西元　　　☎7936
　　　片岡　　　☎4065
　　　池川　　　☎7075

【採用係】
久保田　　☎7533
稲葉　　　☎7053
窪田　　　☎4424
黒木　　　☎4066
中村(麻)　☎5128

【任用第二係】
係長　永沢みずき　☎7078
　　　膝附　　　☎7079
　　　岡本　　　☎4063

【任用第三係】
係長　宗近文紀　☎7080
　　　木暮　　　☎7044
　　　井口　　　☎4062

【庶務班】
管理係
主査　田辺有季　☎7098
主査　及川寛子　☎4067
管理係　前田　　☎4068
管理係　二瓶　　☎5126

FAX
3595-2020

入口　　　　　　入口
10-6　　　　　　10-7

— 48 —

（大臣官房業務改革推進室）（分室）

19F

＜業務改革推進室＞

専門官☎4431	専門官☎4446	専門官☎4446
山崎 謙	林 秀紀	志村明男
田島 聡	中 島	今 野
専門官☎4444	☎4429	☎4428

	専門官☎4432	専門官☎4432
（大内勝美）	福良博史	風間紳一
水 上	上 原	盛 田
☎4445	☎4445	栄典係☎7092

＜栄典＞

	栄典 第一係☎7060	☎7060
補佐 ☎7059		
大西 雅	主査 清水育美	長谷川
稲葉朋子	係長 日江井公希	榎 本
栄典 ☎7035 専門官	栄典 ☎7061 第二係	☎7061

入 口
19-2

10F

大臣官房

大臣官房付

吉田貴典

☎8981

補佐		人事評価係
坂根洋介		
☎7940		補佐
	主査 本名夏実	
	☎8828	

☎4614 ☎7095

係長 石上諒	藤井伸章	人事管理専門官 専門官
水村隆史	大内勝美	
☎7916	☎7961	

入 口
10-5

大臣官房

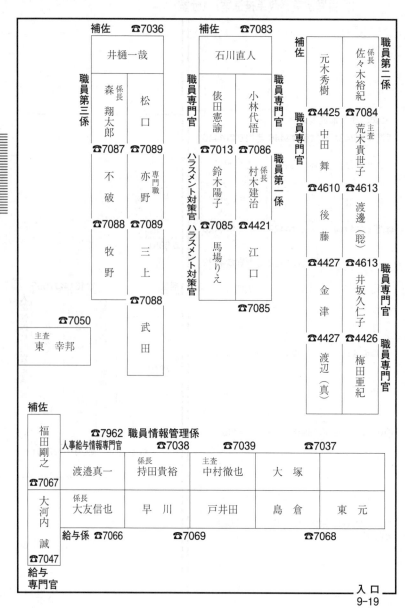

	補佐　☎7036	補佐　☎7083	補佐	係長
職員第三係	井樋一哉	石川直人	元木秀樹	佐々木裕紀　職員第二係

職員専門官

職員専門官

職員専門官

| 係長　森翔太郎 | 松口 | 俵田憲諭 | 小林代悟 | ☎4425 中田舞 | 主査 荒木貴世子　☎7084 |

☎7087　☎7089

ハラスメント対策官

職員第一係

| 不破 | 専門職 赤野 | 鈴木陽子　☎7013 | 係長 村木建治　☎7086 | ☎4610 後藤 | 渡邊（聡）☎4613 |

☎7088　☎7089

ハラスメント対策官

| 牧野 | 三上 | 馬場りえ　☎7085 | 江口　☎4421 | ☎4427 金津 | 井坂久仁子　☎4613　職員専門官 |

☎7088

| 武田　☎7088 | | ☎7085 | | ☎4427 渡辺（真） | 梅田亜紀　☎4426　職員専門官 |

主査　☎7050
東幸邦

補佐

福田剛之　☎7067

大河内誠　☎7047

給与専門官

☎7962　職員情報管理係
人事給与情報専門官

	☎7038	☎7039	☎7037	
渡邉真一	係長 持田貴裕	主査 中村徹也	大塚	
係長 大友信也	早川	戸井田	島倉	東元

給与係　☎7066　　　　☎7069　　　　　☎7068

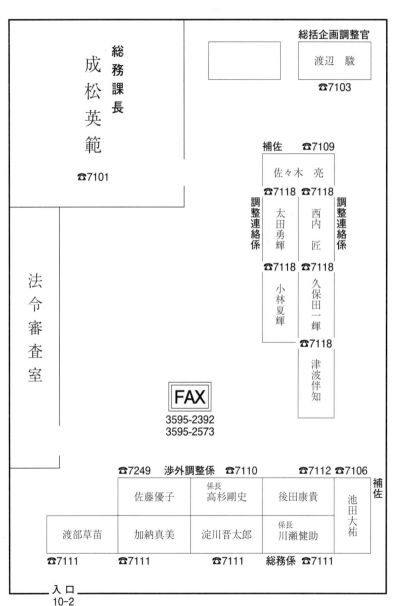

総括企画調整官

渡辺　駿

☎7103

補佐　☎7109

佐々木　亮

☎7118　☎7118

調整連絡係

太田勇輝　西内　匠

調整連絡係

☎7118　☎7118

小林夏輝　久保田一輝

☎7118

津波伴知

総務課長

成松英範

☎7101

法令審査室

FAX
3595-2392
3595-2573

☎7249　渉外調整係　☎7110　　☎7112 ☎7106

	係長		補佐
佐藤優子	高杉剛史	後田康貴	池田大祐
渡部草苗	加納真美	淀川晋太郎	係長 川瀬健助	

☎7111　☎7111　　　☎7111　総務係 ☎7111

大臣官房

入口
10-2

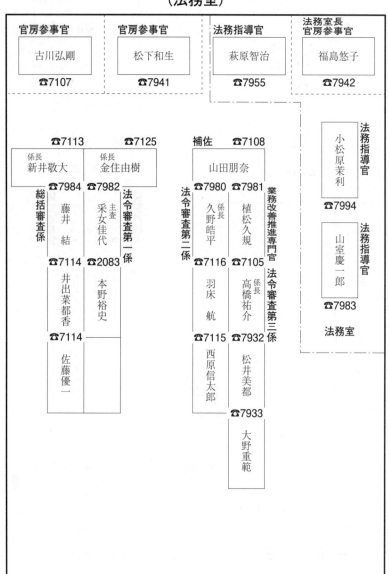

官房参事官
古川弘剛
☎7107

官房参事官
松下和生
☎7941

法務指導官
萩原智治
☎7955

法務室長
官房参事官
福島悠子
☎7942

☎7113
係長
新井敬大

☎7125
係長
金住由樹

補佐　☎7108
山田朋奈

法務指導官
小松原茉利
☎7994

総括審査係
☎7984
藤井　結

法令審査第一係
☎7982
主査
采女佳代

法令審査第二係
☎7980
久野皓平

業務改善推進専門官
☎7981
係長
植松久規

法務指導官
山室慶一郎
☎7983

☎7114
井出菜都香

☎2083
本野裕史

☎7116
羽床　航

法令審査第三係
☎7105
係長
高橋祐介

法務室

☎7114
佐藤優一

☎7115
西原信太郎

☎7932
松井美都

☎7933
大野重範

入口
10-2

総務課

大臣官房
（審理室・公文書監理・情報公開室・行政相談室）

大臣官房

審理室

総括審理専門官
八木澤智之
☎7124

主査	補佐
北川結花	田中一樹
☎7897	☎8700

審理専門官	審理専門官
木勢智一	黒木信也
☎7368	☎7895

審理専門官	審理専門官
長尾　忍	杉田　浩
☎7369	☎7894

審理専門官	主査
前原正男	安藤　優
☎7387	☎8708

富田昌継
☎7896

公文書監理・情報公開室長
審理室長（併）
松﨑俊久
☎7120

（文書管理班）

文書管理班長	文書管理
加藤優希子	第二係長
☎7184	谷山里之
	☎7127

文書管理	情報専門官
第一係長	嶺　和利
久保田　章	☎7123
☎7891	

文書管理	ヘルプデスク
第一係主査	布袋田　浩
川上雄大	☎7132
☎7892	

本多智代
☎7399

行政相談室

	苦情相談・
	公益通報専門官
	十川卓也
行政相談室長	☎7134
近藤敬太	
☎7133	相談係長
	高橋　力
	☎7353

直通
（☎ 3595
　-2320）

FAX
3595-3047

入口
2-3

大臣官房
（公文書監理・情報公開室）

（公文班）

大臣官房

班長

（加藤優希子）

補佐　　　　　補佐
川津雄志　　　原　正樹
☎7321　　　　☎8812

（審査請求担当）

総括情報公開専門官
吉川英樹
☎8749

情報公開専門官
工藤　信
☎7322

（情報公開班）

補佐　　　　　補佐
佐藤　勉　　　高橋功一
☎7117　　　　☎7370

公開第一係長　公開第二係長
安田悠太　　　笠田　悟
☎7121　　　　☎7128

公開第一係　　公開第二係主査
藤吉哲汰　　　海老原正弘
☎7126　　　　☎7129

公開第二係
佐久間大地
☎7324

情報公開専門官
佐田晴康
☎7893

個人情報専門官
大塚茂樹
☎7122

情報公開専門官
山田直樹
☎7323

情報公開専門官

☎7130　☎7130

文書・記録係

係長
大石邦典　　三上春昭

☎7054　☎7564

亀﨑翔隆　　四戸由紀江

☎7054　☎7564

行方秀治　　髙山千恵

（公文班）

入 口
2-4

入 口
19-11

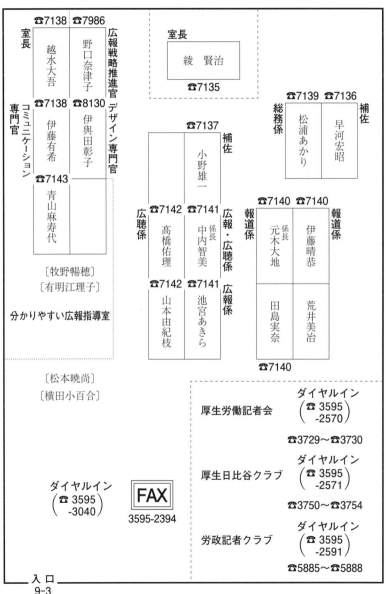

大臣官房

広報戦略推進官 デザイン専門官

☎7138　室長　越水大吾
☎7986　野口奈津子

☎7138　専門官　伊藤有希
☎8130　伊與田彰子

☎7143　コミュニケーション専門官　青山麻寿代

〔牧野暢穂〕
〔有明江理子〕

分かりやすい広報指導室

〔松本暁尚〕
〔横田小百合〕

室長
綾　賢治
☎7135

☎7137　補佐　小野雄一

広聴係
☎7142　高橋佑理
☎7141　係長　中内智美　広報・広聴係

広報係
☎7142　山本由紀枝
☎7141　池宮あきら

☎7139　総務係　松浦あかり
☎7136　補佐　早河宏昭

報道係
☎7140　係長　元木大地
☎7140　伊藤晴恭

田島実奈　荒井美治
☎7140

厚生労働記者会　ダイヤルイン（☎3595 -2570）
☎3729〜☎3730

厚生日比谷クラブ　ダイヤルイン（☎3595 -2571）
☎3750〜☎3754

労政記者クラブ　ダイヤルイン（☎3595 -2591）
☎5885〜☎5888

ダイヤルイン（☎3595 -3040）

FAX 3595-2394

入口
9-3

総務課
（国会連絡室）

大臣官房

国会連絡室長 国会連絡調整官	国会班長 国会第二係
米丸 聡	藤本 晃
係長 市川 聡	藤井政昭

主査 満保 匠	小俣直貴 浜田道也

主査 圓山裕章	八島知佑
主査 尾形大輔	主査 橋本航輔

牧野優斗	藤田佑花子

内線 7144
7145
7146

直通
（☎ 3581）
-2217

FAX
3580-3213

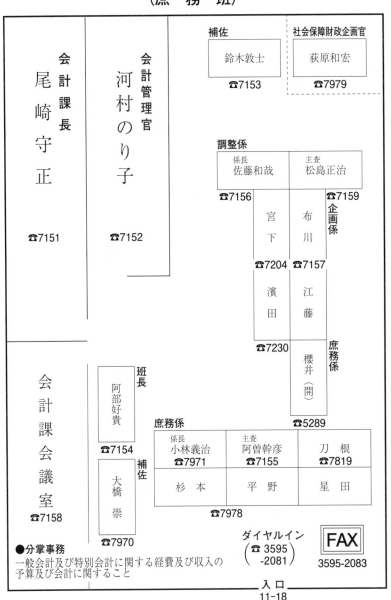

会計課長
尾崎守正
☎7151

会計管理官
河村のり子
☎7152

補佐
鈴木敦士
☎7153

社会保障財政企画官
荻原和宏
☎7979

大臣官房

調整係

係長 佐藤和哉	主査 松島正治
☎7156	☎7159
宮下	布川
☎7204	☎7157
濱田	江藤
☎7230	櫻井（開）

企画係

庶務係

☎5289

会計課会議室
☎7158

班長
阿部好貴
☎7154

補佐
大橋崇
☎7970

庶務係

係長 小林義治 ☎7971	主査 阿曽幹彦 ☎7155	刀根 ☎7819
杉本	平野	星田

☎7978

●分掌事務
一般会計及び特別会計に関する経費及び収入の
予算及び会計に関すること

ダイヤルイン
（☎3595
-2081）

FAX
3595-2083

入口
11-18

会 計 課
（予算総括班）

補佐
廣見　康
☎7160

班長
中村浩士
☎7161

班長
井上晋作
☎7163

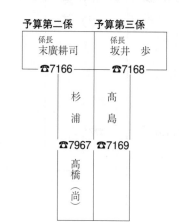

予算第一係
係長
小畠良太
☎7165

☎7934
山
上

☎7167
坂井（桂）　肘井

予算第二係
係長
末廣耕司
☎7166

杉
浦

☎7967
高橋（尚）

予算第三係
係長
坂井　歩
☎7168

髙
島

☎7169

ダイヤルイン
$\left(\begin{array}{c}☎ 3595 \\ -2082\end{array}\right)$

ダイヤルイン
$\left(\begin{array}{c}☎ 3595 \\ -3053\end{array}\right)$

3595-2083

補佐	補佐	班長
大城正志 ☎7162	向山和紀 ☎7164	石垣航太 ☎7177

予算第四係

係長 稲垣行成 ☎7170

大谷亮太郎 主査 ☎7908	倉澤秀之 主査 ☎7171
大江翔 ☎7909	小野厚隆 主査 ☎7172
古谷彩芽 主査 ☎7173	

予算第五係　予算第六係

係長 岡田優一	係長 吉田圭佑 ☎7174
佐藤樹 主査 ☎7175	馬場渉 主査 ☎7176
北村（康）	沖村

ダイヤルイン
（☎ 3595
-2082 ）

ダイヤルイン
（☎ 3595
-3053 ）

FAX
3595-2083

地方財政班

☎7178	☎7181	☎7185
櫻井稔也 係長	寺嶋	関敬伍 主査
	守山 ☎7987	山田 ☎7182
	武田 ☎7180	

地方財政係

星
☎7179

ダイヤルイン
（☎ 3595
-2084 ）

FAX
3595-2083

大臣官房

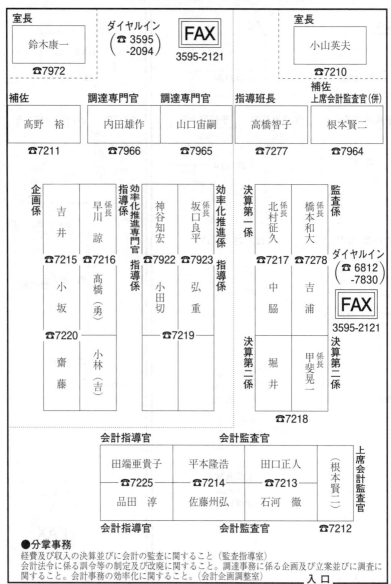

会 計 課

大臣官房
（会計企画調整室）（監査指導室）

室長				室長
鈴木康一 ☎7972	ダイヤルイン（☎3595 -2094）	FAX 3595-2121		小山英夫 ☎7210

補佐	調達専門官	調達専門官	指導班長	補佐 上席会計監査官（併）
高野 裕 ☎7211	内田雄作 ☎7966	山口宙嗣 ☎7965	高橋智子 ☎7277	根本賢二 ☎7964

企画係
吉井 ☎7215
小坂 ☎7220
齋藤

早川諒 係長 ☎7216
髙橋（勇）
小林（吉）

指導係 効率化推進専門官 指導係
神谷知宏 ☎7922
小田切
☎7219

効率化推進係 指導係
坂口良平 係長 ☎7923
弘重

決算第一係
北村征久 ☎7217
中脇

監査係
橋本和大 係長 ☎7278
吉浦

ダイヤルイン（☎6812 -7830）
FAX 3595-2121

決算第二係
堀井

決算第二係
甲斐晃一 係長
☎7218

会計指導官	会計監査官		上席会計監査官
田端亜貴子 ☎7225	平本隆浩 ☎7214	田口正人 ☎7213	（根本賢二）
品田 淳	佐藤州弘	石河 徹	☎7212
会計指導官	**会計監査官**		

●分掌事務
経費及び収入の決算並びに会計の監査に関すること（監査指導室）
会計法令に係る訓令等の制定及び改廃に関すること。調達事務に係る企画及び立案並びに調査に
関すること。会計事務の効率化に関すること。（会計企画調整室）

入口
12-14

会 計 課
（管 理 室）

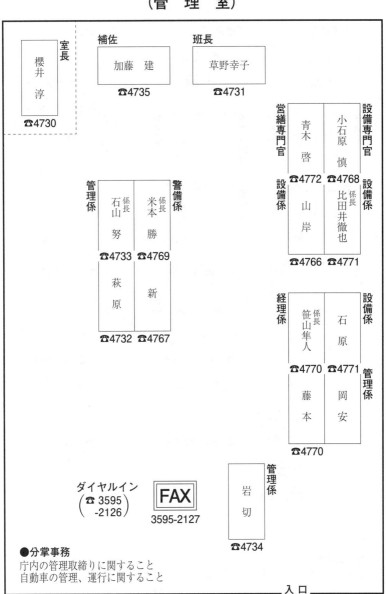

室長
櫻井　淳
☎4730

補佐
加藤　建
☎4735

班長
草野幸子
☎4731

大臣官房

営繕専門官　設備専門官
青木　啓　小石原　慎
☎4772　☎4768
設備係
山岸　比田井徹也　係長
☎4766　☎4771

管理係　警備係
石山　努　米本　勝　係長
☎4733　☎4769
萩原　新
☎4732　☎4767

経理係　設備係
笹山隼人　石原　係長
☎4770　☎4771
管理係
藤本　岡安
☎4770

ダイヤルイン
（☎3595
　-2126）

FAX
3595-2127

管理係
岩切
☎4734

●分掌事務
庁内の管理取締りに関すること
自動車の管理、運行に関すること

入口
1-1

大臣官房

出納班長	補佐	補佐
軽澤理絵	伊藤忠広	清水　浩
☎7201	☎7200	☎7193

☎7963　☎7918

収入係

支出係	係長 附田和大	係長 小暮清巳	収入係
	☎7203	☎7202	
	雨宮	對馬	
審査係	☎5296	☎5297	審査係
	花井	吉田（正）	
	☎7913		

債権管理係 / 審査係

債権管理係	佐野（智）	岩下可奈子 係長	審査係
	☎7205	☎7207	
審査係	髙橋（優）	髙橋（隼）	
	☎7206	☎5294	
審査係	小川	松本（颯）	審査係
	☎5293	☎7208	
	長田	髙橋（芳）	
	☎5298	☎5295	

出納班

ダイヤルイン
（☎ 3595）
　-2122

FAX
3595-2086

契約第一係

契約第一係	係長 金子沙央	主査 岸添　亮	
	☎7195	☎7914	
	工藤	小林（宝）	
契約第一係	浦西	佐山	契約第二係
	☎5292	☎7196	
	外谷		
	☎8118		

●分掌事務
経費及び収入の会計並びに行政財産及び物品の管理に関すること

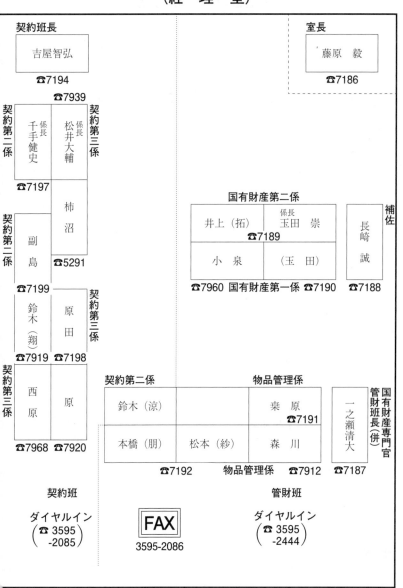

大臣官房

契約班長
吉屋智弘
☎7194

☎7939
契約第二係
　係長　千手健史
契約第三係
　係長　松井大輔
☎7197

柿沼

契約第二係
副島
☎5291
☎7199

鈴木（翔）
☎7919

原田
☎7198
契約第三係

契約第三係
西原
☎7968

原
☎7920

室長
藤原　毅
☎7186

国有財産第二係
井上（拓）
　係長　玉田　崇
☎7189
小泉　　（玉田）
☎7960　国有財産第一係　☎7190

補佐
長崎　誠
☎7188

契約第二係
鈴木（涼）
本橋（朋）　松本（紗）
☎7192

物品管理係
栗原
☎7191
森川
物品管理係　☎7912

一之瀬清大
☎7187
国有財産専門官
管財班長（併）

契約班
ダイヤルイン
（☎ 3595
　　-2085）

FAX
3595-2086

管財班
ダイヤルイン
（☎ 3595
　　-2444）

大臣官房

厚生管理企画官（室長）

筧田和三

☎7221

補佐（総括）	総務班長
村松正之	横山卓也

☎7222　　☎7226

保育室運営事業
専門官　　　　　共済監査官

荒 牧	木暮和美

☎5143

総務厚生係

係長 尾崎千華

☎7227

大場

☎7229

坪郷

☎7229

澤田

☎7228

ダイヤルイン
（☎ 3595 -2123）

宿舎係

係長 山口大輔	内藤恭美

☎7233　☎5144

北川	松本（望）

☎7234　☎5145

窓岩

共済事務専門官　共済本部一元化係

総務厚生係

三木

☎7228

ダイヤルイン
（☎ 3595 -2124）

FAX

3595-2125

●**分掌事務**
厚生労働省共済組合及び職員の衛生、医療その他の福利厚生に関すること建築物の営繕に関するこ

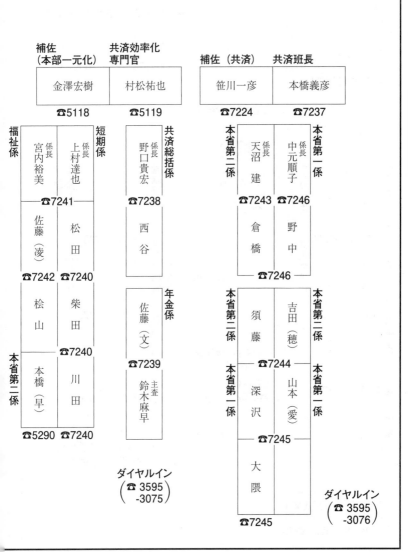

補佐 （本部一元化）	共済効率化 専門官	補佐（共済）	共済班長
金澤宏樹	村松祐也	笹川一彦	本橋義彦
☎5118	☎5119	☎7224	☎7237

福祉係

係長 上村達也	係長 宮内裕美
☎7241	
松田	佐藤（凌）
☎7240	☎7242
柴田	桧山
☎7240	
川田	本橋（早）**本省第二係**
☎7240	☎5290

短期係

共済総括係

係長 野口貴宏
☎7238
西谷

年金係

佐藤（文）
☎7239
主査 鈴木麻早

本省第二係

係長 中元順子**本省第一係**	係長 天沼建
☎7246	☎7243
野中	倉橋
☎7246	

吉田（穂）**本省第二係**	須藤**本省第二係**
☎7244	
山本（愛）**本省第一係**	深沢**本省第一係**
☎7245	
大隈	
☎7245	

ダイヤルイン
（☎ 3595
-3075）

ダイヤルイン
（☎ 3595
-3076）

大臣官房

厚生管理企画官
室長（併）

筧田和三

☎7221

補佐（営繕企画）　補佐（営繕整備）

加藤隆誠

☎7973　　　　☎7223

保健指導推進官

奥平　忠

☎5170

3階内科診療内室

医療管理係
医療係（併）

係長
竹藤昇香

☎3834

坂本

☎3836

鈴木（晶）

内科受付　☎3836
☎3760

歯科受付
☎3762

秀澤

☎3836

補佐（ヘルスケア推進）ヘルスケア推進係　健康管理係　総務厚生係

岩田幸子　☎5171
渡邊　☎5172
中山　☎7232
石附

心とからだの健康づくり対策官　健康管理係

小峰渉　☎7280
滝本　☎7231
小野田　☎7232

営繕専門官（営繕班長）営繕企画係

比嘉祐介　☎7235
係長福島文展　☎7975
髙部　☎7976

廣瀬文太郎　☎7974
係長（併）山本昌伸　☎7878
秋吉茂男　☎7236

営繕専門官　営繕整備係　営繕専門官

ダイヤルイン
（☎3595-2162）
FAX 3595-2276

ダイヤルイン
（☎3595-3279）
FAX 3595-2276

入口
12-16

地　方　課　長
労働局業務改革推進室長

弓　信幸

☎7251

※

総務係 ☎7209

係長
武藤真一 ※

奥　野 ※
☎7263

渡　部
☎7209

山　崎

直通
(☎ 3595)
-3052

FAX
3595-2434

企画係　☎7296	管理・指導係	情報システム係 情報・文書管理係長(併)
小　倉	係長　☎7250 大橋　潤	係長　☎7276 大谷洋子 ※
情報システム推進員 佐　野	情報システム推進員 高　橋	山　田 ※ ☎7352
人事・給与第二係	情報システム係 ☎7296	情報・文書管理係 業務改革推進第二係(併)

☎7256

補佐
丸山尚志 ※

補佐
齋藤直哉 ※
☎7272

※は、労働行政デジタル化企画室 　　　（労働局業務改革推進室）

大臣官房

大臣官房

（地方厚生局管理室）

菊池育也

参事官（地方担当）
地方厚生局管理室長

☎7267

	補佐	補佐	人事調整専門官
	藤本昭彦	齋藤隆夫	柳澤健太朗
	☎7271	☎7268	☎5155

（地方支分部局法令遵守室）

直通
（☎3595
　-2433）

FAX

3595-2434

企画調整係☎7989　☎7270　　経理係　☎7959

主査 久保明夫	係長 秋山祥太	松　原	辻　本
係長 古川真一	高　橋	泉	山　本

企画調整係☎7989　☎5113　　　　☎7269

地域保健福祉施策
特別分析官

駒木賢司

☎7070

補佐　☎7447

柏山卓智
小平健一

人事調整専門官
☎7034

会議室

地方厚生（支）局業務支援
特別プロジェクト推進室

入　口
12-6

大臣官房

（地方支分部局法令遵守室・労働局業務改革推進室・労働行政デジタル化企画室）

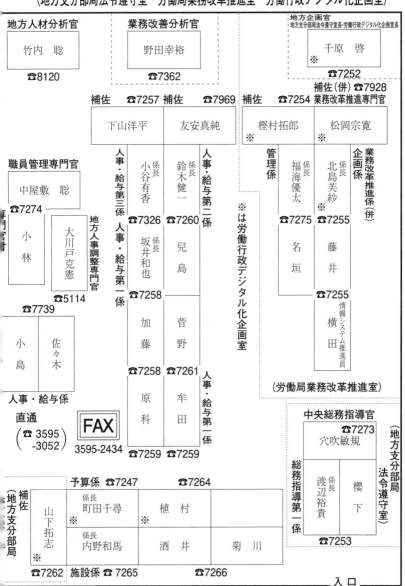

地方人材分析官
竹内　聡
☎8120

業務改善分析官
野田幸裕
☎7362

地方企画官
地方支分部局法令遵守室長・労働行政デジタル化企画室長
千原　啓 ※
☎7252

補佐（併）☎7928

補佐 ☎7257　補佐 ☎7969　補佐 ☎7254　業務改革推進専門官
下山洋平　友安真純　樫村拓郎 ※　松岡宗寛 ※

職員管理専門官
中屋敷　聡
☎7274

人事・給与第三係

係長 小谷有香
☎7326

坂井和也
☎7258

加藤
☎7258

原科
☎7259

人事・給与第二係

係長 鈴木健一
☎7260

兒島

菅野
☎7261

牟田
☎7259

人事・給与第一係

管理係

係長 福海優太
☎7275

名垣

企画係

係長 北島芙紗 ※
☎7255

藤井
☎7255

横田
情報システム推進員

業務改革推進係（併）

※ は労働行政デジタル化企画室

（労働局業務改革推進室）

小林
地方人事調整専門官
大川戸克憲
☎5114
☎7739

小島　佐々木

人事・給与係
直通
（☎ 3595
-3052）

FAX
3595-2434

予算係 ☎7247　　☎7264

係長 町田千尋 ※　植村 ※

係長 内野和馬　酒井　菊川

☎7262　施設係 ☎7265　　☎7266

中央総務指導官
☎7273
穴吹敏規

係長 渡辺裕貴
櫻下

総務指導第一係

☎7253

（地方支分部局法令遵守室）

補佐
（地方支分部局）
山下拓志 ※

入口
12-10

大臣官房

国際企画・戦略官
乃村久代
☎7282

国際保健・協力室長
髙橋順一
☎7301

OECD班

補佐　☎7294
名田　裕

国際経済機関係
係長 伊波明香
☎7302

予算係
陣内　☎7285
山本　☎7299

専門官
三坂尚子　☎7997
本田祐子 主査　☎7315

山田（雅）☎7830
☎7320

国際保健管理室
井筒将斗
☎8104

国際保健機関係
係長 新海恭子
☎7303

三輪
☎7318

国際保健戦略係
係長 中川理恵
☎7354

田島諒子 主査
☎7354

補佐
清原宏之
☎8105

諸岡育美 主査
☎7319

補佐
吉井史歩
☎7954

濱田幹浩 主査
☎8102

国際看護管理官
奥田清子
☎7304

国際保健・協力企画係
係長 青栁秀明
☎7307

波多野奈津子 主査
☎7330

吉岡静香 主査
☎7348

小川あかり 主査
☎7319

補佐
飯島　稔
☎7815

伊藤洋一郎 係長
☎7306

山口雪子 係長
☎7306

（派遣・研修第二係）
派遣・研修第一係
開発協力第一係

FAX
3502-1946
直通
（☎3595-2412）

FAX
3502-1946
直通
（☎3595-2404）

FAX
3502-6678
直通
（☎6812-7826）

大臣官房

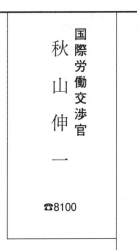

国際労働交渉官

秋山伸一

☎8100

国際参与

武井貞治

☎7292

総括審議官（国際担当）
（事務代理）
国際保健福祉交渉官

井上　肇

☎8101

庶務係	補佐（総括）	班長
主査 庄司浩章	藤木雄太	関　愼太郎
☎7287	☎7288	☎7283

直通
（☎ 3591
　-8983）

FAX
3502-1946

庶務係			係長 屋敷顕宇
槐　島	村　上		
☎7287	☎7287		☎7286

●**分掌事務**
厚生労働省の所掌事務に係る国際協力に関する事務の総括に関すること

入 口
9-11

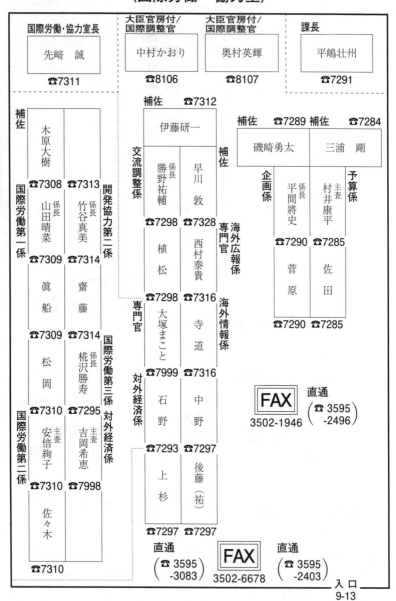

国際労働・協力室長
先﨑　誠
☎7311

大臣官房付/
国際調整官
中村かおり
☎8106

大臣官房付/
国際調整官
奥村英輝
☎8107

課長
平嶋壮州
☎7291

補佐　☎7312
伊藤研一

補佐　☎7289　補佐　☎7284
磯崎勇太　　三浦　剛

補佐
木原大樹
☎7308

国際労働第一係

山田晴菜
係長
☎7309

眞船
☎7309

松岡
☎7310

国際労働第二係

安倍絢子
主査
☎7310

佐々木
☎7310

☎7313
竹谷真美
係長

開発協力第二係

齋藤
☎7314

桃沢勝寿
係長
☎7314

吉岡希恵
主査
☎7295

☎7998

交流調整係

勝野祐輔
係長
☎7298

植松
☎7298

専門官

大塚まこと
☎7999

対外経済係

石野
☎7293

上杉
☎7297

早川　敦
☎7328

西村泰貴
☎7316

海外広報係

専門官

寺道
☎7316

海外情報係

中野
☎7297

後藤（祐）
☎7297

補佐

企画係

平間將史
係長
☎7290

菅原
☎7290

予算係

村井康平
主査
☎7285

佐田
☎7285

FAX
3502-1946

直通
（☎3595
-2496）

直通
（☎3595
-3083）

FAX
3502-6678

直通
（☎3595
-2403）

入口
9-13

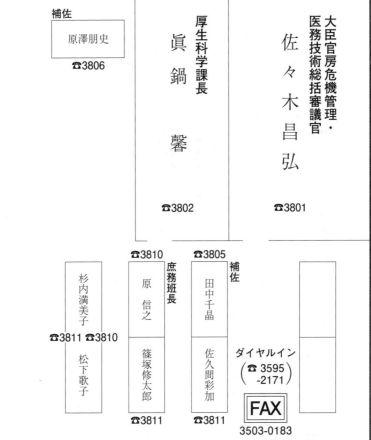

補佐

原澤朋史

☎3806

厚生科学課長

眞鍋馨

☎3802

大臣官房危機管理・医務技術総括審議官

佐々木昌弘

☎3801

☎3810

庶務班長

原信之

篠塚修太郎

☎3811

☎3805

補佐

田中千晶

佐久間彩加

☎3811

杉内満美子

☎3811 ☎3810

松下歌子

ダイヤルイン
（☎3595-2171）

FAX
3503-0183

●**分掌事務**

疾病の予防及び治療に関する研究その他厚生労働省の所掌事務に関する科学技術に関する事務の総括に関すること。

原因の明らかでない公衆衛生上重大な危害が生じ、又は生じるおそれがある緊急の事態への対処に関すること。

医薬品等行政評価・監視委員会の庶務に関すること。

厚生労働省の所掌事務に係る災害対策に関する事務の統括に関すること。国立医薬品食品衛生研究所、国立保健医療科学院、国立社会保障・人口問題研究所及び国立感染症研究所の組織及び運営一般に関すること。

厚生労働省の所管する国立研究開発法人の組織及び運営一般に関すること。

入口
9-16

室長	室長
和田秀樹	水野嘉郎
☎2675	☎3814

国立高度専門医療研究センター支援室

	☎2677	☎3857	補佐 医薬品等行政評価・監視委員会
補佐	西岡雄飛	江田美沙子	ダイヤルイン（☎3595-3523）
企画調整官	角田寛文	主査 高杉保宏	
企画調整官	☎2624 難波晋吾	☎3856 係長 藤川 優 交付金係	
運営管理係	☎2622 須磨麗奈	☎2626 阿部杏圭 業務評価係	
	☎2625	☎2627	

国立高度専門医療
研究センター支援室

ダイヤルイン
（☎3595-2258）

	☎3821	☎3844	
管理調整官 国際健康危機	平田有美恵	佐々木忠信	補佐 健康危機・災害広報専門官
国際情報係	小暮優希菜	野中良恵	
原子力災害対策調整官	☎3829 庄司孝介	☎3846 主査 井形愛美	
	☎3845 守屋健太 主査	☎3840 篠原啓寿 災害対策調整係	
健康危機管理対策調整係	☎3816 係長 末政憲史朗	☎2830 柳 遼太	
	☎3818	☎2830	

災害等危機管理対策室

ダイヤルイン
（☎3595-2172）

入口
9-18

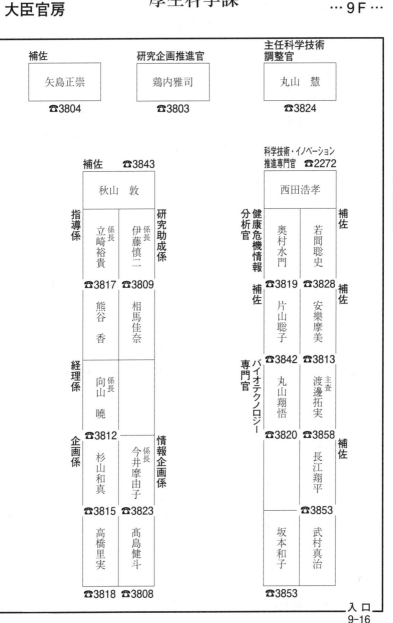

補佐
矢島正崇
☎3804

研究企画推進官
鶏内雅司
☎3803

主任科学技術
調整官
丸山　慧
☎3824

大臣官房

補佐　　☎3843
秋山　敦

指導係

係長
立崎裕貴

研究助成係

係長
伊藤慎二

☎3817　☎3809

熊谷　香

相馬佳奈

経理係

係長
向山　曉

企画係

☎3812

杉山和真

情報企画係

係長
今井摩由子

☎3815　☎3823

高橋里実

高島健斗

☎3818　☎3808

科学技術・イノベーション
推進専門官　☎2272
西田浩孝

分析官

健康危機情報

奥村水門

若間聡史

補佐

☎3819　☎3828

補佐

片山聡子

安樂摩美

補佐

☎3842　☎3813

補佐

バイオテクノロジー

丸山翔悟

主査
渡邊拓実

専門官

☎3820　☎3858

補佐

長江翔平

☎3853

坂本和子

武村真治

☎3853

入口
9-16

— 75 —

大臣官房

プロジェクト推進支援官

評価企画係
- 補佐　野喜紘介　☎7424
- 係長　大川啓志　☎8557
- 櫻田龍司　☎7438
- 福岡佑美

評価支援推進第一係
- 係長　剣持貴也　☎7578
- 主査　坂入

評価支援第二係
- 山内　☎8556
- 係長　岡本忠夫　☎8555
- ☎7446　☎7423

情報化推進官

情報化推進係
- 補佐　飯野一浩　☎8552
- 平出俊正　☎8890

ICT利活用推進係
- 三井　☎8688
- 係長　平石太祐　☎8891
- 徂徠　☎8892
- 長尾　☎8893

情報化政策分析官
- 小貫卓也　☎7443

情報管理官　☎7599

システム企画第二係
- 巣瀬博臣
- 係長　奥村憲一　☎7407
- 補佐　山瀬亀久郎　☎7927

情報政策推進係
- ☎2245
- 主査　堀将人　☎2252

システム企画第一係　☎2244
- 補佐　吉田昌男
- 係長　山﨑憲　☎7430
- 尾作
- 補佐　中村昌茂
- 大野太郎　☎7784

基準係
- 主査　鈴木三穂　☎7678
- ☎2246

政策企画官
- 角園太一　☎2242

情報システム改革推進官（専門官）　☎7781
- 補佐　西村有史
- 係長　俵頭美結　☎7427

標準化推進係
- 島添悟亭　☎2551
- 補佐　新田秀典

医療情報化推進支援係
- 中越　☎8141
- 係長　栁澤佳代子　☎8143

データヘルス改革推進係
- 係長　伊東舞子　☎7924
- 長谷川　☎8894
- ☎8142

直通
（☎3595-2314）

FAX
3595-2198

参事官	補佐	補佐
岡部史哉	小林真紀	山口浩司
☎8137	☎2240	☎2243

☎8145　☎7632

補佐	補佐		管理専門官
等々力　淳	熊谷崇晧	久保田悠一 ☎8138	

企画係	企画係		総務係	総務係
山本恭平 主査	岡部文香 係長	新江	菊地　元 係長	

☎7429　☎8687

☎8558　☎7702　予算係

		野田	植竹隼平 係長

☎7703　☎7405

補佐	企画調整係		清野
神長隆之	荒木　潤 係長		

☎7404　☎7419

情報化推進係		小野瑞貴 係長	馬崎	杉　康文 係長 ☎8139　管理係

☎7408　☎8686　　　　　☎8140

●分掌事務
社会保障制度における情報政策の企画・立案・推進を行うこと

大臣官房

審議官 森 真 弘 ☎2502	医政局長 森 光 敬 子 ☎2501

医政局

書記	管理係
十鳥真一	係長 神宮寺秀明
☎2503	☎2508

☎2506

管理係　☎2504	☎2504
主査 片山博貴	畑﨑大輝
髙橋佑介	高沖隆斗
☎2505	☎2505

吉岡直美	会 議 室
青木紀子	

☎2506

☎2505

加藤沙帆	斎藤優介

直通
（☎ 3591 -9579）

FAX
3592-0710

入 口
20-11

医 政 局　　総 務 課　　…20F…

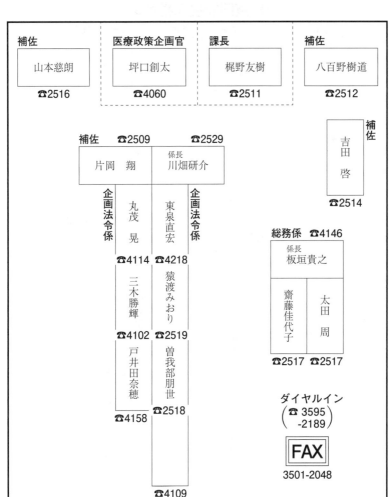

補佐	医療政策企画官	課長	補佐
山本慈朗	坪口創太	梶野友樹	八百野樹道
☎2516	☎4060	☎2511	☎2512

補佐　☎2509　　　☎2529

片岡　翔	係長 川畑研介

補佐
吉田　啓
☎2514

企画法令係	丸茂　晃 ☎4114	東泉直宏 ☎4218	企画法令係
	三木勝輝 ☎4102	猿渡みおり ☎2519	
	戸井田奈穂 ☎4158	曽我部朋世 ☎2518	

☎4109

総務係　☎4146

係長 板垣貴之	
齋藤佳代子	太田　周
☎2517	☎2517

ダイヤルイン
(☎ 3595
　-2189)

FAX
3501-2048

医政局

●分掌事務
保健医療に関する基本的な政策の企画及び立案並びに推進に関すること。医政局の所掌事務に関する総合調整に関すること。医療を提供する体制の確保に関すること（他局及び他課の所掌に属するものを除く）。その他、医政局の所掌事務で他の所掌に属しないものに関すること

入 口
20-12

医療国際展開推進室長	オンライン診療推進専門官	保健医療技術調整官
高山　研	間中勝則	加藤拓馬
☎2510	☎4145	☎2513

補佐　☎2678　補佐　☎4115

高原裕弥	山内優也

| 企画係 | 中楯藍梨 ☎4457 | 係長 角森亮介 ☎4458 | 調査係 |

| 小田桐博昭 ☎4116 | 平林　将 ☎4153 | 保健医療係 |

| 主査 石井直美 ☎4108 | 若槻　絢 ☎2520 | 医療調整係 |

| | 栃木優里 ☎2520 |

補佐

| 平野貴之 ☎2515 | （山口敏弘）（染谷拓郎）☎2522 |

| 医療のかかり方普及促進係 | 係長 北村直良 ☎4057 | 主査 中 雄一郎 ☎4104 |

| 医療調整係 | 係長 小川達也 ☎4456 | 主査 竹野信洋 ☎4098 |

| | 長岡真理 ☎4459 | 小橋ひかる ☎4103 |

FAX 3501-2048

ダイヤルイン
（☎3595 -2317）

医 政 局　地域医療計画課　…20F…

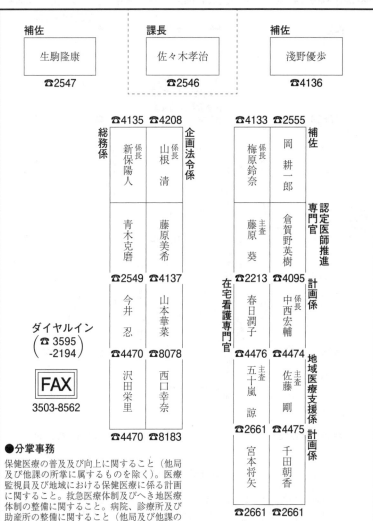

		補佐		
補佐		課長		補佐
生駒隆康		佐々木孝治		淺野優歩
☎2547		☎2546		☎4136

総務係

☎4135	☎4208	**企画法令係**
係長 新保陽人	係長 山根清	
青木克磨	藤原美希	
☎2549 今井忍	☎4137 山本華菜	
☎4470 沢田栄里	☎8078 西口幸奈	
☎4470	☎8183	

ダイヤルイン
（☎3595-2194）

FAX
3503-8562

補佐

☎4133	☎2555	
係長 梅原鈴奈	岡耕一郎	**認定医師推進専門官**
主査 藤原葵	倉賀野英樹	
☎2213 春日潤子	☎4095 係長 中西宏輔	**計画係**
☎4476 主査 五十嵐諒	☎4474 主査 佐藤剛	**地域医療支援係 計画係**
☎2661 宮本将矢	☎4475 千田朝香	
☎2661	☎2661	

在宅看護専門官

●分掌事務

保健医療の普及及び向上に関すること（他局及び他課の所掌に属するものを除く）。医療監視員及び地域における保健医療に係る計画に関すること。救急医療体制及びへき地医療体制の整備に関すること。病院、診療所及び助産所の整備に関すること（他局及び他課の所掌に属するものを除く）。病院、診療所及び助産所における安全管理に関すること。病院、診療所及び助産所における業務委託（医療法（昭和二十三年法律第二百五号）第十五条の三の規定により行われる業務の委託をいう）に関すること。看護師等の人材確保の促進に関する法律（平成四年法律第八十六号）の規定による看護師等の確保に関すること（病院、

右側: 医 政 局

（82頁に続く）

補佐		補佐 ☎4138		医療関連サービス室長
堤　雅宣 ☎2554		中西浩之		武田　豊 ☎2537

（医師確保等地域医療対策室長）
（外来・在宅医療対策室長）
（精神科医療等対策室長）

医療介護連携推進専門官 ☎4478

	地域医療専門官	精神科医療計画係	へき地医療係			在宅医療専門官		技術管理係	在宅医療係	
補佐 ☎2559　☎2665				専門官 和田義敬		補佐 ☎4454　☎2538				
山口敏弘	飯田　要			医師確保対策専門官 石原寛人	主査 大島しのぶ	中西　理	藤本敬久			
専門官 医療機能分析	宮﨑雄介	主査 後藤　真		☎4148	☎2664	榊原のぞみ	主査 石田菜摘			
☎4207　☎2771		係長 金本清誉		医師確保対策専門官 松本憲明	在宅医薬連携専門官 池田大輔	☎2521　☎2539		係長 深堀雄大	椛澤文恵	
宮坂美咲				☎4096	在宅医療係 ☎2673					
☎2663　☎2551		医師派遣機能調整官 黒澤陽一	濱家祐子	☎4455　☎2539 （日名子まき）						
堀家良介	蔭地純奈			補佐 ☎4128 （初村　恵）	☎2662 小森有芙子	香田真那				
☎2663　☎2551		☎2557　☎2662		☎2662　☎2539						

ダイヤルイン
（☎3595
　-2186）

（81頁　分掌事務続き）

診療所及び助産所の開設者に対する指導及び助言に関することに限り、職業安定局及び人材開発統括官の所掌に属するものを除く）。臨床検査技師等に関する法律（昭和三十三年法律第七十六号）第二十条の三第一項に規定する衛生検査所に関すること。救急救命士に関すること。外国医師等が行う臨床修練等に係る医師法第十七条等の特例等に関する法律（昭和六十二年法律第二十九号）の規定による外国看護師等（外国において救急救命士に相当する資格を有する者に限る）の臨床修練に関すること。国民保護法第九十一条第一項に規定する外国医療関係者のうち外国において救急救命士に相当する資格を有する者による医療の提供の許可に関すること。

医療安全推進・ 医務指導室長	参事官
松本晴樹	高宮裕介
☎2570	☎4451

	☎4106	☎4105			☎4479	☎8223	
専門官 医療安全対策	植田瑛子	手嶋智広	補佐	補佐	牧野紘至	（松井佑介）	
専門官 医療放射線管理	山田貴志	主査 杉山未来	指導係	新興感染症等医療企画係	主査 穴井智紗	樋渡健悟	補佐
	☎4038	☎2579			☎4480	☎4453	
専門官 医療安全対策	駒形和典	海老原未来			小山公理美		
	☎8222	☎2580			☎4120		
	主査 渡邊文子	片居木伸幸	医療監視専門官		水上葉月	栗山美穂子	
	☎4147	☎2764		参与	☎4120	☎8084	
	髙橋 匠	伊藤政広	医療監視専門官		栗原 健 難波将夫	長谷川史弥	
	☎4091	☎8079					

ダイヤルイン
（☎6812
-7836）

ダイヤルイン
（☎3595
-3205）

入　口
20-16

医政局

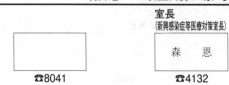

医政局　地域医療計画課　…20F…
（救急・周産期医療等対策室）

医政局

室長
(新興感染症等医療対策室長)

森　恩

☎8041　　☎4132

☎4121　☎2556　　　　　☎4130　☎2558

補佐　　　　　救急医療対策専門官　　派遣調整専門官　災害時医師等　　　　専門官　災害医療対策

下山恭平　藤井健一郎　　　赤星昴己　山田章人

補佐　　　　　病院前医療対策専門官　　　　　　　　　　　　　　災害医療係

上野琢史　東　晶子　　　　主査　加藤渚　的場亮

☎4477　☎2628　救急医療係　　☎4209　☎2548　参与

専門官　小児・周産期医療　係長　榊原康平　村上晃一　　南島友和　大山慶介　畑中洋亮　一色真明

☎4206　☎2550　　　　☎4209

小児・周産期医療係　係長　宮本政彦　阪内佑太郎

☎8048　☎2550

ダイヤルイン
（☎3595 -2185）

FAX
3503-8562

入口
20-16

— 84 —

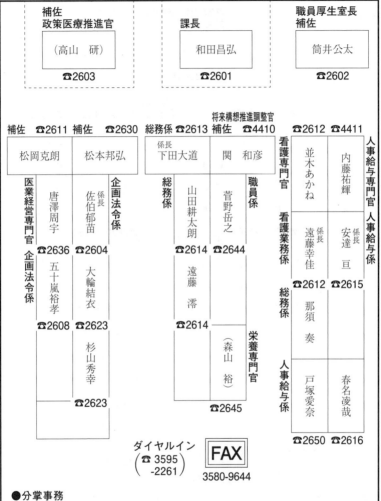

医療経営支援課

補佐 政策医療推進官	課長	職員厚生室長 補佐
（高山　研）☎2603	和田昌弘 ☎2601	筒井公太 ☎2602

将来構想推進調整官

補佐 ☎2611　補佐 ☎2630　総務係 ☎2613　補佐 ☎4410　☎2612　☎4411

看護専門官
人事給与専門官　人事給与係

松岡克朗　松本邦弘　係長 下田大道　関　和彦　並木あかね　内藤祐輝

医業経営専門官　企画法令係
係長 佐伯郁苗
唐澤周宇　総務係　職員係
山田耕太朗　菅野岳之

看護業務係
係長 遠藤幸佳　係長 安達　亘

☎2636　☎2604　☎2614　☎2644　☎2612　☎2615

企画法令係
五十嵐裕孝　大輪結衣
遠藤　澪

総務係
那須　奏

☎2608　☎2623　☎2614

杉山秀幸
（森山　裕）

栄養専門官

人事給与係
戸塚愛奈　春名凌哉

☎2623　☎2645　☎2650　☎2616

ダイヤルイン
（☎3595 -2261）

FAX 3580-9644

●分掌事務

医療法人に関すること。病院、診療所及び助産所の経営管理に関すること。国立ハンセン病療養所の職員の任免、給与、懲戒、服務その他の人事、教養及び訓練に関すること。国立ハンセン病療養所において行うべき国民の健康に重大な影響のある疾病に関する医療その他の国の医療政策として担うべき医療の提供に関すること。国立ハンセン病療養所が行う研究・保健医療に関する技術者の養成及び研修に関すること。国立ハンセン病療養所の医療に関する業務の指導及び監督に関すること

入口
20-1

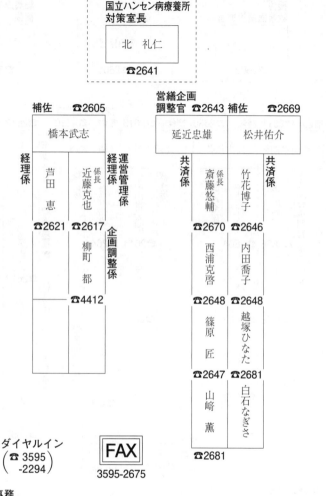

国立ハンセン病療養所
対策室長

北　礼仁

☎2641

補佐　☎2605

橋本武志

経理係　　運営管理係　経理係

芦田　恵　　近藤克也（係長）

☎2621　☎2617

柳町　都（企画調整係）

☎4412

営繕企画
調整官 ☎2643　補佐　☎2669

延近忠雄　　松井佑介

共済係　　共済係

斎藤悠輔（係長）　竹花博子

☎2670　☎2646

西浦克啓　　内田喬子

☎2648　☎2648

篠原　匠　　越塚ひなた

☎2647　☎2681

山﨑　薫　　白石なぎさ

☎2681

ダイヤルイン
（☎3595
　-2294）

FAX
3595-2675

●分掌事務
国立ハンセン病療養所に係る将来構想のあり方、経費の予算、決算及び会計並びに会計の監査に関すること。国立ハンセン病療養所に係る行政財産及び物品の管理に関すること。国立ハンセン病療養所の職員に貸与する宿舎に関すること。国立ハンセン病療養所の職員の衛生、医療その他の福利厚生に関すること。国家公務員共済組合法第三条第二項の規定により厚生労働省に設けられた共済組合に関すること

入口
20-3

医療独立行政法人 支援室長		医療法人 支援室長	補佐
長島　清		桑原　寛	小川貴夫
☎2631		☎2651	

	☎2632	☎2637			☎2640	☎2606	
補佐	菊池耕徳	但井智一	補佐	医業経営専門官 医療法人指導官	験馬崇志	加藤光洋	補佐 推進法人指導官 地域医療連携
業務評価係 調査総務係	係長 橋本祥平	係長 矢口永実	運営管理係	医業経営データ分析係	係長 濱﨑美帆	係長 小林晋一	経営指導係 医療法人係
	☎2633	☎2638			☎2609	☎2672	経営指導係
運営管理係	瀧澤由佳	齊木大悟			八代真理子	主査 小泉明日佳	
	☎2639	☎2634			☎2676	☎2671	医療法人係
				分析専門官 医業経営データ	（宮﨑雄介）	横尾みなみ	
					☎2671	☎2620	

FAX
3580-9644

医療独立行政法人支援室

ダイヤルイン
$\begin{pmatrix} ☎3595 \\ -2264 \end{pmatrix}$

医療法人支援室

ダイヤルイン
$\begin{pmatrix} ☎3595 \\ -2274 \end{pmatrix}$

●分掌事務

独立行政法人国立病院機構の組織及び運営一般に関すること。独立行政法人地域医療機能推進機構の組織及び運営一般に関すること

入　口
20-1

医政局

補佐	主査	課長	医師等医療従事者働き方改革推進室長 医師養成等企画調整室長	医師・看護師等働き方改革推進官
星　紀幸	入屋翔伍	西嶋康浩	佐々木康輔	（加藤正嗣） （櫻井公彦）
☎2562	☎2564	☎2561	☎2563	次長

医事専門官　☎4131

リハビリテーション専門職企画調整官　補佐

柳田　聡		総務係 ☎4125 ☎4110		企画法令係	補佐 ☎4408	子育て医療職支援専門官 ☎4406
野﨑　心	係長 関口卓磨	酒井大輔	主査 村田一真		黒川典誉	大髙俊一
☎4196	☎2568				改善調整官	補佐
大石斐子	潟沼祐希	針生佳奈	主査 佐藤靖也		医療勤務環境 高橋直人	川澄佳奈
☎4196	☎2568	☎2566	☎4124		企画係 ☎4409	☎4407
奥田晃久	大崎英朗	永井ゆかり	坂口挙人		主査 篠崎幹太	補佐 瀬部暁洋
☎4401	☎4401	☎2566	☎2569		☎4415	☎4416
			森山春香		吉田史弥	松本翔太
			☎4101	☎4144	☎4415	☎4413
					参与 益原大亮	小林　剛
					☎4198	☎4198

医事係

専門職企画調整官補佐

ダイヤルイン
（☎3595-2196）

●分掌事務

医師、歯科医師その他医療関係者に関する事務（他局の所掌に属するものを除く）の総括に関すること。医師、診療放射線技師、臨床検査技師、理学療法士、作業療法士、視能訓練士、臨床工学技士、義肢装具士、言語聴覚士、あん摩マッサージ指圧師、はり師、きゅう師及び柔道整復師に関すること。外国医師等の臨床修練等に関すること。国民保護法第九十一条第一項に規定する外国医療関係者のうち外国医師による医療の提供の許可に関すること。死体の解剖及び保存に関すること。

ダイヤルイン
（☎3595-2232）

FAX
3591-9072

入　口
20-7

医 政 局　　医 事 課　　…20F…
（医師臨床研修推進室）（死因究明等企画調査室）

医師臨床研修
推進室長

野口宏志

☎4122

死因究明等
企画調査室長

渡邉一真

☎4400

臨床研修
補佐　☎4452　指導官　☎2567

染谷拓郎　　太田朋宏

補佐　☎4404

杁山広樹

補佐

加藤斐菜子

☎4403

渡邉航太

☎4123

大畑浩

☎4126

企画調整官

係長
礒山智史

☎4127

臨床研修係

係長
伊藤寛人

☎4142

中田浩美

☎4123

太田智裕

☎4126

補佐

坂下美沙

☎4197

西野哲

☎4417

補佐

佐藤達彦

☎4405

調整係

係長
岩田章裕

☎4418

武内弘恵

☎4417　☎4417

ダイヤルイン
（☎ 3595
　　-2275）

☎4126　☎4126

ダイヤルイン
（☎ 5253
　　-1139）

医
政
局

●分掌事務

医師、歯科医師その他医療関係者に関する事務（他局の所掌に属するものを除く）の総括に関すること。医師、診療放射線技師、臨床検査技師、理学療法士、作業療法士、視能訓練士、臨床工学技士、義肢装具士、言語聴覚士、あん摩マッサージ指圧師、はり師、きゅう師及び柔道整復師に関すること。外国医師等の臨床修練等に関すること。国民保護法第九十一条第一項に規定する外国医療関係者のうち外国医師による医療の提供の許可に関すること。死体の解剖及び保存に関すること

入 口
20-8

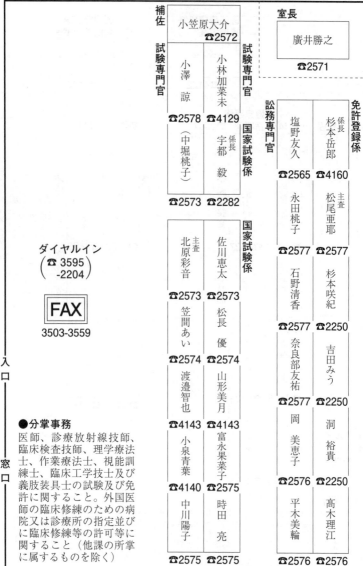

補佐　小笠原大介　☎2572

試験専門官　小澤　諒　☎2578

試験専門官　小林加菜未　☎4129

室長　廣井勝之　☎2571

国家試験係　係長　宇都　毅　☎2282
（中堀桃子）

訟務専門官　塩野友久　☎2565

免許登録係　係長　杉本岳郎　☎4160

主査　北原彩音　☎2573

佐川恵太　☎2573
国家試験係

永田桃子　☎2577

主査　松尾亜耶　☎2577

笠間あい　☎2574

松長　優　☎2574

石野清香　☎2577

杉本咲紀　☎2250

渡邉智也　☎4143

山形美月　☎4143

奈良部友祐　☎2577

吉田みう　☎2250

小泉青葉　☎4140

富永果菜子　☎2575

岡　美恵子　☎2576

洞　裕貴　☎2250

中川陽子　☎2575

時田　亮　☎2575

平木美輪　☎2576

髙木理江　☎2576

ダイヤルイン
（☎ 3595
-2204）

FAX
3503-3559

入口

窓口

●**分掌事務**
医師、診療放射線技師、
臨床検査技師、理学療法
士、作業療法士、視能訓
練士、臨床工学技士及び
義肢装具士の試験及び免
許に関すること。外国医
師の臨床修練のための病
院又は診療所の指定並び
に臨床修練等の許可等に
関すること（他課の所掌
に属するものを除く）

医政局

歯科保健課
（歯科口腔保健推進室）

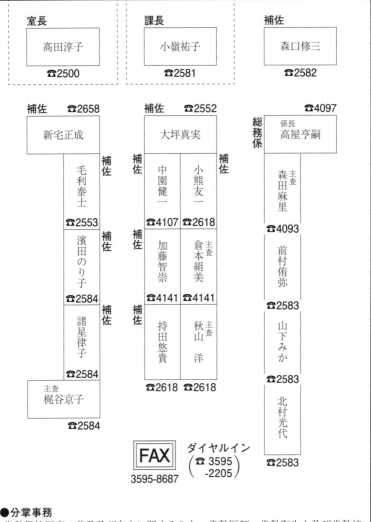

室長　髙田淳子　☎2500

課長　小嶺祐子　☎2581

補佐　森口修三　☎2582

補佐　☎2658　新宅正成

補佐　毛利泰士　☎2553

補佐　濱田のり子　☎2584

補佐　諸星律子　☎2584

主査　梶谷京子　☎2584

補佐　☎2552　大坪真実

補佐　中園健一　☎4107

補佐　加藤智崇　☎4141

補佐　持田悠貴　☎2618

補佐　小熊友一　☎2618

補佐　主査　倉本絹美　☎4141

主査　秋山洋　☎2618

総務係　係長　高屋亨嗣　☎4097

主査　森田麻里　☎4093

前村侑弥　☎2583

山下みか　☎2583

北村光代　☎2583

FAX 3595-8687

ダイヤルイン（☎3595-2205）

医政局

●分掌事務

歯科保健医療の普及及び向上に関すること。歯科医師、歯科衛生士及び歯科技工士に関すること。外国歯科医師の臨床修練に関すること。国民保護法第九十一条第一項に規定する外国医療関係者のうち外国歯科医師による医療の提供の許可に関すること

入　口
20-4

看 護 課
（看護サービス推進室）

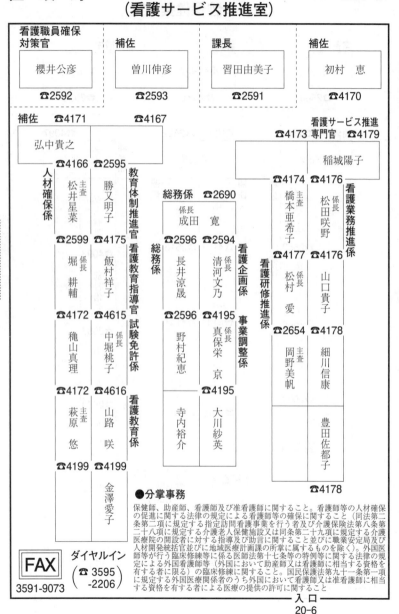

看護職員確保対策官	補佐	課長	補佐
櫻井公彦	曽川伸彦	習田由美子	初村 恵
☎2592	☎2593	☎2591	☎4170

補佐 ☎4171　　☎4167

弘中貴之

看護サービス推進
☎4173 専門官 ☎4179

稲城陽子

☎4166　☎2595

人材確保係

主査 松井星菜

勝又明子

教育体制推進官 看護教育指導官 試験免許係

☎4174　☎4176

主査 橋本亜希子

係長 松田咲野

看護業務推進係

☎2599　☎4175

係長 堀 耕輔

飯村祥子

☎4177　☎4176

係長 松村 愛

山口貴子

総務係 ☎2690

係長 成田 寛

☎2596　☎2594

総務係

長井涼晟

係長 清河文乃

看護企画係

☎4172　☎4615

穐山真理

係長 中堀桃子

☎2596　☎4195

野村紀恵

係長 真保栄 京

事業調整係

☎2654　☎4178

主査 岡野美帆

細川信康

看護研修推進係

☎4172　☎4616

主査 萩原 悠

山路 咲

看護教育係

☎4195

寺内裕介

大川紗英

☎4199　☎4199

金澤愛子

豊田佐都子

☎4178

●分掌事務

保健師、助産師、看護師及び准看護師に関すること。看護師等の人材確保の促進に関する法律の規定による看護師等の確保に関すること（同法第二条第二項に規定する指定訪問看護事業を行う者及び介護保険法第八条第二十八項に規定する介護老人保健施設又は同条第二十九項に規定する介護医療院の開設者に対する指導及び助言に関すること並びに職業安定局及び人材開発統括官並びに地域医療計画課の所掌に属するものを除く）。外国医師等が行う臨床修練等に係る医師法第十七条等の特例等に関する法律の規定による外国看護師等（外国において助産師又は看護師に相当する資格を有する者に限る）の臨床修練に関すること。国民保護法第九十一条第一項に規定する外国医療関係者のうち外国において看護師又は准看護師に相当する資格を有する者による医療の提供の許可に関すること

FAX
3591-9073

ダイヤルイン
（☎ 3595 -2206）

入 口
20-6

医 政 局　医薬産業振興・医療情報企画課　…18F…
（審議官室）（流通指導室）（セルフケア・セルフメディケーション推進室）

流通指導室長 首席流通指導官	補佐	補佐	課長	医薬品産業・ベンチャー等 支援政策室長
藤沼義和	上木義博	大江裕貴	水谷忠由	藤井大資
☎2535	☎2530	☎4995	☎2523	☎2526

医薬産業振興・医療情報審議官

内 山 博 之
☎4994

ダイヤルイン
（☎3595
-2421）

FAX
3507-9041

	企画係	係長 西村勇人	三谷大地	補佐
		☎2527	☎2524	企画係
		生野佐紀	西村仁実	
		☎8251	☎2524	
		秋山誉斗	主査 樋口悦加	
		☎4117	☎4471	
		松本伸一郎	主査 谷元美咲	参与
		☎8467	☎4471	
		福嶋佑介	主査 利大 光矢	薬価係
		☎8207		
		武南菜月	安川聖子	
		☎8207	☎2528	

	☎2598	☎2536			☎4118	☎4111	
流通指導官	曽我健太郎	木本健	流通指導官	総務係	係長 林周作	係長 山本和之	企業係
流通指導官	吉野利成	大胡田純一	流通指導官		渡邉隼人	藤本巧	
総務係	☎2598	☎2536	総務係		☎2525	☎2531	総務係
	主査 江本啓佑	首藤裕一			加藤仁美	関本隆則	
	☎4996	☎4997			☎2525		

●分掌事務
医薬品、医薬部外品、医療機器その他衛生用品及び再生医療等製品の生産、流通及び消費の増進、改善及び調整に関すること（他局及び研究開発政策課の所掌に属するものを除く）。医薬品、医薬部外品、医療機器その他衛生用品及び再生医療等製品の製造販売業、製造業、販売業、貸与業及び修理業の発達、改善及び調整に関すること（研究開発政策課の所掌に属するものを除く）。医薬品、医薬部外品、医療機器その他衛生用品及び再生医療等製品の輸出入に関すること。医療機器（医療用品、歯科材料及び衛生用品を除く）の配置及び使用に関すること（地域医療計画課の所掌に属するものを除く）

医政局

入口
18-1

（医薬品産業・ベンチャー等支援政策室）（医療機器政策室）（医療用物資等確保対策推進室）

総括調整官	総括調整官	補佐	医療用物資等確保対策推進室長	総括調整官
新垣真理	田中広秋	成川真理	坂本和也	須賀幹郎
☎8021	☎2585	☎4113	☎8460	☎8115

	☎2657 ☎4058	☎4465 ☎4112	☎4466 ☎4149	☎8459 ☎8116
後発医薬品使用促進専門官	補佐 黒岩健二　武内聡	医療機器等保険導入専門官 齋藤正美　川嶋康平	補佐 菅原志帆　井上智博	セルフケア・セルフメディケーション推進室長補佐 企画係 竹﨑祐喜　近藤秀樹
	薬価係 粟飯原弘樹　小川はるか	材料価格係 原 朋也　坪倉大樹	調査統計係 平野万里江　清岡尚子	総括係 斉藤和花　石川裕士

主査 係長 係長 係長 主査 係長

☎2657 ☎2528 ☎4469 ☎4159 ☎4466 ☎2532 ☎8459 ☎8294

				補佐 山﨑珠美
後発医薬品使用促進専門官 古江道顕　大場崇史	☎4467 ☎2534 補佐 岸田勇人　佐藤優衣	☎4159 ☎4119 材料価格係 飯原尚子　井原美月		

☎8463 ☎2545

岩橋尚彦　甫坂賢二
主査

☎8485 ☎4059

医薬品等管理係
係長
籔田敬之　早川直斗
係長

☎4472 ☎2588

川名青葉　戸田怜花

☎4472 ☎2588

☎4467 ☎2534 仁澤卓也　野口雄太	医療機器政策室 青野宏美　滝口桃子

☎4467 ☎2534

医療機器政策室

☎2533 ☎2532

濵 砂　渡邊則子

☎2533 ☎4119

☎8481

物資調達係
係長
櫻井圭祐　日髙将企

☎8271

物資供給係
主査
寺島洋平　小山理恵

☎8209 ☎8215

医療用物資等確保対策推進室
総括係
渡邊直子　神谷康世

☎8273 ☎8296

ダイヤルイン
（☎ 3595
-3409）

ダイヤルイン
（☎ 3595
-3529）

FAX
3595-3499

入口
18-2

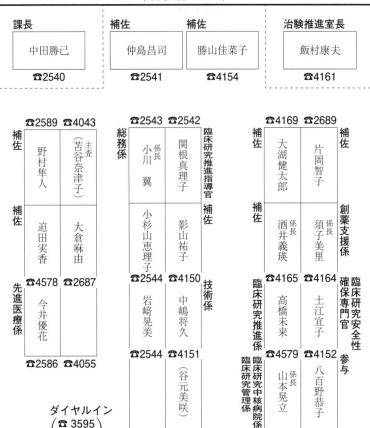

医 政 局　研究開発政策課（治験推進室）

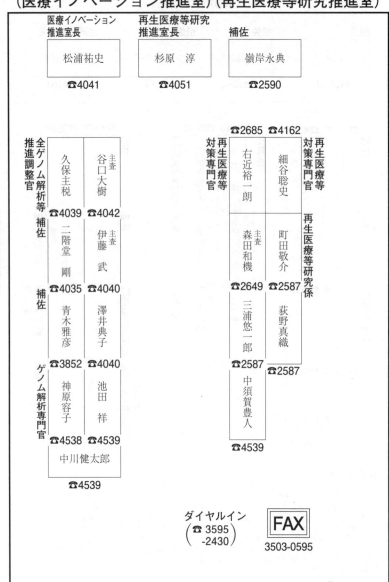

研究開発政策課
（治験推進室）

役職	氏名	内線
課長	中田勝己	☎2540
補佐	仲島昌司	☎2541
補佐	勝山佳菜子	☎4154
治験推進室長	飯村康夫	☎4161

係	氏名	内線
補佐	野村隼人	☎2589
主査	（苫谷奈津子）	☎4043
補佐	迫田実香	
	大倉麻由	
先進医療係	今井優花	☎4578 ☎2586
		☎2687 ☎4055
総務係 係長	小川 翼	☎2543
	小杉山恵理子	
臨床研究推進指導官	関根真理子	☎2542
補佐	影山祐子	
	岩﨑晃美	☎2544
技術係	中嶋将久	☎4150
		☎2544
	（谷元美咲）	☎4151
補佐	大湖健太郎	☎4169
補佐 係長	酒井義瑛	
補佐	片岡智子	☎2689
創薬支援係 係長	須子美里	
臨床研究推進係	高橋未来	☎4165
臨床研究安全性確保専門官	土江宣子	☎4164
臨床研究管理係／臨床研究中核病院係 係長	山本晃立	☎4579 ☎4157
参与	八百野恭子	☎4152 ☎4163

ダイヤルイン
（☎ 3595-2430）

●分掌事務

医薬品、医薬部外品、化粧品、医療機器その他衛生用品及び再生医療等製品の研究及び開発に関すること（医薬・生活衛生局及び参事官の所掌に属するもの除く）。再生医療等の安全性の確保等に関する法律（平成二十五年法律第八十五号）第二条第一項に規定する再生医療等に関すること（他局並びに他課及び参事官の所掌に属するものを除く）。独立行政法人医薬品医療機器総合機構の行う業務に関すること（独立行政法人医薬品医療機器総合機構法（平成十四年法律第百九十二号）第十五条第一項第七号及び第八号並びに第二項第三号に掲げる業務に関することに限る）。薬用植物の栽培及び生産に関すること。医薬品、医薬部外品、化粧品、医療機器その他衛生用品及び再生医療等製品の製造販売業、製造業、販売業、貸与業及び修理業（研究及び開発に係る部分に限る）の発達、改善及び調整に関すること。

入口
19-6

医療イノベーション
推進室長

松浦祐史

☎4041

再生医療等研究
推進室長

杉原　淳

☎4051

補佐

嶺岸永典

☎2590

☎2685　☎4162

全ゲノム解析等
推進調整官

主査
谷口大樹
☎4042

久保主税
☎4039

補佐

二階堂　剛
☎4035

主査
伊藤　武
☎4040

青木雅彦
☎3852

澤井典子
☎4040

ゲノム解析専門官

神原容子
☎4538

池田　祥
☎4539

中川健太郎
☎4539

再生医療等
対策専門官

再生医療等
対策専門官

右近裕一朗

細谷聡史

再生医療等研究係

森田和機
☎2649

町田敬介
☎2587

三浦悠一郎
☎2587

荻野真織
☎2587

中須賀豊人

☎4539

主査

ダイヤルイン
（☎ 3595）
-2430

FAX
3503-0595

医
政
局

入 口
19-6

医政局

参事官	室長
田中彰子	新畑覚也
☎4487	☎4496

情報活用係

☎4498	☎4677
補佐	補佐
杉山朋宏	眷古裕太

企画開発係	係長 北村和之	主査 久保慎一郎

☎4681	☎4679
河内裕亮	主査 中西正範

☎4686	☎4687
穴田周吾	係長 小野陽一郎
	主査

☎4678	☎4680
菊池 匠	藤井邦彦

☎4391	☎4389

総務係

☎4499	☎4490
係長 柴田彩乃	桑原陽一郎	補佐

管理係	柳沢匡人	篤田みなみ

☎4155	☎4380
山本裕子	

☎4155	
佐藤裕子	

☎4393	

医療情報標準化推進専門官

補佐	補佐
☎4497	☎4675
橋本紘幸	遠藤明史
澤井幸光	井上裕介

情報推進官

☎4495	☎4491
曽根玲司那	佐々木俊

標準化推進係

☎4392	☎4671
藤巻寿子	係長 原田 充

☎4388	☎4672

ダイヤルイン
（☎6812
-7837）

FAX
6812-7842

入口　13-3　　　入口　13-4

医 政 局

	補佐	企画官
（勝山佳菜子）	立川哲治	西川宜宏
☎4398	☎4489	☎4488

☎4385	☎4384		☎4685	☎4682		☎4493	☎4494
補佐 山崎翔	岡勇輝 補佐	医療機器開発調整係	係長 山中陽平	（黒岩健二） 補佐	補佐 平岡慎二	主査 藤村日向子
補佐 青木智乃紳	吉原博紀 補佐	ワクチン開発調整係	係長 井上勝光	係長 西出憲弘 開発調整係	☎4493 仲山実可子 補佐	☎4494 主査 苫谷奈津子 企画係
調査係 ☎4676 岸本将幸 係長	☎4387 濱田圭太	開発支援係 ☎4683 佐野瑠美 係長	☎4684 江草僚介 主査		補佐 ☎4492 坪井隆	☎4386
☎4673	☎4674	☎4382	☎4381 富樫宏一		☎4394 山縣奏 主査	
☎4670	☎4690		☎4390		☎4395	
☎4689	☎4688					

医政局

医療情報室　　　　　医薬品開発室
　　　　　　　　　　ワクチン等開発室　　　　医療情報室

── 入 口 ──　　　── 入 口 ──
　　13-1　　　　　　　　13-2

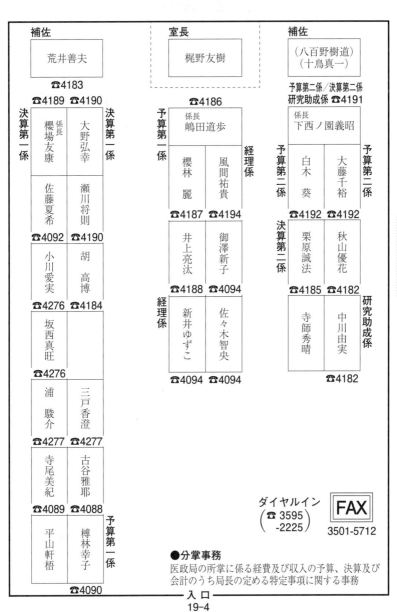

医政局　医療経理室　…19F…

補佐
荒井善夫
☎4183

☎4189　☎4190

決算第一係
| 係長 櫻場友康 | 大野弘幸 |
| 佐藤夏希 | 瀬川将則 |

☎4092　☎4190

| 小川愛実 | 胡高博 |

☎4276　☎4184

| 坂西真旺 | |

☎4276

| 浦駿介 | 三戸香澄 |

☎4277　☎4277

| 寺尾美紀 | 古谷雅耶 |

☎4089　☎4088

予算第一係
| 平山軒梧 | 樽林幸子 |

☎4090

室長
梶野友樹
☎4186

予算第一係
係長 嶋田道歩

経理係
| 櫻林麗 | 風間祐貴 |

☎4187　☎4194

| 井上亮汰 | 御澤新子 |

☎4188　☎4094

経理係
| 新井ゆずこ | 佐々木智央 |

☎4094　☎4094

補佐
（八百野樹道）
（十鳥真一）

予算第二係／決算第二係
研究助成係　☎4191

係長 下西ノ園義昭

予算第二係
| 白木葵 | 大藤千裕 |

☎4192　☎4192

決算第二係
| 栗原誠法 | 秋山優花 |

☎4185　☎4182

研究助成係
| 寺師秀晴 | 中川由実 |

☎4182

ダイヤルイン
（☎3595 -2225）

FAX
3501-5712

●分掌事務
医政局の所掌に係る経費及び収入の予算、決算及び
会計のうち局長の定める特定事項に関する事務

入口
19-4

健康・生活衛生局　書　記　室　…7F…
（局長室・審議官室）

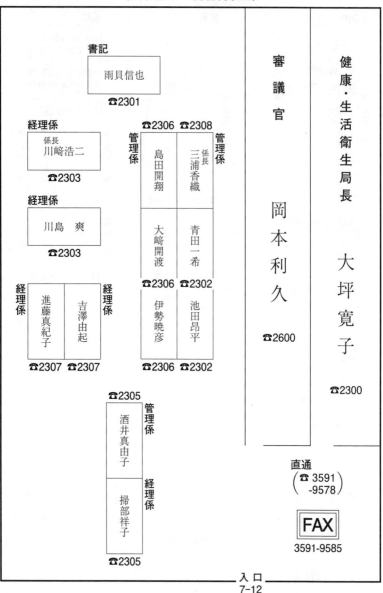

書記
雨貝信也
☎2301

経理係
係長
川崎浩二
☎2303

経理係
川島　爽
☎2303

経理係 **経理係**
進藤真紀子　吉澤由起
☎2307　☎2307

☎2306　☎2308
管理係　**管理係**
島田開翔　係長
三浦香織

大﨑開渡　青田一希
☎2306　☎2302

伊勢暁彦　池田昂平
☎2306　☎2302

☎2305
管理係
酒井真由子

経理係
掃部祥子
☎2305

審議官
岡本利久
☎2600

健康・生活衛生局長
大坪寛子
☎2300

直通
（☎3591
-9578）

FAX
3591-9585

入口
7-12

健康・生活衛生局

健康・生活衛生局　総務課

（原子爆弾被爆者援護対策室）

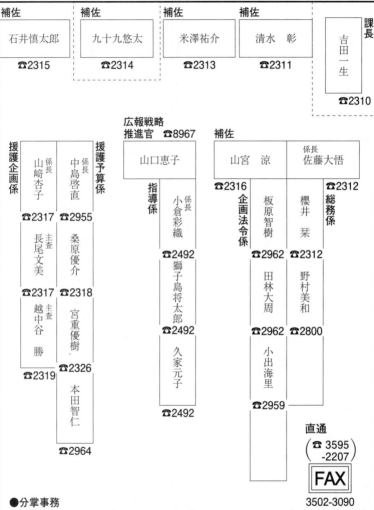

…7F…

補佐　石井慎太郎　☎2315

補佐　九十九悠太　☎2314

補佐　米澤祐介　☎2313

補佐　清水　彰　☎2311

課長　吉田一生　☎2310

広報戦略推進官　☎8967　山口恵子

援護企画係　係長　山﨑杏子　☎2317

中島啓直　**援護予算係**　係長　☎2955

長尾文美　主査　☎2317

桑原優介　☎2318

越中谷　勝　主査　☎2319

宮重優樹　☎2326

本田智仁　☎2964

指導係　小倉彩織　係長　☎2492

獅子島将太郎　☎2492

久家元子　☎2492

補佐　山宮　涼　☎2316

佐藤大悟　係長　☎2312

企画法令係　板原智樹　☎2962

田林大周　☎2962

小出海里　☎2959

総務係　櫻井　栞　☎2312

野村美和　☎2800

直通　（☎3595-2207）

FAX　3502-3090

●分掌事務

健康・生活衛生局の所掌事務に関する総合調整に関すること。保健医療に関する補助事業並びに感染症の予防及び感染症の患者に対する医療に関する法律、難病の患者に対する医療等に関する法律及び児童福祉法の小児慢性特定疾病医療費の支給に関する規定を施行するため都道府県知事及び市町村長が行う事務についての監査に関すること。原子爆弾被爆者に対する援護に関すること。製菓衛生師に関すること。健康・生活衛生局の所掌事務で他の所掌に属さないものに関すること

生活衛生局

入口
7-13

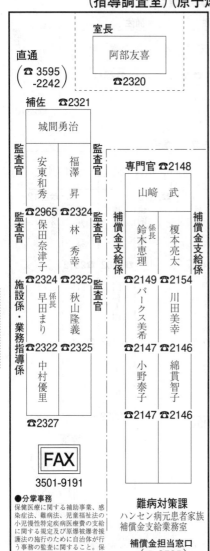

直通
（☎3595-2242）

室長
阿部友喜
☎2320

補佐　☎2321
城間勇治

監査官
安東和秀
☎2965

監査官
保田奈津子
☎2324

施設係・業務指導係
早田まり（係長）
☎2322

中村優里
☎2327

監査官
福澤昇
☎2324

林秀幸
☎2325

秋山隆義
☎2325

専門官　☎2148
山﨑　武

補償金支給係
鈴木恵理（係長）
☎2149

パークス美希
☎2147

小野泰子
☎2147

補償金支給係
榎本亮太
☎2154

川田美幸
☎2146

綿貫智子
☎2146

FAX
3501-9191

●分掌事務
保健医療に関する補助事業、感染症法、難病法、児童福祉法の小児慢性特定疾病医療費の支給に関する規定及び原爆被爆者援護法の施行のために自治体が行う事務の監査に関すること。保健衛生施設等施設・設備整備及び原子爆弾被爆者に対する援護に係る予算の執行に関すること

難病対策課
ハンセン病元患者家族
補償金支給業務室

補償金担当窓口
（☎3595-2262）

入口
11-4

企画官
立川淳一
☎2957

室長
安田正人
☎2956

専門官
細川全
☎2323

補佐
佐野隆一郎
☎8933

坂井駿介
☎2960

主査
鈴木恵美里
☎2958

援護企画係
山口有紀
☎2963

援護予算係
安野友紀
☎2318

入口
7-13

生活衛生局
健康・生活衛生局

健康・生活衛生局　健 康 課
（地域保健室・保健指導室）

課長	補佐	保健指導室長	地域保健室長
山本英紀 ☎2340	荻野仁視 ☎2337	後藤友美 ☎2390	斎藤基輝 ☎2331

☎2342

総務係

係長 設楽諭史	
森本かおる ☎8928	主査 山地雄太 ☎8927

企画法令係

森 みちの ☎8928	柳原悠希 ☎2349

調整係

桑原愛美 ☎2946	係長 泉 彩音 ☎8870
草間拓海 ☎2946	主査 児玉浩平 ☎8871

補佐

漆畑英樹 ☎8805	右田周平 ☎8937	**推進官**

	石澤めぐみ ☎8925	**推進官**

保健指導係

武川美樹 ☎2336	主査 尾川春香 ☎2394	**補佐**

淺羽成実 ☎2974	主査 下鶴幸宏 ☎2336

	蒲池なつ実 ☎8124

補佐

森 幸野 ☎8944	平戸貴夫 ☎2332	**補佐**

専門官

浦部尚吾 ☎2392	係長 宮本正樹 ☎2398	**指導係企画調整係**

地域保健推進係

松下 詢 ☎8943	係長 林山昇平 ☎2335

北村麻衣子 ☎8926	主査 濱﨑久実 ☎2335

清田菜央 ☎8938	井上雅雄 ☎2335

佐伯夏凪 ☎2391	安田朱里 ☎8926

生活・衛生局

●分掌事務

国民の健康の増進及び栄養の改善並びに生活習慣病に関すること（他局及び他課の所掌に属するものを除く）。食生活の指導に関すること。衛生教育に関すること。栄養士、管理栄養士及び調理師に関すること。　地域における保健の向上に関すること（総務課の所掌に属するものを除く）。地方衛生研究所その他地方公共団体の衛生に関する試験検査研究施設に関すること（総務課の所掌に属するものを除く）

入口
7-17

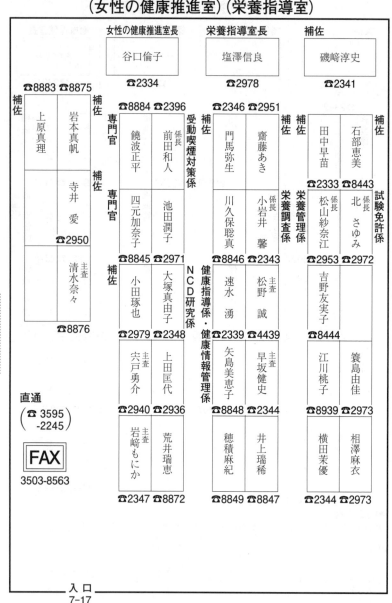

	女性の健康推進室長	栄養指導室長	補佐
	谷口倫子	塩澤信良	磯﨑淳史
	☎2334	☎2978	☎2341

生活衛生局 健康・

直通
（☎ 3595
-2245）

FAX
3503-8563

☎8883 ☎8875

補佐			補佐
上原真理	岩本真帆		

☎8884 ☎2396　　☎2346 ☎2951

専門官　　受動喫煙対策係　補佐　　栄養調査係　補佐　補佐　　栄養管理係　補佐　試験免許係

饒波正平	係長 前田和人	門馬弥生	齋藤あき	田中早苗	石部恵美

☎2333 ☎8443

専門官

四元加奈子	池田潤子	川久保聡真	係長 小岩井 馨	係長 松山紗奈江	係長 北 さゆみ

☎2950

☎8845 ☎2971　　☎8846 ☎2343　　☎2953 ☎2972

補佐　NCD研究係　　健康指導係・

清水奈々	小田琢也	大塚真由子	速水 湧	主査 松野 誠	吉野友実子	

☎8876　　☎2979 ☎2348　　健康情報管理係 ☎2339 ☎4439　　☎8444

	宍戸勇介	主査 上田匡代	矢島美恵子	主査 早坂健史	江川桃子	簑島由佳

☎2940 ☎2936　　☎8848 ☎2344　　☎8939 ☎2973

	岩﨑もにか	主査 荒井瑞恵	穂積麻紀	井上瑞稀	横田茉優	相澤麻衣

☎2347 ☎8872　　☎8849 ☎8847　　☎2344 ☎2973

入　口
7-17

課長	専門官	
鶴田真也 ☎2966	石川泰成 ☎2968	

☎2967　☎2293　☎2975　☎2066　☎2945　☎2987　☎4603

補佐 加藤幸介	補佐 茂呂禎侑	橋本侑介	補佐 金川弦暉	主査 大井 肇	補佐 箕浦祐子	磯 高徳

☎2984　☎2986　補佐　補佐　専門官　係長

総務係 係長 中神寛之	主査 宮川淳美	補佐 中山幸量	平田 朗	補佐 木澤莉香	中原知美	専門官 戸石 輝	相澤元貴

がん指導係・がん登録係・がん調査係・がん予防係

係長 木村優一	桑原知子					

☎2291　☎3841　☎3826　☎4607　☎8339　☎3827

専門官・疾病対策管理係・循環器病情報管理係

☎2984 伊原弓香子	☎2359 中條 健	多田美帆	主査 生駒亜梨紗	企画法令係 補佐	向 亜紀	千葉晶輝	補佐	東 佳菜子	主査 小川夕香梨

☎2359　☎2359　☎8298　☎2985　☎8306　☎8393　☎4604　☎3827

内藤雄介	旭 映美	北國大樹	専門官	弥吉陽大	鈴木麻理子

☎2150　☎2924　☎4604　☎4604

須釜夏海	主査 (清水俊来)	赤井 淳	間野晶子

☎8338　☎4608

☎2091　☎4608

●分掌事務
がんその他の疾病の予防及び治療に関すること（他局及び他課の所掌に属するものを除く）。厚生労働省の所掌事務に係るがんその他の悪性新生物対策に関する基本的な政策の企画及び立案並びに調整に関すること。肝炎対策に関すること。B型肝炎訴訟に関すること

ダイヤルイン ☎3595-2192
FAX 3595-2193

入口 11-1

補佐	補佐	補佐	室長
砂金光太郎	山口大樹	（新津幸義）	安田正人
☎2099	☎2069	☎2294	☎2079

ダイヤルイン
（☎3595-3427）

FAX

3595-2169

B型肝炎訴訟
相談窓口
（☎3595-2252）

	☎2044	☎2045	☎2049	審査係	訟務調整二係	☎2102	☎2082
	田中智士	黒沢圭保璃	山崎裕大			藤村直樹	神山恵里佳
	高木	政石	平塚	石井		真鍋	小泉
	☎2110	☎2110	☎2043	☎2043		☎2102	☎2102
		森泉		阿部		渡島	堀
		☎2106		☎2042		☎2292	☎2292
	宮澤		神田			片岡	山崎
☎2048	☎2046		☎2052			☎2134	☎2134
水上		古門		来栖晃		井関	嶋田典明
		☎2046		☎2041		☎2109	☎2134
松本	水口	斎野	谷川			日高	
☎2048	☎2047	☎2047	☎2041			☎2109	

補佐	専門官	室長	補佐
青木太一 ☎2092	三好聡一 ☎2068	安田正人 ☎2943	月村洋介 ☎2089

21-1 側（左フロア）

訟務調整第一係		専門官

☎2080 日比宏幸	☎2101 係長 田中豊人	☎8285 市原秀都	☎8285 萩原史恵
藤枝	村越	冨中	柳下
☎2107 野手	☎2101 成田	☎8287 根岸	☎8287 志水
☎2107 高橋	☎2107 高浦	☎2104 樗木	☎2104 星野
☎4611 市川	☎4611 岸	☎2108 新山	☎2108 猪又
☎2105 油谷	☎4611 村上	☎2104 宮野	☎2108 石川
☎2105	☎2105	☎8287	☎4612

7-5 側（右フロア）肝炎対策指導係／肝炎医療係

補佐 ☎2094	
新津幸義	

補佐 南晶洋	係長 舘江里奈
☎2944 補佐 清野宗一郎	☎2948 小林佑季子
☎8383 鈴木	☎2281 及川
☎2949	☎2949

直通
（☎3595-2103）

FAX 6812-7809

健康・生活衛生局

入口 21-1　　　入口 7-5

室長　☎2360

野田博之

補佐　☎2361

細川亜希子

補佐

吉川美喜子

☎2268

造血幹細胞移植係

係長
横田友子

☎2363

水島有香

☎2363

河野朋子

☎2183

臓器移植調査総務係

金村　侃

☎2365

日高歩美

☎2183

☎2982

専門官
西條晴貴

主査
北國梨穂

☎2977　専門官

山田洋輔

☎2907　補佐

磯島咲子

☎2395

直通
（☎ 3595 -2256）

直通
（☎ 3595 -2249）

FAX
3593-6223

健康・生活衛生局

補佐	補佐		課長		補佐	補佐
安藤麻里子	島田将広		山本博之		岩倉　慎	大鶴友博
☎2353	☎2328		☎2350		☎2980	☎2351

	☎2208	☎2969		☎2981	☎2368				総務係
企画法令係	主査 高田晃一	補佐 神崎貴之	情報担当	主査 榊原康之	押木智也	ハンセン病係	曽合真幸	係長 足立玄洋	
	中村壮汰	企画法令係 主査 古口　哲	小児慢性特定疾病係	萩野周一	係長 藤井智奈美		☎2369	☎2352	
	☎2367	☎2942		☎7937	☎2355		余語かなみ	片桐慶子	
	木村彩香	主査 小嶋早百合	難病調査研究係・難病企画係・難病医療係	近藤　航	波野裕依				
	☎2329	☎2364		☎7937	☎2355				
		寺島路子		橋本幸一郎	山口真理恵		堀江英男		
		☎2298		☎2356	☎2364				

健康・生活衛生局

●分掌事務
臓器の移植に関すること。造血幹細胞移植に関すること。治療方法が確立していない疾病その他の特殊の疾病の予防及び治療に関すること（他局及び総務課の所掌に属するものを除く）。児童福祉法第十九条の二十二に規定する小児慢性特定疾病児童等自立支援事業に関すること。ハンセン病に関すること（他局の所掌に属するものを除く）

入口
7-7

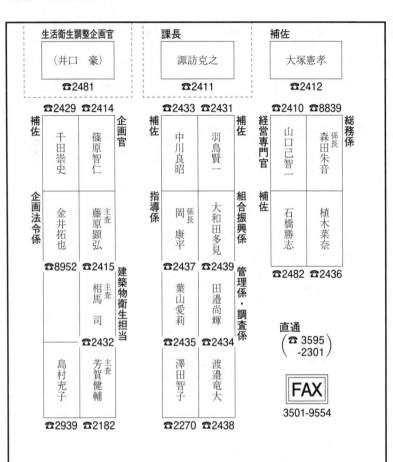

健康・生活衛生局

生活衛生調整企画官	課長	補佐
（井口　豪）	諏訪克之	大塚憲孝
☎2481	☎2411	☎2412

補佐 ☎2429	企画官 ☎2414	補佐 ☎2433	補佐 ☎2431	経営専門官 ☎2410	総務係 ☎8839
千田崇史	篠原智仁	中川良昭	羽鳥賢一	山口己智一	係長 森田朱音
企画法令係 金井拓也	主査 藤原顕弘	指導係 岡 康平	組合振興係 係長 大和田多見	補佐 石橋勝志	植木菜奈
		☎2437	☎2439	☎2482	☎2436
☎8952	☎2415 建築物衛生担当	葉山愛莉	管理係・調査係 田邉尚輝		
	主査 相馬 司	☎2435	☎2434	直通 ☎3595 -2301	
☎2432		澤田智子	渡邉竜大		
島村充子	主査 芳賀健輔			FAX 3501-9554	
☎2939	☎2182	☎2270	☎2438		

●分掌事務

建築物衛生の改善及び向上に関すること。埋葬、火葬及び改葬並びに墓地及び納骨堂に関すること。理容師、美容師及びクリーニング師に関すること。理容所、美容所、興行場、旅館、公衆浴場その他多数の者の集合する場所及びクリーニング所の衛生に関すること。公衆衛生の向上及び増進並びに国民生活の安定の観点からの生活衛生関係営業の運営の適正化及び振興に関する法律第2条第1項各号に掲げる営業の発達、改善及び調整に関すること。株式会社日本政策金融公庫の行う業務に関すること。生活衛生の向上及び増進に関すること（感染症対策部並びに水道課及び食品監視安全課の所掌に属するものを除く）

入口
7-14

健康・生活衛生局　食品監視安全課
（食中毒被害情報管理室）（HACCP推進室）

企画官	(室長)	室長	課長	補佐
田邉錬太郎	（小西　豊）	飯塚　渉	森田剛史	萩森洋介
☎2442	☎4255	☎2477	☎2471	☎2472

☎2484 ☎4552	補佐	☎4282	輸出国査察専門官	☎4203 ☎4238	補佐	☎4241 ☎4272	専門官
健康影響対策専門官				専門官			
宮崎祐介　宮北将也	企画法令係	青木勇雄		山元優孝　髙橋　亨	食品安全係	吉原尚喜　堀　尚文	化学物質係
	係長 池田誠也		主査 杉原香織	係長 後藤彩子 中原健人		主査 堀江真悠　係長 山本響子
	☎4275	☎4555		☎4251 ☎2478		☎4281 ☎4239
長久保直也　角川貴音	國弘明歩			村上悦子　古德祐一		池口恵佳　西岡玲衣 主査
☎2491 ☎2457				☎2447 ☎2478		☎4242 ☎4240 遠山七彩　久保潤人
						☎4242 ☎4240

☎2480 ☎2493	リスクコミュニケーション係
総務係	
係長 磯　有策	係長 森　里美
松村千絵	金成洵子
☎2475 ☎2493	

ダイヤルイン
（☎ 3595 -2337）

FAX
3503-7964

生活衛生局 健康・

入 口
7-9

健康・生活衛生局　食品監視安全課
（輸入食品安全対策室）

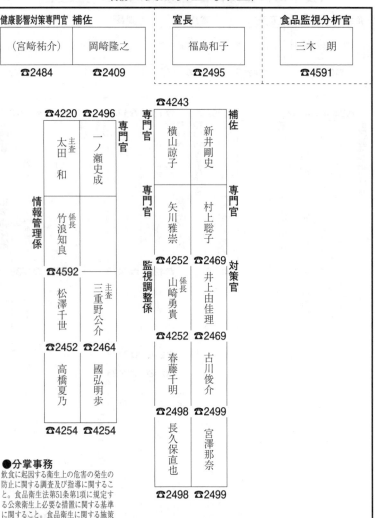

健康影響対策専門官 補佐		室長	食品監視分析官
（宮﨑祐介）	岡崎隆之	福島和子	三木　朗
☎2484	☎2409	☎2495	☎4591

情報管理係

☎4220	☎2496		専門官		補佐
太田　和（主査）	一ノ瀬史成		横山諒子		新井剛史
			☎4243		
竹浪知良（係長）			矢川雅崇		村上聡子
☎4592			**専門官**		**専門官**
松澤千世	三重野公介（主査）		**監視調整係**		**対策官**
☎2452	☎2464		☎4252	☎2469	
高橋夏乃	國弘明歩		山崎勇貴（係長）	井上由佳理	
☎4254	☎4254		☎4252	☎2469	
			春藤千明	古川俊介	
			☎2498	☎2499	
			長久保直也	宮澤那奈	
			☎2498	☎2499	

●**分掌事務**

飲食に起因する衛生上の危害の発生の防止に関する調査及び指導に関すること。食品衛生法第51条第1項に規定する公衆衛生上必要な措置に関する基準に関すること。食品衛生に関する施策に関する情報の提供及び国民からの意見の聴取に関すること。食品衛生監視員に関すること。食品等及び洗浄剤の衛生に関する取締に関すること。農薬が含まれ、又は付着している食品の飲食に起因する衛生上の危害の発生の防止に関すること。食品衛生法第29条に規定する製品検査、検査施設に関すること。食品及び添加物の衛生に関する輸出検査に関すること。と畜場及び食鳥処理場の衛生の確保、と畜検査及び食鳥検査その他獣畜及び食鳥の処理の適正に関すること。食品の製造過程の管理の高度化に関する臨時措置法の施行に関すること。化製場その他これに類する施設の規制に関すること

入口
7-9

健康・生活衛生局

室長

小西　豊

☎4255　☎8350

☎4247　☎2455

対策官

石田一義

対策官

石井絵美

☎4237　☎4271

対策官

鈴木康宏

補佐

出口晴之

対策官

五十嵐明夏

主査
矢幅達也

係長
佐々木慎治

水産安全係

☎4201　☎2454

主査
三輪暁人

主査
佐田幸穂

☎4244

主査
倉本健一

☎4248　☎2454

渡辺伸一郎

主査

主査
後田沙希

☎2473

後藤広太

猿谷琉真

補佐　☎4245

川越匡洋

☎4249　☎8358

髙橋真央

☎4449　☎2490

☎8366　☎8366

坂東秀紀

主査

係長
川村卓史

乳肉安全係

☎8358

酒田光輝

主査

ダイヤルイン
（☎3595
-2337）

FAX

3503-7964

☎2476

健康・生活衛生局

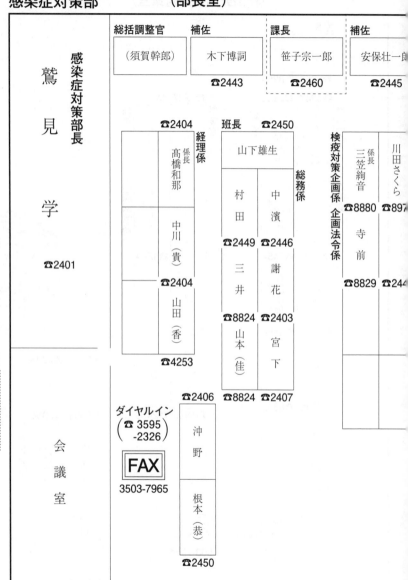

感染症対策部

感染症対策部長　鷲見　学　☎2401

総括調整官　（須賀幹郎）

補佐　木下博詞　☎2443

課長　笹子宗一郎　☎2460

補佐　安保壮一朗　☎2445

経理係　☎2404
係長　髙橋和那
中川（貴）
☎2404
山田（香）
☎4253

班長　☎2450　山下雄生
総務係
村田　☎2449
中濱　☎2446
三井　☎8824
謝花　☎2403
山本（佳）☎8824
宮下　☎2407
☎2406

検疫対策企画係
企画法令係

係長　三笠絢音　☎8880
川田さくら　☎897

寺前　☎8829　☎244

ダイヤルイン（☎3595-2326）
沖野
FAX 3503-7965
根本（恭）
☎2450

会議室

入口
6-1

補佐		室長	検疫業務対策推進官	補佐
松本千寿		吉岡明男	平野高司	岡崎隆之
☎8811	☎8811	☎2461	☎2462	☎2470

管理班長

☎2465	☎2286	☎2430		☎2463		☎2659	☎2925	専門官
冨田一茂 係長	庄野誠二		杉本一輝 係長	林匡史	対策官	川原ゆりか	長野祥子	

人事・給与係

業務班長

中田（龍）	長澤司 係長	中田（快）	島袋	助廣那由	専門官	田嶋	池脇彰吾 係長	検疫業務係
☎8681	☎2467	☎8694	☎8977	☎2283		☎2660	☎8511	

経理・管理係

輸入食品監視係

金井	糸数	那須	本木	根岸	検疫業務係	須貝	川端	
☎2465	☎2467	☎2466	☎8508	☎2494		☎2285	☎2468	

						岡田（和）	岩井	
						☎8693	☎8817	

感染症対策部

ダイヤルイン
（☎ 3595
-2333）

FAX

3591-8029

分掌事務

感染症対策部の所掌事務に関する総合調整に関すること。厚生労働〔省〕の所掌事務に係る感染症の発生及びまん延を防止するための対策に〔関〕する調整に関すること。港及び飛行場における検疫に関すること。〔販〕売の用に供し、又は営業上使用する食品等の輸入に際しての取締りに関する事務の調整に関すること。前各号に掲げるもののほか、感染〔症〕対策部の所掌事務で他の所掌に属しないものに関すること。

補佐	総括調整官	補佐	課長
大谷剛志 ◎◇※ ☎2731	橋本圭司 ☎8235	青野恵里子 ※ ☎8045	荒木裕人 ☎2370

感染症対策部

エイズ医療係・エイズ調整係		結核対策係 総務係		管理係 企画法令係		補佐 補佐	
☎2384	☎2931	☎2372	☎2382	☎8055	☎8047	☎2354	☎4645
係長 中島有紀 ◇	係長 影山さやか ○	係長 寺本健人 ◇※	係長 西川領	係長 品川拓海	山田正敏	芦澤信之 ◇	時岡史朗
野澤文香 ◇	伊豆倉瑛司 ○	小住	根本（拓）	三田	主査 荒田英治	上地幸平	主査 駒井清匡（谷口大樹）
☎2357	☎2381	☎2385	☎4652	専門官 ☎8061	☎2933	補佐 ☎4646	☎4649
森髙秀樹 ◇	岡崎（竣）	竹内	間瀬公江	川田さくら	長谷川（凌）	中村恭章	主査 櫻庭唱子
☎2358	☎8344	☎8132	☎4652	予算係 ☎8056	☎8062	☎8236	☎4650
鈴木（勘） ◇	藤本絢香	主査 髙鳥由美子	係長 長谷川拓哉	中川桂		主査 宮原悠太	主査 栗島彬
☎2096	☎4658	☎8127	☎2375	☎8018	☎8231	☎4651	☎4643
		小堀	主査 小池晶			IDES	
☎8243	☎8243	☎2274	☎2295			☎4639	☎4640

病原体等管理対策係
専門官　杉本昌生
専門官　荒川まい子
補佐　深野竹志
　　　竹田（あ）
　　　北島
内線☎4600　☎4601

IDES
松坂川峰目
平田並時

ダイヤルイン
（☎3595 -2257）

FAX
3581-6251

☆印はパンデミック推進室
◇印はエイズ対策推
○印は結核対策推

入口
6-6

感染症対策課

健康・生活衛生局
感染症対策部（感染症情報管理室）（国際感染症対策室）

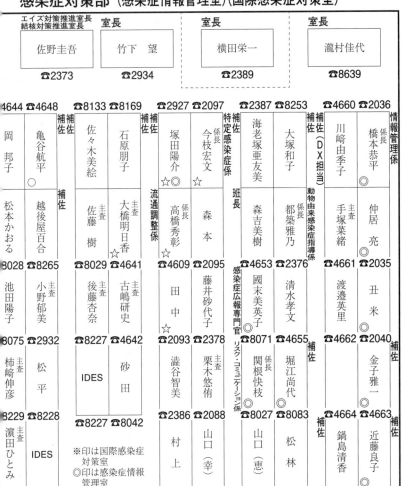

エイズ対策推進室長 結核対策推進室長	室長	室長	室長
佐野圭吾	竹下　望	横田栄一	瀧村佳代
☎2373	☎2934	☎2389	☎8639

4644 ☎4648	☎8133 ☎8169	☎2927 ☎2097	☎2387 ☎8253	☎4660 ☎2036

岡邦子 ／ 亀谷航平 ○（補佐）

補佐 佐々木美絵 ／ 石原朋子

補佐 塚田陽介 ☆◎ ／ 係長 今枝宏文 ☆

補佐 特定感染症係 海老塚亜友美 ／ 大塚和子

補佐（DX担当） 川崎由季子 ／ 情報管理係 係長 橋本恭平 ◎

補佐 松本かおる ／ 越後屋百合

補佐 佐藤樹 主査 ／ 大橋明日香 主査 ☆

流通調整係 高橋秀彰 ☆ ／ 係長

班長 森本

動物由来感染症指導係 森吉美樹 ／ 係長 都築雅乃

手塚菜緒 主査 ／ 仲居亮 ◎

8028 ☎8265	☎8029 ☎4641	☎4609 ☎2095	☎4653 ☎2376	☎4661 ☎2035

池田陽子 ／ 小野郁美 主査

後藤杏奈 主査 ／ 古嶋研史 主査

田中 ☆ ／ 藤井砂代子

感染症広報専門官 國末美英子 ／ 清水孝文

渡邉英里 ／ 丑米

8075 ☎2932	☎8227 ☎4642	☎2093 ☎2378	☎8071 ☎4655	☎4662 ☎2040

柿崎伸彦 主査 ／ 松平

IDES ／ 砂田

澁谷智美 ／ 栗木悠侑 主査

リスク・コミュニケーション係 堀江尚代 ◎ ／ 係長 関根快枝 ◎

補佐 金子雅一 ◎

8229 ☎8228	☎8227 ☎8042	☎2386 ☎2088	☎8027 ☎8083	☎4664 ☎4663

濵田ひとみ 主査 ／ IDES

※印は国際感染症対策室
◎印は感染症情報管理室

村上 ／ 山口（幸）

山口（恵） ／ 松林

補佐 鍋島清香 ／ 補佐 近藤良子 ◎

4647 ☎8345		☎2094 ☎8316	☎4657 ☎8015	☎4656 ☎4654

感染症対策部

●分掌事務

エイズ、結核その他の感染症の発生及びまん延の防止並びに感染症の患者に対する医療に関すること（他局及び他課の所掌に属するものを除く）。感染症により公衆衛生上重大な危害が生じ、又は生じるおそれがある緊急の事態への対処に関すること（企画・検疫課の所掌に属するものを除く）

入口
6-8

参与
山田　康
☎8308

室長
渡邊由美子
☎8307

補佐　乙井慎太郎　☎8310
補佐　田岡正臣　☎8315

補佐　廣川晶子　☎8309
補佐　松本千寿　☎8317

企画調整係　係長　登美　翼　☎8060
補佐　村井　孝　☎8327

補佐　三宅華子　☎8188
業務係　係長　結城栄一　☎8328

業務係
穂積　☎8220
☎8329

☎4631　☎4635
☎4632　☎4636
☎4633　☎4637
☎4634　☎4638

直通
（☎3595-3308）

入口
6-4

感染症対策部

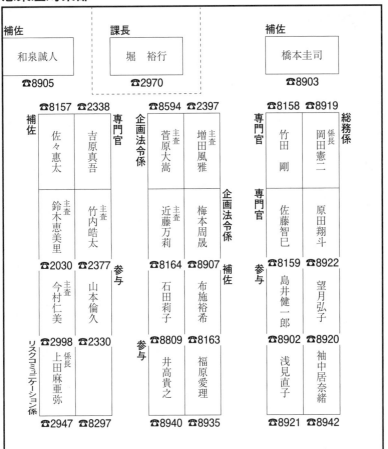

補佐	課長	補佐
和泉誠人	堀　裕行	橋本圭司
☎8905	☎2970	☎8903

☎8157　☎2338　　　☎8594　☎2397　　　☎8158　☎8919

補佐　佐々惠太　　専門官　吉原真吾　　企画法令係　主査　菅原大嵩　　主査　増田風雅　　専門官　竹田　剛　　総務係　係長　岡田憲二

主査　鈴木恵美里　　主査　竹内皓太　　主査　近藤万莉　　梅本周晟（企画法令係）　　専門官　佐藤智巳　　原田翔斗

☎2030　☎2377（参与）　　☎8164　☎8907（補佐）　　☎8159　☎8922（参与）

主査　今村仁美　　山本倫久　　石田莉子　　布施裕希　　島井健一郎　　望月弘子

☎2998　☎2330　　　☎8809　☎8163（参与）　　☎8902　☎8920

係長　上田麻亜弥（リスクコミュニケーション係）　　井高貴之　　福原愛理　　浅見直子　　袖中居奈緒

☎2947　☎8297　　　☎8940　☎8935　　　☎8921　☎8942

感染症対策部

直通
（☎3595
　-3287）

FAX
3502-3099

●分掌事務
予防接種の実施に関すること。生物学的製剤（ワクチンに限る）の
生産及び流通の増進、改善及び調整に関すること

入口
7-1

予防接種対策推進官 企画官	補佐		
鈴野　崇 ☎8162	溝口晃壮 ☎2072		

ワクチン開発専門官　ワクチン係

補佐		調査管理係	係長	補佐	補佐		参与
福澤　学 ☎8152	眞中章弘 ☎2923	高倉敬太 ☎2383	神田　純 ☎8160		佐久間裕樹 ☎8914	溝田友里 ☎8297	
主査 野尻朋香 ☎2374	主査 市川和哉 ☎8901	☎2383	木俣和也 ☎2100		松井裕也 ☎2077	☎8915	
齋藤実千代 ☎8153	伊藤一輝 ☎5156	水口由香里 ☎2346	向井利子 ☎2345		☎8154	☎8151	
☎8906							

接種企画調整係

感染症対策部

参与	参与	予防接種対策推進官 室長	補佐	企画管理調整官
金光一瑛	吉澤　大	田中　桜	日田　充	大久保貴之
☎8396	☎8280	☎2071	☎8391	☎8934

左区画（健康被害救済給付係・審査係）

- ☎8833　専門官　清水亜紀
- 参与　野口　航
- 係長　小川真樹
- ☎8292　漆原　薫
- ☎8291　中村真紀子
- ☎8335　石川幸恵
- ☎8392　髙田弘之
- ☎8834　山口香代子
- ☎8281　吉川和之
- ☎8300　☎2078

中央区画（健康被害救済給付係・審査係）

- ☎8290　☎2388
- 参与　矢口智子
- 主査　梅澤智光
- 研究員　奥山　舞
- ☎8284　中林耕陽
- ☎8332　野口裕輔　参与
- ☎8286　石原絵梨子
- ☎8165　酒井美奈
- ☎8792　☎8570

右区画（健康被害救済給付係）

- ☎8923　専門官　中川義章
- ☎8565　補佐　早田英二郎
- 主査　渡邉菜苗
- 夏木　茜　専門官
- ☎2380　先田朱李
- ☎2928　主査　近藤展子
- ☎2976　高梨優衣
- ☎8924
- ☎2976

入　口

医 薬 局　　　総 務 課
（薬局・販売制度企画室）（電子処方箋サービス推進室）

室長	薬事企画官	薬局地域機能推進企画官	企画官・室長
稲角嘉彦	大原　拓	坂西義史	猪飼裕司
☎2711	☎2700	☎4266	☎2772

医薬品・医療機器情報等調査分析官	補佐	薬事情報専門官	補佐	
井上隆弘	谷澤　愛	高橋悠一	森田和仁	
☎2710	☎2191	☎4263	☎4204	
	補佐		電子処方箋対応指導官	
	小川雄大	主査 芳賀勇太	竹中裕三	
☎2194	☎4264	☎4263	☎4262	
	薬事専門官		補佐	
主査 亀井健太郎	津田峻平	主査 福田雄史	長嶋賢太	
☎4265	☎2725	☎2195	☎4213	
	薬剤業務指導官			
主査 東　寛	遠阪聡子	主査 佐久間千咲	森部	
☎2712	☎4212	☎2713	☎2913	
牟田	村本	門脇	脇坂	
☎2712	☎4219	☎2173	☎2187	
伊東	角田			
☎4219	☎4219			

ダイヤルイン
（☎ 3595
-2377）

FAX
3591-9044

●分掌事務

医薬局の所掌事務に関する総合調整に関すること。薬剤師に関すること。独立行政法人医薬品医療機器総合機構の行う業務に関すること（医薬品審査管理課、医療機器審査管理課、医薬安全対策課及び監視指導・麻薬対策課の所掌に属するものを除く）。上記に掲げるもののほか、医薬局の所掌事務で他の所掌に属しないものに関すること

入 口
6-12

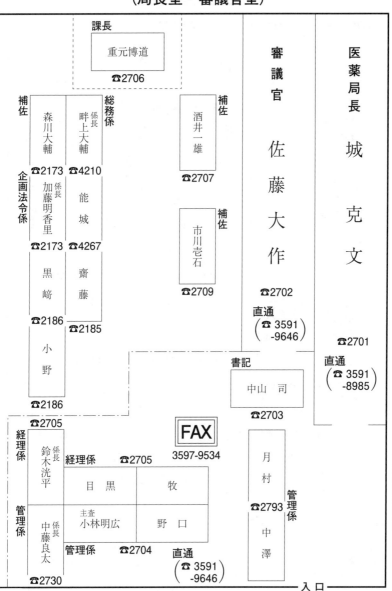

課長
重元博道
☎2706

補佐
森川大輔
☎2173

総務係
係長
畔上大輔
☎4210

企画法令係
係長
加藤明香里
☎2173

能城
☎4267

黒﨑
☎2186

齋藤
☎2185

小野
☎2186

補佐
酒井一雄
☎2707

補佐
市川壱石
☎2709

審議官
佐藤大作
☎2702

直通
（☎3591
-9646）

医薬局長
城克文
☎2701

直通
（☎3591
-8985）

書記
中山 司
☎2703

経理係
係長
鈴木洸平
☎2705

経理係 ☎2705

目黒 牧

管理係
係長
中藤良太
☎2730

主査
小林明広

野口

管理係 ☎2704

FAX
3597-9534

直通
（☎3591
-9646）

月村
☎2793

管理係

中澤

入口
6-11

医薬局

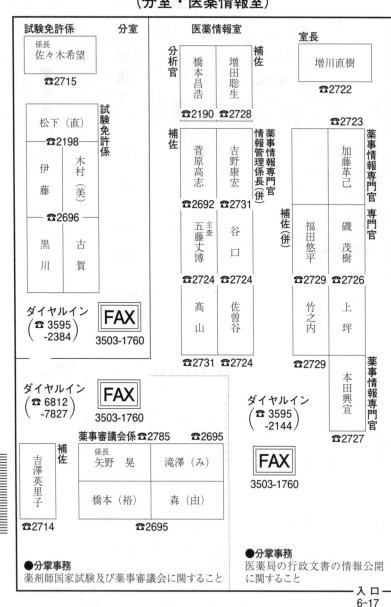

医薬局 　総務課 　…6F…
（分室・医薬情報室）

試験免許係 　分室

係長 佐々木希望
☎2715

試験免許係

松下（直） ☎2198	
伊藤	木村（美）
	☎2696
黒川	古賀

ダイヤルイン
（☎3595
-2384）

FAX
3503-1760

ダイヤルイン
（☎6812
-7827）

FAX
3503-1760

医薬情報室

分析官 　　　　補佐

橋本昌浩	増田聡生
☎2190	☎2728

補佐 　　情報管理係長（併）

薬事情報専門官

菅原高志	吉野康宏
☎2692	☎2731
主査 五藤丈博	谷口
☎2724	☎2724
髙山	佐曽谷
☎2731	☎2724

室長

増川直樹
☎2722

☎2723

薬事情報専門官 　専門官

加藤革己	
福田悠平	磯茂樹
☎2729	☎2726
竹之内	上坪
☎2729	本田興宣

補佐（併）

薬事情報専門官

☎2727

ダイヤルイン
（☎3595
-2144）

FAX
3503-1760

薬事審議会係 ☎2785 　☎2695

補佐 吉澤英里子	係長 矢野晃	滝澤（み）
	橋本（裕）	森（由）
☎2714	☎2695	

● **分掌事務**
薬剤師国家試験及び薬事審議会に関すること

● **分掌事務**
医薬局の行政文書の情報公開に関すること

医薬局

入口
6-17

医　薬　局　　　　総　務　課　　　…5F…
（医薬品副作用被害対策室）

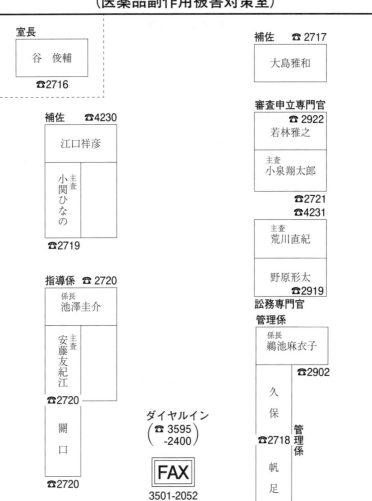

室長

谷　俊輔

☎2716

補佐　☎4230

江口祥彦

小関ひなの　主査

☎2719

指導係　☎2720

係長
池澤圭介

安藤友紀江　主査

☎2720

關口

☎2720

補佐　☎2717

大島雅和

審査申立専門官

☎2922
若林雅之

小泉翔太郎　主査

☎2721
☎4231

荒川直紀　主査

野原形太
☎2919

訟務専門官
管理係

係長
鵜池麻衣子

☎2902

久保

☎2718

帆足

管理係

☎2718

ダイヤルイン
（☎3595
　-2400）

FAX
3501-2052

●分掌事務

独立行政法人医薬品医療機器総合機構の行う医薬品副作用被害救済制度及び生物由来製品感染等被害救済制度の業務に関すること。医薬品、医薬部外品、化粧品、医療機器及び再生医療等製品による健康被害の対策に関すること

医薬局

入口
5-3

医薬品審査管理課

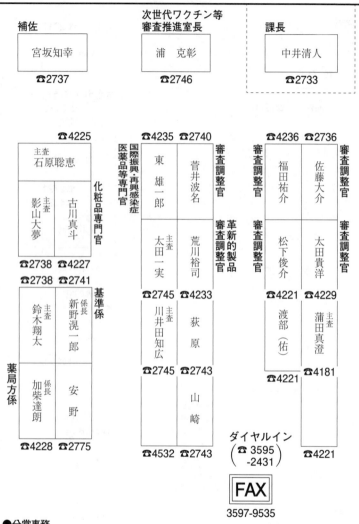

補佐
宮坂知幸
☎2737

次世代ワクチン等
審査推進室長
浦　克彰
☎2746

課長
中井清人
☎2733

☎4225
主査
石原聡恵
化粧品専門官
影山大夢 主査
古川真斗
☎2738　☎4227

☎4235　☎2740
国際振興・再興感染症
医薬品等専門官
東雄一郎
太田一実 主査
菅井波名
荒川裕司
審査調整官
革新的製品
審査調整官
☎2745　☎4233
川井田知広 主査
荻原
☎2745　☎2743
山崎
☎4532　☎2743

☎4236　☎2736
審査調整官
福田祐介
松下俊介
審査調整官
佐藤大介
太田貴洋
審査調整官
☎4221　☎4229
渡部（佑）
蒲田真澄 主査
☎4221
☎4181
☎4221

☎2738　☎2741
基準係
鈴木翔太 主査
新野滉一郎 係長
薬局方係
加柴達朗 係長
安野
☎4228　☎2775

ダイヤルイン
（☎ 3595
　　-2431）

FAX
3597-9535

●**分掌事務**
医薬品、医薬部外品及び化粧品の製造業の許可並びに製造販売の承認や生産に関する技術上の指導監督。医薬品の再審査及び再評価に関すること。希少疾病用医薬品の指定

医薬局

医　薬　局

総務課・医薬品審査管理課　…5F…
（国際薬事規制室）

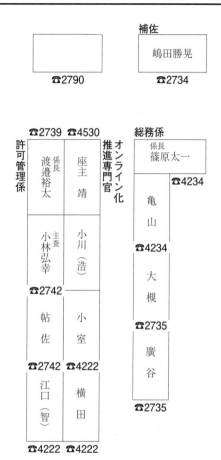

補佐
嶋田勝晃
☎2734

☎2790

企画官（次世代医薬品等審査担当）
室長
古賀大輔
☎4223

総務課国際薬事規制室

☎2739　☎4530

許可管理係

係長
渡邉裕太

座主　靖

オンライン化推進専門官

主査
小林弘幸

小川（浩）

☎2742

帖佐

小室

☎2742　☎4222

江口（智）

横田

☎4222　☎4222

総務係
係長
篠原太一
☎4234

亀山

☎4234

大槻

☎2735

廣谷

☎2735

☎4232　☎4224

アジア医薬品等規制調和推進専門官

規制調和推進専門官

専門官

補佐

松元真央

廣田光恵

猿田紀子

森（有）

☎4232　☎4224

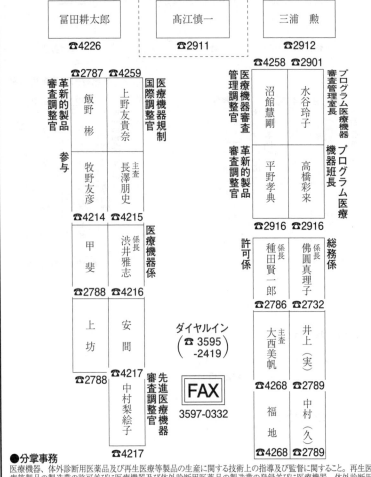

再生医療等製品
審査管理室長

冨田耕太郎

☎4226

課長

髙江慎一

☎2911

補佐

三浦　勲

☎2912

☎4258　☎2901

プログラム医療機器
審査管理室長

☎2787　☎4259

革新的製品
審査調整官

参与

医療機器規制
国際調整官

飯野　彬

上野友貴奈

牧野友彦

主査
長澤朋史

医療機器審査
管理調整官

革新的製品
審査調整官

プログラム医療
機器班長

沼舘慧剛

水谷玲子

平野孝典

高橋彩来

☎2916　☎2916

☎4214　☎4215

医療機器係

甲斐

係長
渋井雅志

許可係

総務係

係長
種田賢一郎

係長
佛圓真理子

☎2786　☎2732

☎2788　☎4216

上坊

安間

主査
大西美帆

井上
（実）

☎4268　☎2789

☎4217

先進医療機器
審査調整官

中村梨絵子

ダイヤルイン
（☎ 3595
　-2419）

FAX
3597-0332

福地

中村
（久）

☎4268　☎2789

☎2788

☎4217

●分掌事務
　医療機器、体外診断用医薬品及び再生医療等製品の生産に関する技術上の指導及び監督に関すること。再生医療等製品の製造業の許可並びに医療機器及び体外診断用医薬品の製造業の登録並びに医療機器、体外診断用医薬品及び再生医療等製品の製造販売の承認に関すること。再生医療等製品の再審査及び再評価に関すること。医療機器及び体外診断用医薬品の使用成績に関する評価に関すること。医療機器の販売業、貸与業及び修理業に関すること（医政局の所掌に属するものを除く。）。希少疾病用医療機器及び希少疾病用再生医療等製品の指定に関すること。医療機器、体外診断用医薬品及び再生医療等製品の基準に関すること。独立行政法人医薬品医療機器総合機構の行う業務に関すること（医療機器、体外診断用医薬品及び再生医療等製品に関することに限る。）。医療機器その他衛生用品及び再生医療等製品に関する産業標準の整備及び普及その他産業標準化に関すること

入　口
5-2

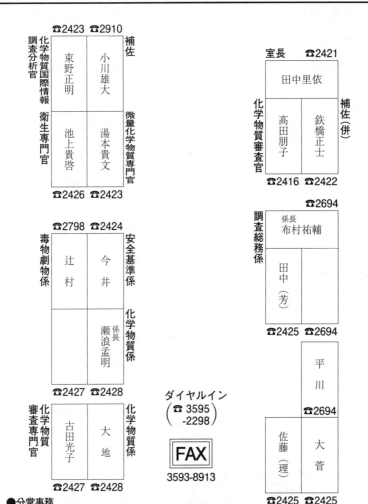

☎2423　☎2910

補佐

調査分析官　化学物質国際情報　衛生専門官

☎2426　☎2423　微量化学物質専門官

束野正明　小川雄大

池上貴啓　湯本貴文

室長　☎2421

田中里依

化学物質審査官　補佐（併）

高田朋子　鉄橋正士

☎2416　☎2422

☎2798　☎2424

毒物劇物係　安全基準係　化学物質係

辻村　今井

瀬浪孟明（係長）

☎2427　☎2428

☎2427　☎2428

化学物質審査専門官　化学物質係

古田光子　大地

☎2694

調査総務係

布村祐輔（係長）

田中（芳）

☎2425　☎2694

平川

☎2694

佐藤（理）　大菅

☎2425　☎2425

ダイヤルイン
（☎ 3595 -2298）

FAX
3593-8913

●分掌事務
毒物及び劇物の取締りに関すること。人の健康を損なうおそれ又は
生活環境動植物の生息等に支障を及ぼすおそれのある化学物質に対
して環境衛生上の観点からする評価及び製造、輸入、使用その他の
取り扱いの規制に関すること。有害物質を含有する家庭用品の規制
に関すること。ダイオキシン類の耐容一日摂取量に関すること。

医薬局

入口
6-16

医薬安全対策課
（安全使用推進室）（次世代医薬品等安全対策推進室）

次世代医薬品等 安全対策推進室長	課長	医薬品等副作用被害 救済調査分析官	安全使用推進室長
福田悠平 ☎2752	野村由美子 ☎2747	池田三恵 ☎2754	高畑正浩 ☎2755

補佐		補佐 総務係	補佐		副作用情報専門官 GVP指導係			次世代ワクチン安全対策専門官	次世代医薬品等安全対策専門官		プログラム医療機器等情報専門官
矢野健太郎 ☎2792	係長 大山和仁 ☎2749	福田悠平 ☎2752	竹口敦子 ☎2757	岩井遥香 ☎2691	鳥谷部貴祥 ☎2748		板垣麻衣 ☎2750	土井万理香 ☎2751
鴇田 ☎2749	田口 ☎2749	安藤（駿） ☎2757	主査 安岡奈帆子 ☎2757	係長 木村駿 ☎2753	主査 大泉博文 ☎2744	主査 上田健太 ☎2756	主査 北川雅一 ☎2751
			渡部（知） ☎2791	主査 ☎2791	松川莉奈 ☎2753	主査 ☎2744	小川奨 ☎2756	主査 平野（友） ☎2758	補佐
			三塚 ☎2668	関口 ☎2791		係長 小澤美穂子 ☎2667	小林真理 ☎2794	森川大輔 ☎2173	補佐
						竹田 ☎2794	門脇 ☎2173	係長 加藤明香里 ☎2173	企画法令係

調査管理係

ダイヤルイン
（☎3595
　-2435）

FAX
3508-4364

●分掌事務
医薬品等の安全性の確保に関する企画及び立案に関すること。医薬品等の安全性の調査に関すること。医薬品等の製造販売業の許可に関すること。再生医療等製品、生物由来製品及び特定医療機器の記録の作成及び保存の事務に係る指導及び助言に関すること

入口
6-14

補佐	室長	課長
中矢雄太　☎2763	山本　剛　☎2760	小園英俊　☎2759

☎2766　☎2766

薬事監視第二係	主査		広告指導官	訟務専門官
係長 枡田昂志	髙野峻輔		☎2762 大平泰士	☎2680 南藤佳奈
医薬品・医療機器等監視指導国際基準調査分析官 工藤俊明	三上		危害情報管理専門官 治田義太郎	企画係 係長 坂庭良太郎

☎2765　☎2766

	主査 中村有沙	宮田　悠	後発医薬品査察専門官 GMP指導官	薬事監視第一係 ☎2768 坂口翔一	☎2773 係長
☎2770 安齋	☎2697 藍檀　愛			☎2768 菅野	☎2774

☎2770　☎2697　　　　☎2767　☎2767

●分掌事務

不良医薬品等の取締に関すること。医薬品等の広告に関する指導監督を行うこと。
医薬品等の検査及び検定に関すること。薬事監視員等に関すること

入　口
6-15

薬物取締調整官	補佐
深田真功	天野裕司
☎2776	☎2777

☎2781　☎2795　　　　☎2679　☎2779

補佐　　　　　　　補佐　　　監視専門官　危険ドラッグ　　　補佐

	池田大輔	天保怜		緒方潤	藤井哲朗
麻薬取締部管理係	係長 前沢智樹 ☎2782	係長 三浦将人 ☎2693	補佐	小林貴史 ☎2179	主査 中谷昭博 ☎2784
	籾山 ☎2796	三尾 ☎2778	麻薬流通指導係	主査 澤本美穂 ☎2178	係長 野田浩志 ☎2780
	森之本 ☎2783	諸田 ☎2778		主査 新田貴明 ☎2698	櫻井 ☎2783

薬物乱用防止係

☎2761

ダイヤルイン
(☎3595 -2436)

FAX
3501-0034

		川口
	係長 滝澤晃成	髙山

☎2769 総務係　☎2769

医薬局

●分掌事務
麻薬、覚醒剤、危険ドラッグ及び指定薬物等に関する取締りに関すること。麻薬取締官の職務に関すること。
麻薬、覚醒剤、危険ドラッグ及び指定薬物等に係る国際協力に関すること

入口
6-14

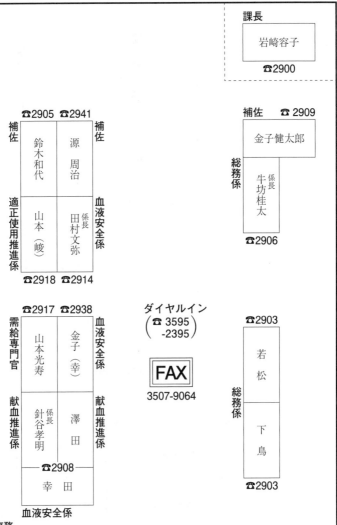

課長
岩崎容子
☎2900

補佐　☎2905　　補佐　☎2941
鈴木和代　　源　周治
適正使用推進係
山本（峻）　　係長　田村文弥　血液安全係
☎2918　☎2914

補佐　☎2909
金子健太郎
総務係　係長　牛坊桂太
☎2906

需給専門官　☎2917　　☎2938　血液安全係
山本光寿　　金子（幸）
献血推進係　係長　針谷孝明　　澤田　献血推進係
☎2908
幸田
血液安全係

ダイヤルイン
（☎3595
　-2395）

FAX
3507-9064

☎2903
若松
総務係
下鳥
☎2903

医薬局

●分掌事務
採血業の監督に関すること。献血の推進に関すること。血液製剤の適正な使用の確保に関すること。血液製剤の安定的な供給の確保に関すること。生物学的製剤の生産及び流通の増進、改善及び調整に関すること（健康局の所掌に属するものを除く）

入　口
5-3

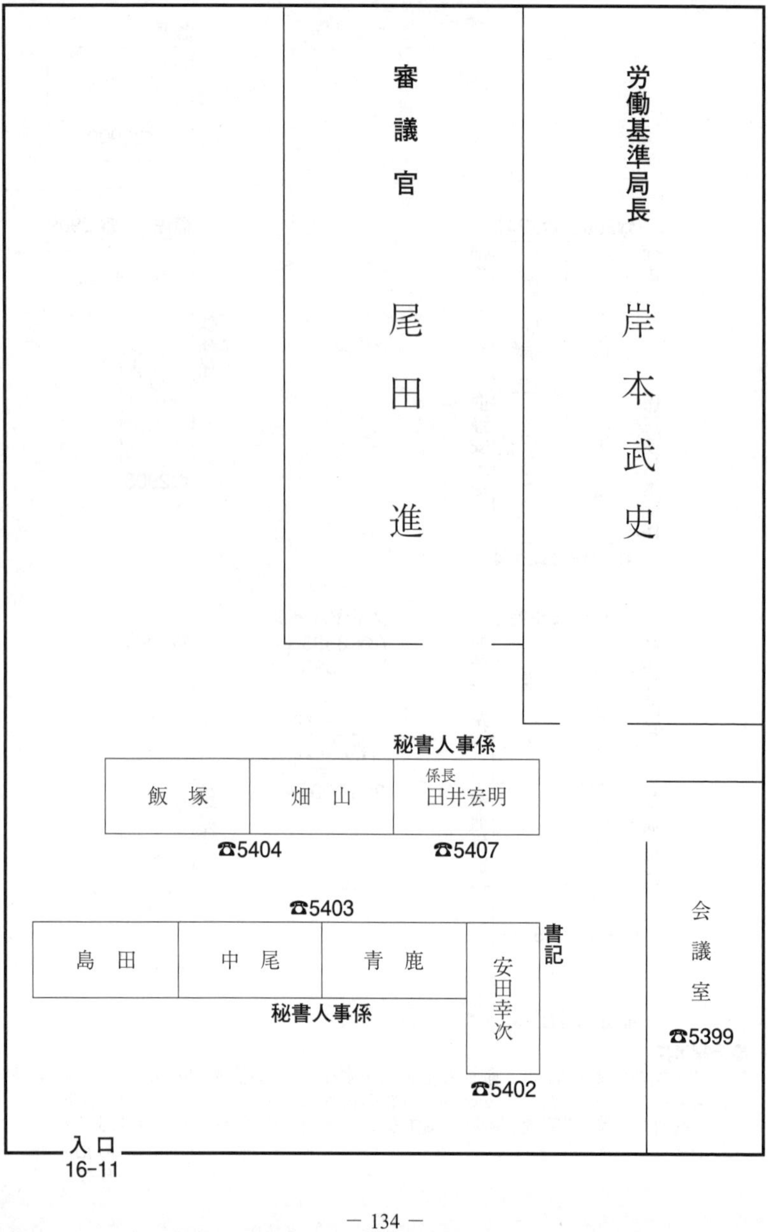

審議官

尾田　進

労働基準局長

岸本武史

秘書人事係

飯　塚	畑　山	係長 田井宏明

☎5404　　　　☎5407

☎5403

島　田	中　尾	青　鹿	安田幸次	書記

秘書人事係

☎5402

会議室

☎5399

労働基準局

入　口
16-11

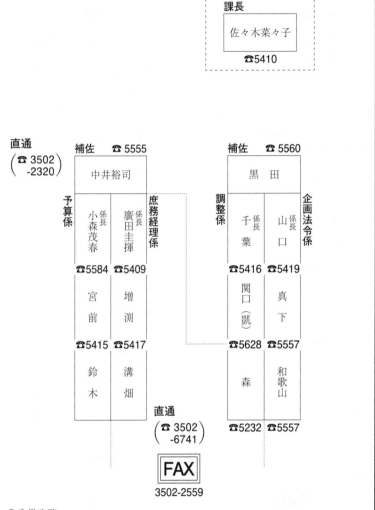

課長

佐々木菜々子

☎5410

直通
(☎ 3502
-2320)

補佐　☎ 5555

中井裕司

予算係

庶務経理係

係長
小森茂春

係長
廣田圭揮

☎5584　☎5409

宮前　増渕

☎5415　☎5417

鈴木　溝畑

直通
(☎ 3502
-6741)

FAX
3502-2559

補佐　☎ 5560

黒　田

調整係

企画法令係

係長
千葉

係長
山口

☎5416　☎5419

関口
(凱)　真下

☎5628　☎5557

森　和歌山

☎5232　☎5557

●**分掌事務**

労働基準局の所掌事務に関する総合調整に関すること。 上記のほか、労働基準局の所掌事務で他の所掌に属しないものに関すること

入口
16-12

労働基準局

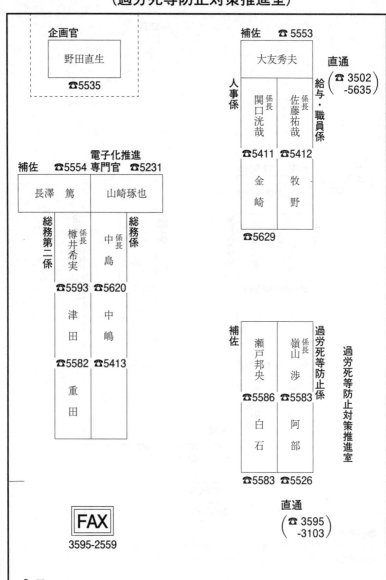

企画官

野田直生

☎5535

補佐 ☎5553

大友秀夫

人事係

給与・職員係

直通
(☎3502-5635)

係長 関口洸哉 ☎5411

係長 佐藤祐哉 ☎5412

金崎

牧野

☎5629

補佐 ☎5554　電子化推進専門官 ☎5231

長澤　篤

山崎琢也

総務第二係

係長 樟井希実 ☎5593

津田 ☎5582

重田

総務係

係長 中島 ☎5620

中嶋 ☎5413

補佐

過労死等防止係

過労死等防止対策推進室

瀬戸邦央 ☎5586

係長 嶺山　渉 ☎5583

白石

阿部

☎5583　☎5526

直通
(☎3595-3103)

FAX
3595-2559

労働基準局

入口
16-12

労働条件政策課
（労働条件確保改善対策室）

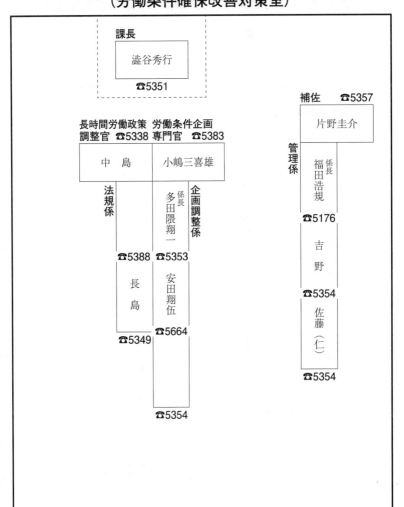

課長
澁谷秀行
☎5351

補佐　☎5357
片野圭介

長時間労働政策
調整官　☎5338
中　島

労働条件企画
専門官　☎5383
小嶋三喜雄

法規係

係長
多田隈翔一
企画調整係

管理係

係長
福田浩規
☎5176

☎5388　☎5353

長
島

安田翔伍

吉
野
☎5354

☎5349　☎5664

佐藤
（仁）

☎5354

☎5354

入口
16-15

労働条件政策課
（労働時間特別対策室）（労働条件確保改善対策室）

室長（医療労働企画官）
加藤正嗣
☎5352

室長
田上喜之
☎5585

（労働時間特別対策室）

補佐　☎5534
米村慎二

新たな働き方推進係

特別対策係
係長 廣野友作 ☎5524
係長 本安貴登 ☎5525

医療労働対策係
瓦吹 ☎5384
係長 清水翔太 ☎5545

専門官
中根 ☎5513

特別対策係
佐伯 ☎5525

補佐（労働関係法専門官）
小島　☎5350

法規第二係
係長 山下立倫 ☎5389

法規係
係長 加味 ☎5519

法規第三係
係長 天廣美咲 ☎5389

高橋 ☎5356

医療労働対策係
寺平 ☎5389

直通
（☎3502-1599）

FAX
3502-2219

●分掌事務
労働時間、休息その他の労働条件及び労働者の保護に関する政策の企画及び立案に関すること（雇用均等・児童家庭局及び他課の所掌に属するものを除く）。上記のほか、労働時間及び休息に関すること（労働基準法の施行に関すること及び労働基準監督官の行う監督に関することを除く）。労働能率の増進に関すること（賃金体系に関することを除く）

労働基準局

入口
16-16

労働基準局　　　監　督　課　　　…16F…

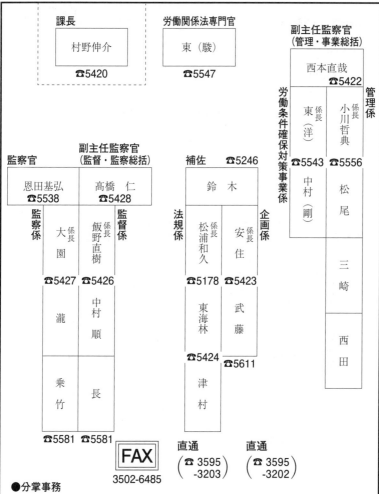

課長	労働関係法専門官	副主任監察官（管理・事業総括）
村野伸介 ☎5420	東（駿）☎5547	西本直哉 ☎5422

労働条件確保対策事業係

管理係

係長 東（洋）☎5543	係長 小川哲典 ☎5556
中村（剛）	松尾

監察官	副主任監察官（監督・監察総括）	補佐 ☎5246
恩田基弘 ☎5538	高橋 仁 ☎5428	鈴　木

監察係	監督係	法規係	企画係
係長 大園	係長 飯野直樹	係長 松浦和久	係長 安住
☎5427	☎5426	☎5178	☎5423
瀧	中村順	東海林	武藤
		☎5424	☎5611
乗竹	長	津村	
☎5581	☎5581		

三崎

西田

FAX 3502-6485

直通（☎3595-3203）　　直通（☎3595-3202）

●分掌事務

労働条件、産業安全（鉱山における保安を除く）、労働衛生及び労働者の保護に関する労働基準監督官の行う監督に関すること（鉱山における通気及び災害時の救護に関することを除く）。家内労働法の規定に基づく労働基準監督官の行う監督に関すること。労働契約その他の労働条件及び労働者の保護に関すること。児童の使用の禁止に関すること。労働基準監督官が司法警察員として行う職務に関すること。労働基準監督官を採用するための試験の実施に関すること。都道府県労働局労働基準部における労働基準局の所掌に係る事務の実施状況の監察に関すること。社会保険労務士に関すること

入　口
16-13

労働基準局

過重労働特別対策室長

加納圭吾

☎5540

監察官 ☎5562　訟務官(併) ☎5211

監察官	
若山匡秀	秋山　茂
橋本正人	直野泰知

専門官　☎5563　監察官　☎5624

主任監察官（労働基準監察室長）

黒部恭志

☎5421

監察官	副主任監察官（改善基準改正総括）
藤代岳志 ☎5630	子安成人 ☎5425

過重労働特別監督第一係

係長 大石奈津生 ☎5589

前田

係長 淺井千穂 ☎5134

後藤

特別監督第二係

過重労働条件対策係

特定分野労働

☎5542

社労士専門官 監察官(併)	監察官 訟務官(併)
本田真由美 ☎5166	米村祐規 ☎5541

社会保険労務士係

係長 佐野 ☎5161

山片

係長 古川勝也 ☎5542

竹内

特定分野労働条件対策係

直通
（☎ 3502
-5308）

労働関係法課

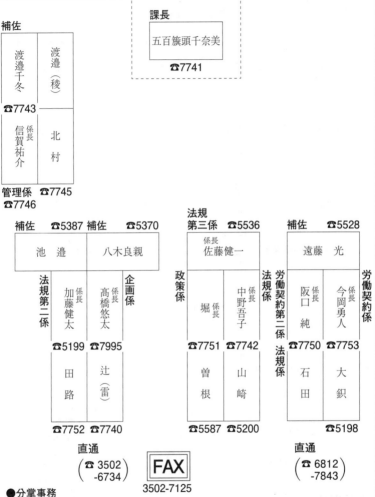

課長
五百簱頭千奈美 ☎7741

補佐
渡邉千冬 / 渡邉（稜） ☎7743
係長 信賀祐介 / 北村

管理係 ☎7746 ☎7745

補佐 ☎5387 池邉
補佐 ☎5370 八木良親

法規第二係：係長 加藤健太 ☎5199 / 田路 ☎7752
企画係：係長 高橋悠太 ☎7995 / 辻（雷） ☎7740

法規第三係 ☎5536 係長 佐藤健一

政策係：係長 堀 ☎7751 / 曽根 ☎5587
法規係：係長 中野吾子 ☎7742 / 山崎 ☎5200

補佐 ☎5528 遠藤 光

労働契約第二係：係長 阪口純 ☎7750
法規係：石田
労働契約係：係長 今岡勇人 ☎7753 / 大釼 ☎5198

直通（☎ 3502-6734）

FAX 3502-7125

直通（☎ 6812-7843）

●分掌事務

労働契約に関する政策の企画及び立案に関すること。上記のほか、労働契約に関すること（労働基準法の施行に関すること及び労働基準監督官の行う監督に関することを除く）。労働者の団結する権利及び団体交渉その他の団体行動をする権利の保障に関すること（中央労働委員会の所掌に属するものを除く）。労働関係の調整に関する政策の企画及び立案に関すること

入口 16-16

労働基準局

賃　金　課
（賃金支払制度業務室）

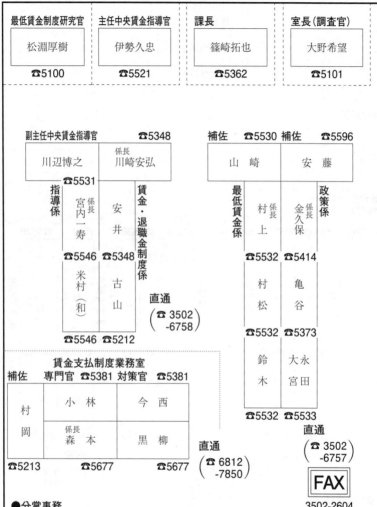

最低賃金制度研究官	主任中央賃金指導官	課長	室長（調査官）
松淵厚樹	伊勢久忠	篠崎拓也	大野希望
☎5100	☎5521	☎5362	☎5101

副主任中央賃金指導官　☎5348

補佐　☎5530　補佐　☎5596

指導係	川辺博之	係長 川崎安弘	賃金・退職金制度係
	☎5531		
	係長 宮内一寿	安井	
	☎5546	☎5348	
	米村（和）	古山	直通 ☎3502-6758
	☎5546	☎5212	

最低賃金係	係長 村上	係長 金久保	政策係
	☎5532	☎5414	
	村松	亀谷	
	☎5532	☎5373	
	鈴木	大永 宮田	
	☎5532	☎5533	

直通 ☎3502-6757

賃金支払制度業務室
補佐　専門官 ☎5381　対策官 ☎5381

村岡	小林	今西
	係長 森本	黒柳
☎5213	☎5677	☎5677

直通 ☎6812-7850

FAX 3502-2604

●**分掌事務**
賃金の支払及び最低賃金に関する政策の企画及び立案に関すること。上記のほか、最低賃金に関すること（労働基準監督官の行う監督に関することを除く）。賃金体系に関すること。退職手当の保全措置その他の退職手当に関すること（退職手当の支払に関すること及び労働基準監督官の行う監督に関することを除く）

労働基準局

入口
16-1

労働基準局　労災管理課
（石綿対策室）（審議官室）

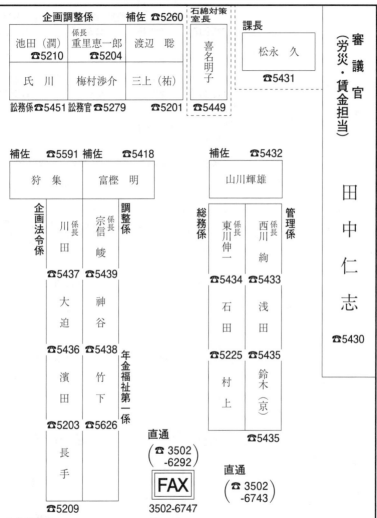

企画調整係		補佐 ☎5260	石綿対策室長	課長
池田（潤）☎5210	係長 重里恵一郎 ☎5204	渡辺　聡	喜名明子	松永　久 ☎5431
氏　川	梅村渉介	三上（祐）		

訟務係☎5451　訟務官☎5279　　　☎5201　☎5449

審議官（労災・賃金担当）

田中仁志　☎5430

補佐 ☎5591	補佐 ☎5418		補佐 ☎5432		
狩　集	富樫　明		山川輝雄		
企画法令係	川田 係長	宗信峻 係長 調整係	総務係	東川伸一 係長	西川絢 係長 管理係
	☎5437	☎5439		☎5434	☎5433
	大迫	神谷		石田	浅田
	☎5436	☎5438 年金福祉第一係		☎5225	☎5435
	濱田	竹下		村上	鈴木（京）
	☎5203	☎5626			☎5435
	長手				
	☎5209				

直通
（☎3502-6292）

FAX
3502-6747

直通
（☎3502-6743）

●分掌事務
労災補償事務に係る総合調整に関すること。労災保険に係る事務の監察に関すること。労働保険特別会計労災勘定に属する国有財産の管理及び処分並びに物品の管理に関すること。労働保険特別会計労災勘定の経理に関すること。上記の他、労災補償事務で他の所掌に属さないものに関すること

入　口
16-8

労働基準局

室長

由井　亨

☎5452

	訟務係		統括訟務官	石綿対策調整官
	☎5207	☎5450	☎5235	☎5206
	佐藤	田中	長嶋政弘	新井紀子
		引田	小川	清水
	☎5207	☎5450	☎5627	☎5451

直通　訟務係　審査専門官

$\begin{pmatrix} ☎3502 \\ -6795 \end{pmatrix}$　（石綿対策室）

補佐　☎5453

伊藤匡人

料率係	石井達樹 係長	松元高広 係長	調査係
	☎5454	☎5455	
	奥住		
	☎5454		
	南	大塚	経理係
	☎5454	☎5448	

直通

$\begin{pmatrix} ☎3502 \\ -6749 \end{pmatrix}$

FAX　☎5448

3502-6747

補佐　☎5444

鈴木　智

経理係	今西克仁 係長	伊藤敬亮 係長	調度係
	☎5445	☎5447	
	八子	千歩	
	☎5445	☎5447	
	高谷（聡）	佐脇	
	☎5445	☎5597	
		三上（早）	
		☎5597	

直通

$\begin{pmatrix} ☎3502 \\ -6745 \end{pmatrix}$

補佐　☎5440

東條比呂司

決算係	石橋 係長	斎藤寛孝 係長	予算係
	☎5443	☎5441	
	千々岩	安里	
	☎5443	☎5441	
	廣嶋	坪川	
	☎5261	☎5442	
		福家	
		☎5442	

直通

$\begin{pmatrix} ☎3502 \\ -6744 \end{pmatrix}$

入口
16-6

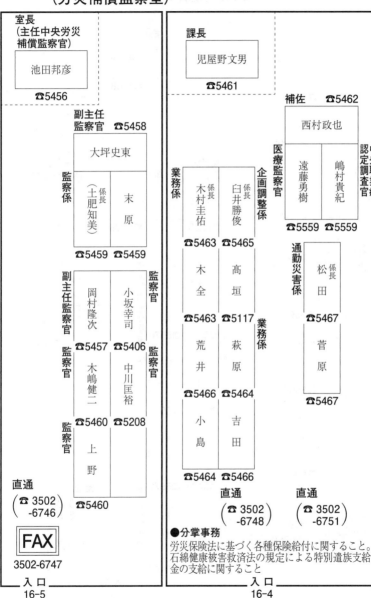

室長
（主任中央労災
補償監察官）

池田邦彦

☎5456

**副主任
監察官**　☎5458

大坪史東

監察係

（係長　土肥知美）

末原

☎5459　☎5459

**副主任
監察官**　監察官

岡村隆次　小坂幸司

監察係　☎5457　☎5406　監察官

木嶋健二　中川匡裕

監察官　☎5460　☎5208

上野

直通
（☎3502
-6746）

☎5460

FAX
3502-6747

入口
16-5

課長

児屋野文男

☎5461

補佐　☎5462

西村政也

医療監察官　企画調整係　業務係

木村圭佑　臼井勝俊　遠藤勇樹　嶋村貴紀

係長　係長　中央職業病認定調査官

☎5463　☎5465　☎5559　☎5559

木全　髙垣

☎5463　☎5117　業務係

荒井　萩原

☎5466　☎5464

小島　吉田

☎5464　☎5466

通勤災害係

松田

係長

☎5467

菅原

☎5467

直通
（☎3502
-6748）

直通
（☎3502
-6751）

●分掌事務
労災保険法に基づく各種保険給付に関すること。
石綿健康被害救済法の規定による特別遺族支給
金の支給に関すること

入口
16-4

労働基準局

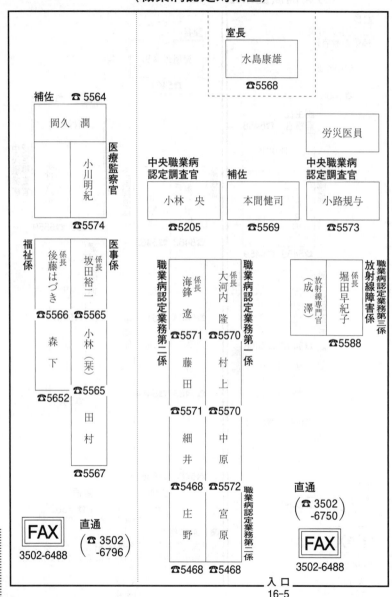

室長

水島康雄

☎5568

補佐　☎5564

岡久　潤

小川明紀

医療監察官

☎5574

中央職業病
認定調査官

小林　央

☎5205

補佐

本間健司

☎5569

労災医員

中央職業病
認定調査官

小路規与

☎5573

福祉係

後藤はづき　係長

坂田裕二　係長

医事係

☎5566　☎5565

森下

小林（栞）

☎5652　☎5565

田村

☎5567

職業病認定業務第二係

海鋒遼　係長

☎5571

藤田

☎5571

細井

☎5468

庄野

☎5468

職業病認定業務第一係

大河内隆　係長

☎5570

村上

☎5570

中原

☎5572

宮原

☎5468

職業病認定業務第三係

放射線障害係

堀田早紀子　係長

（成澤）放射線専門官

☎5588

直通
（☎3502
-6750）

FAX
3502-6488

直通
（☎3502
-6796）

FAX
3502-6488

入口
16-5

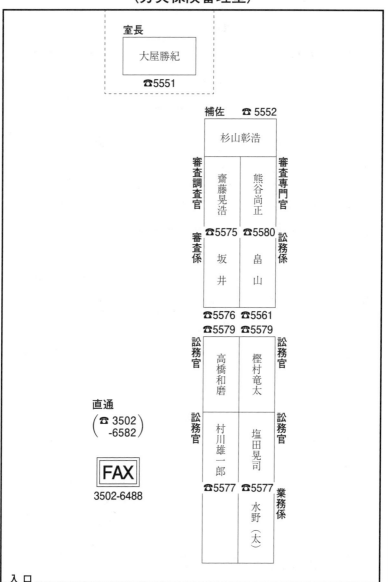

室長

大屋勝紀

☎5551

補佐　☎5552

杉山彰浩

審査調査官

齋藤晃浩

☎5575

審査係

坂井

☎5576

審査専門官

熊谷尚正

☎5580

訟務係

畠山

☎5561

☎5579

訟務官

高橋和磨

訟務官

村川雄一郎

☎5577

☎5579

訟務官

樫村竜太

訟務官

塩田晃司

☎5577

業務係

水野（太）

直通
（☎3502
-6582）

FAX
3502-6488

労働基準局

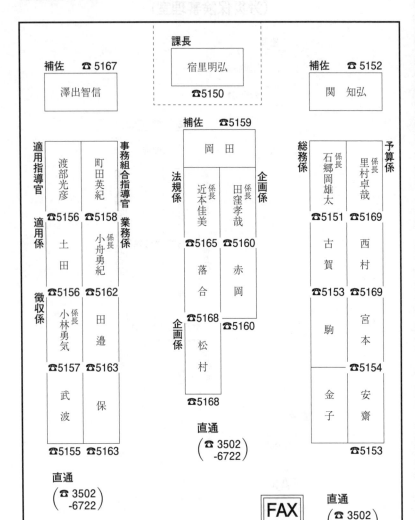

課長
宿里明弘
☎5150

補佐 ☎5167
澤出智信

補佐 ☎5152
関 知弘

補佐 ☎5159
岡田

適用指導官
渡部光彦
☎5156

事務組合指導官
町田英紀
☎5158

法規係
近本佳美 係長
☎5165

企画係
田窪孝哉 係長
☎5160

総務係
石郷岡雄太
☎5151

予算係
里村卓哉 係長
☎5169

適用係
土田
☎5156

業務係
小舟勇紀 係長
☎5162

落合
☎5168

赤岡
☎5160

古賀
☎5153

西村
☎5169

徴収係
小林勇気 係長
☎5157

田邉
☎5163

企画係
松村
☎5168

駒
宮本
☎5154

武波
☎5155

保
☎5163

金子
安齋
☎5153

直通
(☎3502
-6722)

直通
(☎3502
-6722)

FAX
3502-6723

直通
(☎3502
-6721)

●分掌事務
労働保険の適用及び徴収に関すること。労働保険事務組合の業務に係る監督に関すること。労働保険特別会計徴収勘定の経理に関すること

入口
15-19

労働基準局

労働基準局
安全衛生部

計 画 課
（部長室）

··· 15F ···

安全衛生部

課長

佐藤　俊

☎5471

補佐　　☎5472

加藤慎介

管理係　西谷

管理係　係長　藤崎優太

☎5473　☎5502

足立　　堀田

☎5475　☎5304

袴田　　神田

☎5475

安全衛生部長

井内努

☎5470

会議室

直通
（☎3502
　-6752）

FAX
3502-1598

●分掌事務
安全衛生部の所掌事務に関する総合調整に関すること。労働災害防止計画に関すること。労働安全衛生法に規定する指定試験機関、指定コンサルタント試験機関及び指定登録機関の組織及び運営一般に関すること。中央労働災害防止協会及び労働災害防止協会、独立行政法人労働者健康安全機構の組織及び運営一般に関すること。上記のほか、安全衛生部の所掌事務で他の所掌に属さないものに関すること

入口
15-11

計　画　課
（機構・団体管理室）

労働基準局
安全衛生部

☎5130

主任中央労働衛生専門官

直通
（☎ 3593 -6187）

疾病調査研究
補助金係 ☎5469

計　画　班

☎5479 補佐☎5503

船井雄一郎

室長

八藤後紀明
☎5132

澤　谷

富　田

係長
加藤優奈

高松達朗

補佐

井上剛

☎5550

補佐

目黒彰一

☎5599

西　村

白　石
☎5549

主査
平野詩織

☎5549　個人事業者等
安全衛生対策係

☎5607

上村有輝

調査官

☎5129

係長
喜多村優

機構調整第二係

企画
補佐　☎5478 調整官 ☎5220

団体監理係

係長
大津志穂

☎5595

☎5621

金　子

藤　井

内　藤

☎5595

日　野

☎5622

機構調整第一係

対策指導官

災害防止特別法規係

城所

☎5131

係長
吉田令

☎5408

企画係

糸　井

☎5623

片山

☎5477

三浦

☎5476

坂本

☎5477

村山

☎5616

機構・団体管理室

後藤

☎5249

久保

☎5616

直通
（☎ 3595 -2161）

横畠

☎5249

直通
（☎ 3502 -6753）

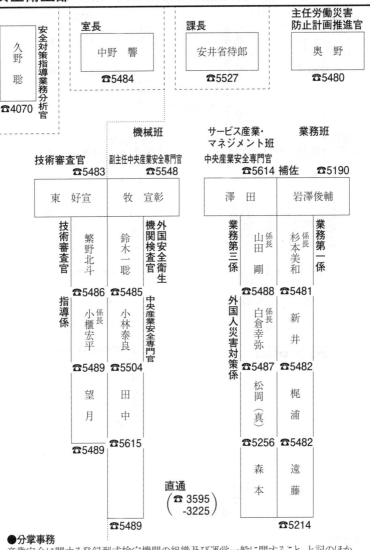

安 全 課
（建設安全対策室）

労働基準局 安全衛生部

安全対策指導業務分析官 久野聡 ☎4070

室長	課長	主任労働災害防止計画推進官
中野響 ☎5484	安井省待郎 ☎5527	奥野 ☎5480

機械班　サービス産業・マネジメント班　業務班

技術審査官 ☎5483　副主任中央産業安全専門官 ☎5548　中央産業安全専門官 ☎5614　補佐 ☎5190

東好宣	牧宣彰	澤田	岩澤俊輔

技術審査官　繁野北斗 ☎5486

鈴木一聡 ☎5485　外国安全衛生機関検査官

中央産業安全専門官

業務第三係　山田剛 係長 ☎5488

杉本美和 係長 ☎5481　業務第一係

指導係　小櫃宏平 係長 ☎5489

小林泰良 ☎5504

外国人災害対策係　白倉幸弥 係長 ☎5487

新井 ☎5482

望月 ☎5489

田中 ☎5615

松岡（真）☎5256

梶浦 ☎5482

森本 ☎5214

遠藤

直通 ☎3595-3225

☎5489

●分掌事務
産業安全に関する登録型式検定機関の組織及び運営一般に関すること。上記のほか、産業安全（鉱山における保安を除く）に関すること。家内労働者の安全に関すること

入口
15-12

労働基準局
安全衛生部 （電離放射線労働者健康対策室）

労働衛生課

… 15F …

室長		課長
宇野浩一 ☎5518	主任中央じん肺診査医 労働衛生管理官（命） 井口 豪 ☎5494 / 中央じん肺診査医 栗原啓輔 ☎5505	松岡輝昌 ☎5490

健康疫学専門官 ☎5499　補佐 ☎5523

成 澤	福島 俊
健康対策係	中央放射線管理専門官
係長 樋渡 ☎5592	平地康一 ☎2181
臼井（博） ☎5592	企画係 係長 今井花倫 ☎5495

副主任中央労働衛生専門官 ☎5491　補佐 ☎5617

丸山太一	東 幸宏
業務第二係	業務第一係
係長 新田侑治 ☎5498	小川（由） ☎5496
森崎 ☎5498	加藤（昌） ☎5496
有害作業環境指導係 大坪美香 ☎5491	佐藤
冨田 ☎5446	高谷 ☎5446 有害作業環境指導係

直通
（☎ 3502 -6755）

●分掌事務

労働者についてのじん肺管理区分の決定に関すること。上記のほか、労働衛生に関すること。家内労働者の衛生に関すること

入 口
15-14

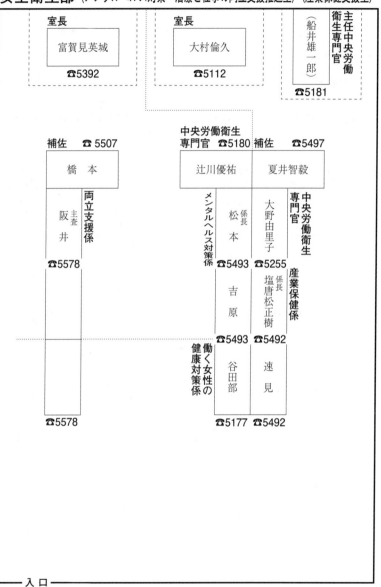

室長

富賀見英城

☎5392

室長

大村倫久

☎5112

（船井雄一郎）主任中央労働衛生専門官

☎5181

補佐　☎5507

橋　本

阪井 主査　両立支援係

☎5578

中央労働衛生専門官　☎5180

辻川優祐

補佐　☎5497

夏井智毅　中央労働衛生専門官

松本 係長　メンタルヘルス対策係

☎5493

大野由里子

☎5255　産業保健係

吉原

塩唐松正樹 係長

☎5493

谷田部 働く女性の健康対策係

☎5177

速見

☎5492

☎5492

☎5578

化学物質対策課 ···15F···

労働基準局
安全衛生部（化学物質評価室）（環境改善・ばく露対策室）

室長	課長	職業性疾病分析官	室長
藤田佳代	土井智史	佐々木邦臣	長山隆志
☎5508	☎5510	☎5517	☎5500

補佐 ☎5516	補佐 ☎5509	副主任中央産業安全専門官☎5186	補佐 ☎5501
吉岡健一	猿渡	仁木真司	小岸圭太

業務班

業務係	係長 増川桂	小永光邦彦 機関査察官 有害性調査	指導官 化学物質対策	中所照仁	田上博教	中央労働衛生専門官
	☎5514	☎5608		☎4020	☎5610	
	神原	銭谷 化学物質審査専門官	中央労働衛生専門官	金子	係長 佐久間敦之	測定技術係
	☎5386	☎4019		☎5385	☎5506	
	水崎	係長 山本 基準係	環境改善係	係長 木島伸章	関	化学物質命名専門員
	☎5639	☎5618		☎5511	☎5618	
	櫻井	平河	石綿届出システム専門官	須釜	廣瀬 化学物質命名専門員	
	☎5637	☎5512 石綿健康対策係		☎5515	☎5618	
	末廣	赤沢				
		☎5637				

直通
（☎3502 -6756）

●分掌事務
危険物の危険性に係る産業安全（鉱山における保安を除く）に関すること。労働者の健康障害を防止するための化学物質についての有害性の調査に関すること。労働者がさらされる化学物質又は労働者の従事する作業と労働者の疾病との相関関係を把握するための疫学的調査その他の調査に関すること。労働衛生に関する登録形式検定機関の組織及び運営一般に関すること。化学物質による労働者の健康障害を防止するための指針に関すること

入口
15-15

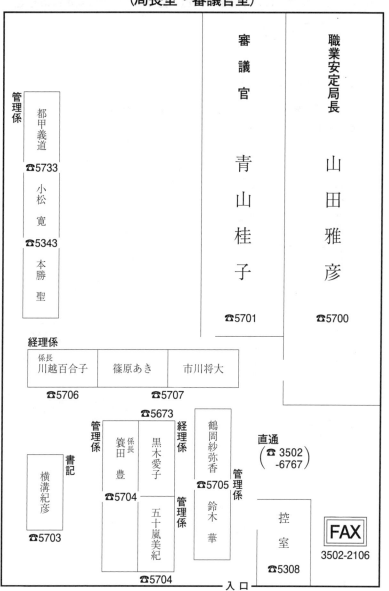

職業安定局

職業安定局長

山田雅彦
☎5700

審議官

青山桂子
☎5701

管理係
都甲義道
☎5733
小松　寛
☎5343
本勝　聖

経理係
係長 川越百合子	篠原あき	市川将大
☎5706		☎5707

☎5673

管理係
書記
横溝紀彦
☎5703

経理係
係長 簑田　豊
黒木愛子
☎5704

管理係
五十嵐美紀
☎5704

経理係
鶴岡紗弥香
☎5705

管理係
鈴木　華

直通
（☎3502
　-6767）

控室
☎5308

FAX
3502-2106

入　口
14-11

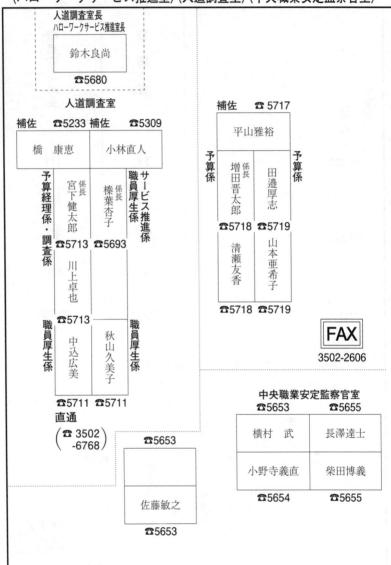

人道調査室長
ハローワークサービス推進室長

鈴木良尚
☎5680

人道調査室

補佐 ☎5233　補佐 ☎5309

橋　康恵	小林直人

予算経理係・調査係

係長 宮下健太郎 ☎5713	係長 榛葉杏子 ☎5693	サービス推進係・職員厚生係

川上卓也 ☎5713

職員厚生係

中込広美 ☎5711	秋山久美子 ☎5711	職員厚生係

直通
(☎ 3502)
-6768

☎5653

佐藤敏之
☎5653

補佐　☎ 5717

平山雅裕

予算係　　　　　　予算係

係長 増田晋太郎 ☎5718	田邉厚志 ☎5719
清瀬友香 ☎5718	山本亜希子 ☎5719

FAX
3502-2606

中央職業安定監察官室
☎5653　　　☎5655

横村　武	長澤達士
小野寺義直	柴田博義
☎5654	☎5655

職業安定局　　総　務　課　　… 14F …
（中央職業安定監察官室）

職業安定局

課長

黒澤　朗
☎5710

補佐　☎5681

新堀徳明

☎5658

企画法令係　係長　浜谷昂治

企画法令係　黒田紗矢

☎5656　☎5742

木下周平

☎5619　☎5612

人事給与第二係　☎5716

西嶋聖子	係長 乗原優一	補佐
武田裕理	係長 加藤祐基	吉村 亮

人事給与係　☎5714　☎5715

直通
（☎ 3502
-6769）

中央職業安定監察官室
☎5728　副主任　☎5838

舩津勝則	山﨑泰克
溝口悦子	鈴木　宏

副主任　☎5728　副主任　☎5838

主任
中央職業安定監察官

宮本淳子

☎5727

●分掌事務
職業安定局の所掌事務に関する総合調整に関すること、政府が行う職業紹介及び職業指導に関すること（雇用開発課及び労働市場センター業務室の所掌に属するものを除く）。都道府県労働局における職業安定局の所掌に係る事務の実施状況の監察に関すること（雇用保険課の所掌に関するものを除く）。その他、職業安定局の所掌事務で他の所掌に属しないものに関すること

入 口
14-11

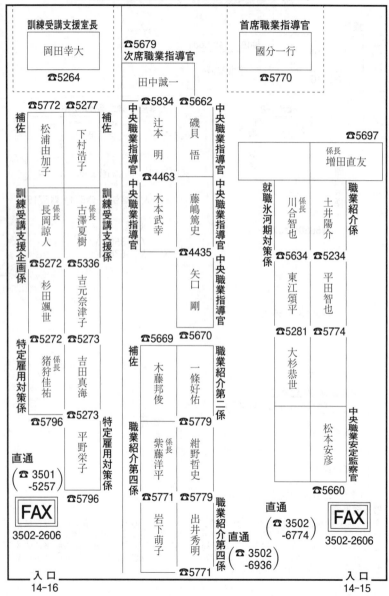

職業安定局

訓練受講支援室長
岡田幸大
☎5264

☎5679
次席職業指導官
田中誠一

首席職業指導官
國分一行
☎5770

☎5772　補佐　松浦由加子
☎5277　補佐　下村浩子

訓練受講支援係
係長　長岡諒人
係長　古澤夏樹

☎5834　中央職業指導官　辻本明
☎4463　中央職業指導官　木本武幸

☎5662　中央職業指導官　磯貝悟
中央職業指導官　藤嶋篤史
☎4435　中央職業指導官　矢口剛

☎5697
係長　増田直友

職業紹介係
就職氷河期対策係
係長　川合智也　土井陽介
☎5634　東江頌平
☎5234　平田智也

☎5272　訓練受講支援企画係　杉田颯世
☎5336　吉元奈津子

☎5272　特定雇用対策係　係長　猪狩佳祐
☎5273　吉田真海

☎5669　補佐　木藤邦俊
☎5670　職業紹介第二係　一條好佑

☎5779　職業紹介第四係　係長　紫藤洋平
紺野哲史

☎5281　大杉恭世
☎5774

中央職業安定監察官
松本安彦
☎5660

☎5796　特定雇用対策係　平野栄子
直通（☎3501-5257）
FAX
3502-2606

☎5771　職業紹介第四係　岩下萌子
☎5779　出井秀明
直通（☎3502-6936）
☎5771

直通（☎3502-6774）
FAX
3502-2606

入口　14-16

入口　14-15

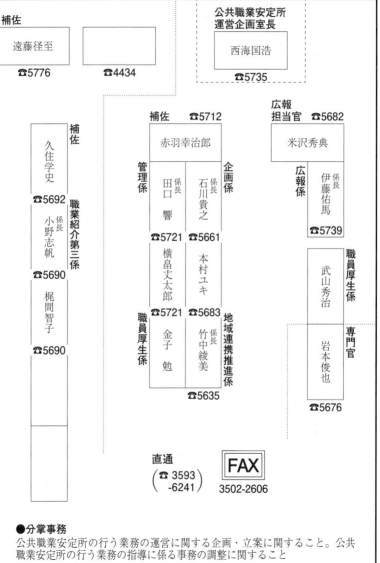

職業安定局

補佐
遠藤径至
☎5776

☎4434

公共職業安定所
運営企画室長
西海国浩
☎5735

補佐
久住学史
☎5692

職業紹介第三係

係長 小野志帆
☎5690

梶間智子
☎5690

補佐　☎5712
赤羽幸治郎

管理係

係長 田口響
☎5721

横畠丈太郎
☎5721

職員厚生係

金子勉
☎5683

企画係

係長 石川貴之
☎5661

本村ユキ

竹中綾美 係長

地域連携推進係

☎5635

広報
担当官　☎5682
米沢秀典

広報係

係長 伊藤佑馬
☎5739

職員厚生係
武山秀治

専門官
岩本俊也
☎5676

直通
（☎3593
-6241）

FAX
3502-2606

●分掌事務
公共職業安定所の行う業務の運営に関する企画・立案に関すること。公共
職業安定所の行う業務の指導に係る事務の調整に関すること

入　口
14-15

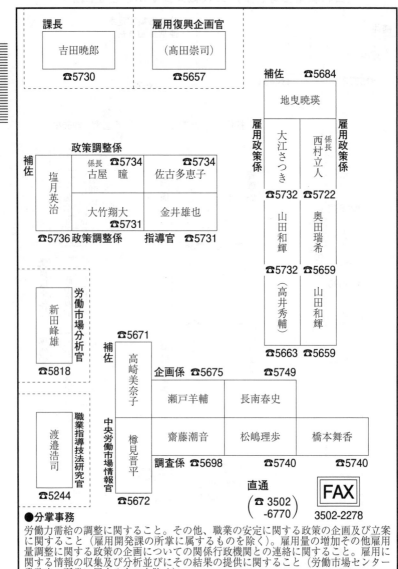

	課長		雇用復興企画官
	吉田暁郎		（髙田崇司）
	☎5730		☎5657

補佐　☎5684
地曳暁瑛

雇用政策係
係長　西村立人
大江さつき
☎5732　☎5722
山田和輝　奥田瑞希
☎5732　☎5659
（高井秀輔）　山田和輝
☎5663　☎5659

政策調整係
補佐　塩月英治

係長　☎5734	☎5734
古屋　瞳	佐古多恵子
大竹翔大	金井雄也
☎5731	

☎5736 政策調整係　指導官　☎5731

労働市場分析官
新田峰雄
☎5818

職業指導技法研究官
渡邉浩司
☎5244

補佐　☎5671
高崎美奈子

中央労働市場情報官
樽見晋平
☎5672

企画係　☎5675　　　　☎5749

瀬戸羊輔	長南春史	
齋藤潮音	松嶋理歩	橋本舞香

調査係　☎5698　　☎5740　　☎5740

直通
（☎ 3502-6770）

FAX
3502-2278

●分掌事務
労働力需給の調整に関すること。その他、職業の安定に関する政策の企画及び立案に関すること（雇用開発課の所掌に属するものを除く）。雇用量の増加その他雇用量調整に関する政策の企画についての関係行政機関との連絡に関すること。雇用に関する情報の収集及び分析並びにその結果の提供に関すること（労働市場センター業務室の所掌に属するものを除く）

入口
14-18

職業安定局　雇用政策課・雇用保険課　…14F…
（民間人材サービス推進室）

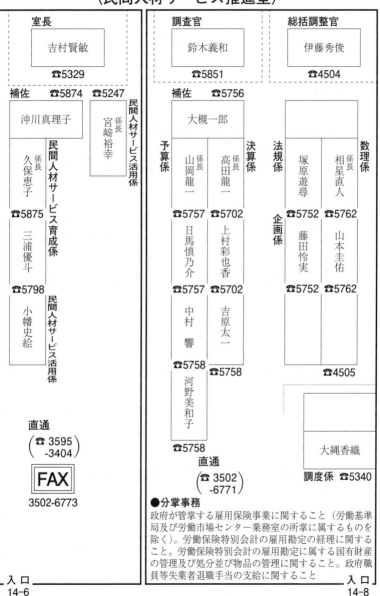

室長	
吉村賢敏	
☎5329	

調査官
鈴木義和
☎5851

総括調整官
伊藤秀俊
☎4504

職業安定局

補佐　☎5874　　☎5247
沖川真理子

係長
宮﨑裕幸
民間人材サービス活用係

係長
久保恵子
民間人材サービス育成係
☎5875

三浦優斗
☎5798

小幡史絵
民間人材サービス活用係

直通
（☎3595
-3404）

FAX
3502-6773

補佐　☎5756
大槻一郎

予算係
決算係

係長
山岡龍一
☎5757

係長
高田龍一
☎5702

日馬慎乃介
☎5757

上村彩也香
☎5702

中村響
☎5758

吉原太一
☎5758

河野美和子
☎5758

直通
（☎3502
-6771）

法規係
企画係

塚原遊尋
☎5752

係長
相星直人
☎5762

藤田怜実
☎5752

山本圭佑
☎5762

☎4505

大縄香織
調度係　☎5340

●分掌事務
政府が管掌する雇用保険事業に関すること（労働基準局及び労働市場センター業務室の所掌に属するものを除く）。労働保険特別会計の雇用勘定の経理に関すること。労働保険特別会計の雇用勘定に属する国有財産の管理及び処分並び物品の管理に関すること。政府職員等失業者退職手当の支給に関すること

入口
14-6

入口
14-8

職業安定局

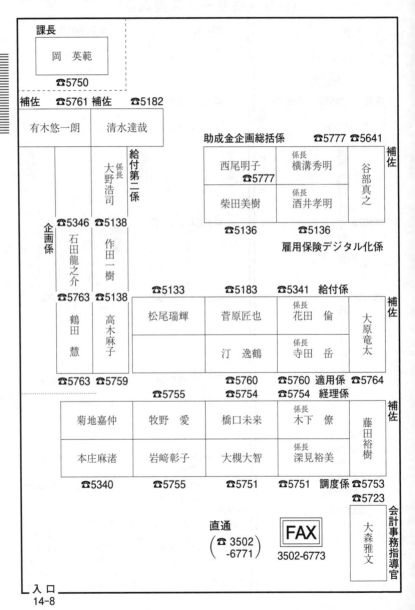

課長
岡　英範
☎5750

補佐　☎5761　補佐　☎5182

有木悠一朗	清水達哉

給付第二係

係長　大野浩司

企画係

☎5346　☎5138

石田龍之介	作田一樹

☎5763　☎5138

鶴田慧	高木麻子

☎5763　☎5759

助成金企画総括係　☎5777　☎5641

西尾明子 ☎5777	係長 横溝秀明	補佐 谷部真之
柴田美樹	係長 酒井孝明	

☎5136　　　　☎5136

雇用保険デジタル化係

☎5133　☎5183　☎5341　給付係

松尾瑞輝	菅原匠也	係長 花田倫	補佐 大原竜太
	汀逸鶴	係長 寺田岳	

☎5760　☎5760　適用係　☎5764

☎5755　☎5754　☎5754　経理係

菊地嘉仲	牧野愛	橋口未来	係長 木下僚	補佐 藤田裕樹
本庄麻渚	岩﨑彰子	大槻大智	係長 深見裕美	

☎5340　☎5755　☎5751　☎5751　調度係　☎5753

☎5723

会計事務指導官

大森雅文

直通
（☎3502 -6771）

FAX
3502-6773

入口
14-8

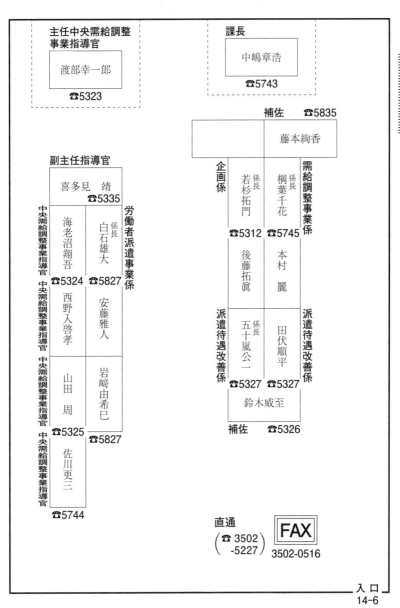

職業安定局

主任中央需給調整事業指導官
渡部幸一郎
☎5323

課長
中嶋章浩
☎5743

補佐　☎5835
藤本絢香

副主任指導官
喜多見　靖
☎5335

需給調整事業係

企画係

係長　若杉拓門　☎5312
後藤拓眞
派遣待遇改善係
係長　五十嵐公一　☎5327
鈴木威至

係長　栁葉千花　☎5745
本村　麗
派遣待遇改善係
田伏順平　☎5327

補佐　☎5326

労働者派遣事業係
係長　白石雄大　☎5827
安藤雅人
岩﨑由希巳　☎5827

海老沼翔吾　☎5324
西野入啓孝
山田　周　☎5325

中央需給調整事業指導官
中央需給調整事業指導官
中央需給調整事業指導官
中央需給調整事業指導官
佐川更三
☎5744

直通
（☎ 3502
-5227）

FAX
3502-0516

入口
14-6

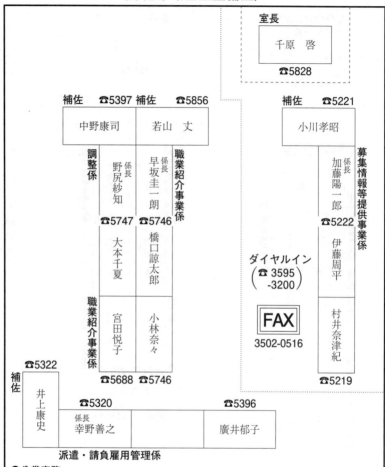

室長

千原　啓

☎5828

補佐　☎5397　補佐　☎5856

中野康司　　若山　丈

補佐　☎5221

小川孝昭

調整係

係長
野尻紗知

☎5747

大本千夏

職業紹介事業係

宮田悦子

☎5688

職業紹介事業係

係長
早坂圭一朗

☎5746

橋口諒太郎

小林奈々

☎5746

募集情報等提供事業係

係長
加藤陽一郎

☎5222

伊藤周平

村井奈津紀

☎5219

ダイヤルイン
（☎ 3595
　　-3200）

FAX

3502-0516

☎5322

補佐

井上康史

☎5320

係長
幸野善之

☎5396

廣井郁子

派遣・請負雇用管理係

●分掌事務

職業紹介、労働者の募集、労働者供給事業及び労働者派遣事業の監督に関すること（港湾労働者の募集及び港湾運送の業務について行う労働者派遣事業に係るものを除く）。派遣労働者及び一の場所において行われる事業の仕事の一部を請け負う請負人が雇用する労働者（当該場所において業務に従事する労働者に限る）の雇用管理の改善に関すること（建設労働者及び港湾労働者に係るものを除く）。労働者派遣を行う事業主及び労働者派遣の役務の提供を受ける者に対する監督に関すること（港湾運送の業務について行う労働者派遣事業に係るものを除く）。政府以外の者の行う労働力の需要供給の調整を図るための事業の事業主、派遣労働者、求職者その他の関係者に対する助言その他の措置に関すること（港湾運送の業務について行う労働者派遣事業に係るものを除く）

入口
14-6

外国人雇用対策課
（海外人材受入就労対策室）（経済連携協定受入対策室）

職業安定局

海外人材受入就労対策室長	経済連携協定受入対策室長	課長
南摩一隆	前村　充	川口俊徳
	☎5778	☎5748

補佐　☎5765

山口大樹

海外人材受入就労対策室

補佐　☎5699　補佐　☎5644

岩橋貴生	山口智也

海外人材受入就労対策係

係長 山本啓之 ☎5729
沖中亮祐 ☎5729

海外人材地域定着連携係

係長 岡田浩徳 ☎5645
小柳淳司 ☎5237

外国人支援・職業技法専門官

井上明子 ☎5223
今西理恵 ☎5230

協定対策係

補佐
脇阪理沙 ☎5242
小林絋子 ☎5686

直通
（☎ 3503
-0229）

直通
（☎ 3502
-6273）

FAX
3502-0516

経済連携協定受入対策室

調整係
伊豫田雄太 ☎5687
柳　大和 ☎5687

雇用対策係
係長 熊坂翔太郎 ☎5720
堤　悠乃 ☎5766
山田将人

外国人支援・職業技法専門官

専門員　☎5236

小林　剛

雇用指導係
宮野　修 ☎5643
西川紗矢

雇用指導係
松石麻衣 ☎5773
係長 米澤圭祐
熊田知俊

補佐　☎5642

職業安定局

●分掌事務
政府が行う外国人の職業紹介に関すること（求人及び求職の結合に係る調整に関することを除く）。外国人の雇用に関する事項について事業主その他の関係者に対して行う必要な助言その他の措置に関すること。その他、外国人の職業の安定に関すること

入　口
14-5

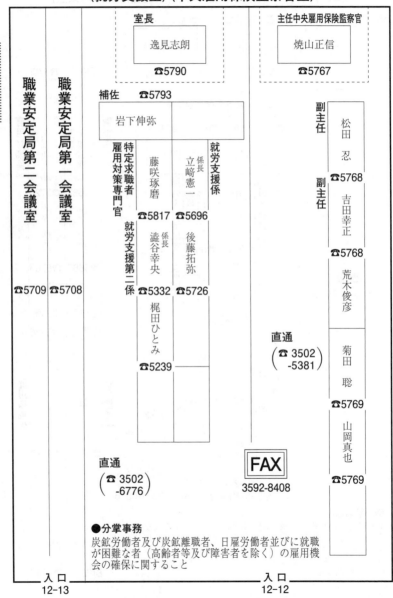

室長　逸見志朗　☎5790	主任中央雇用保険監察官　焼山正信　☎5767

補佐　☎5793
岩下伸弥

職業安定局第二会議室　☎5709

職業安定局第一会議室　☎5708

特定求職者雇用対策専門官　藤咲琢磨　☎5817

就労支援第二係　係長　澁谷幸央　☎5332

梶田ひとみ　☎5239

就労支援係　係長　立﨑憲一　☎5696

後藤拓弥　☎5726

副主任　松田　忍　☎5768

副主任　吉田幸正　☎5768

荒木俊彦

菊田　聡　☎5769

山岡真也　☎5769

直通
（☎3502-6776）

FAX
3592-8408

直通
（☎3502-5381）

●**分掌事務**
炭鉱労働者及び炭鉱離職者、日雇労働者並びに就職が困難な者（高齢者等及び障害者を除く）の雇用機会の確保に関すること

入口　12-13　　入口　12-12

職業安定局

雇用開発企画課
（高齢・障害者雇用開発審議官室）

… 14F …

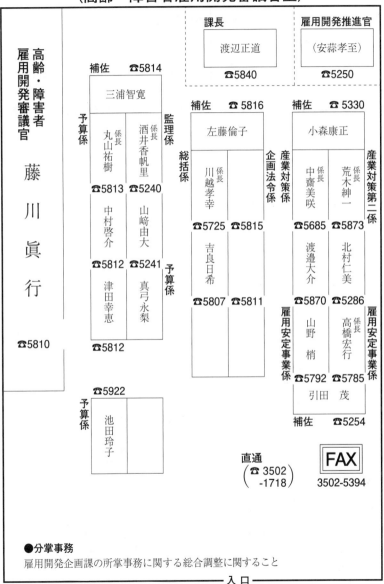

課長
渡辺正道
☎5840

雇用開発推進官
（安蒜孝至）
☎5250

職業安定局

高齢・障害者雇用開発審議官

藤 川 眞 行

☎5810

補佐 ☎5814
三浦智寛

予算係

監理係

係長 丸山祐樹
☎5813

係長 酒井香帆里
☎5240

中村啓介
☎5812

山﨑由大
☎5241

津田幸恵
☎5812

真弓永梨

予算係

☎5922

予算係

池田玲子

補佐 ☎ 5816
左藤倫子

総括係

企画法令係

係長 川越孝幸
☎5725

☎5815

吉良日希
☎5807

☎5811

補佐 ☎ 5330
小森康正

産業対策係

産業対策第二係

係長 中齋美咲
☎5685

係長 荒木紳一
☎5873

渡邉大介
☎5870

北村仁美
☎5286

雇用安定事業係

雇用安定事業係

山野 梢
☎5792

係長 髙橋宏行
☎5785

引田 茂

補佐 ☎5254

直通
（☎ 3502
-1718）

FAX
3502-5394

●分掌事務
雇用開発企画課の所掌事務に関する総合調整に関すること

入口
14-1

職業安定局

建設・港湾対策室長	高齢者雇用対策分析官	課長	
島田博和	中原明宏	武田康祐	
☎5800	☎5342	☎5820	☎5808

補佐　☎5791	補佐　☎5801	補佐	補佐　☎5844	補佐　☎5809
村前大輔	布施　敦	中尾龍一	篠原　毅	窪田智子

建設労働係
澁井勇哉
☎5804
小島今日子
☎5804

労働福祉係
係長　大橋　潤
☎5803
春原沙紀
☎5803

港湾労働係
係長　中村　唯
☎5802
佐藤秀一
☎5802

中尾龍一
☎5806

就業対策係
係長　藤川大輔
☎5822
工藤雅史
☎5822

就業対策第二係
係長　伊藤なぎさ
☎5826
河合裕美子
☎5826

高齢者雇用企画係
係長　江原悠正
☎5819
石井智紀
☎5819
埴田ゆかり
☎5824

雇用指導係
係長　吉田大志
☎5823
能住優希
☎5823
小林桃子
☎5825

就業対策第二係
田中勇気
☎5826

●分掌事務
建設労働者及び港湾労働者の雇用の改善に関すること。港湾労働者の募集及び港湾運送の業務について行う労働者派遣事業に関すること

直通
（☎3502
-6777）

FAX
3502-5394

直通
（☎3502
-6779）

FAX
3502-5394

入口
14-1

入口
14-3

雇用政策課・総務課

（労働市場情報整備推進企画室）（労働移動支援室）（人材確保支援総合企画室）

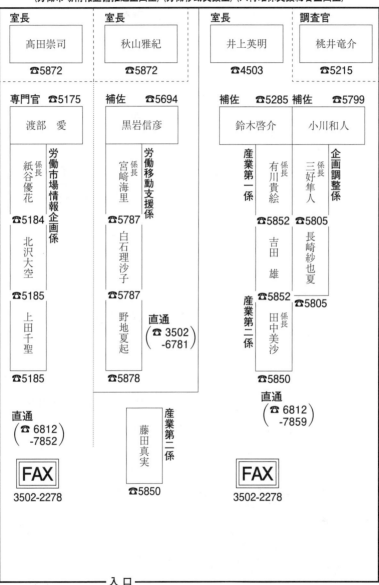

室長	室長	室長	調査官
髙田崇司	秋山雅紀	井上英明	桃井竜介
☎5872	☎5872	☎4503	☎5215

職業安定局

専門官 ☎5175
渡部　愛

係長 紙谷優花
労働市場情報企画係
☎5184
北沢大空
☎5185
上田千聖
☎5185

直通
（☎6812-7852）

FAX
3502-2278

補佐 ☎5694
黒岩信彦

係長 宮﨑海里
労働移動支援係
☎5787
白石理沙子
☎5787
野地夏起
☎5878

直通
（☎3502-6781）

藤田真実
産業第二係
☎5850

補佐 ☎5285　**補佐** ☎5799
鈴木啓介　　小川和人

産業第一係
有川貴絵 係長
☎5852
三好隼人 係長
企画調整係
☎5805
吉田雄
長崎紗也夏
☎5852
☎5805
田中美沙 係長
産業第二係
☎5850

直通
（☎6812-7859）

FAX
3502-2278

─ 入 口 ─
14-18

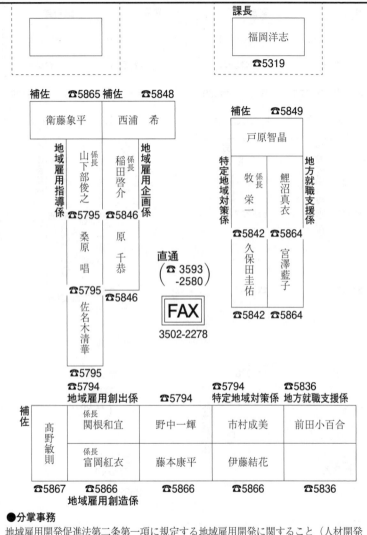

課長
福岡洋志
☎5319

補佐 ☎5865 補佐 ☎5848
衛藤象平　西浦　希

補佐 ☎5849
戸原智晶

地域雇用指導係
係長 山下部俊之
☎5795
桑原　唱
☎5795
佐名木清華
☎5795

地域雇用企画係
係長 稲田啓介
☎5846
原　千恭
☎5846

特定地域対策係
係長 牧　栄一
☎5842
久保田圭佑
☎5842

地方就職支援係
鯉沼真衣
☎5864
宮澤藍子
☎5864

直通
（☎ 3593
-2580）

FAX
3502-2278

		☎5794 地域雇用創出係	☎5794	☎5794 特定地域対策係	☎5836 地方就職支援係
補佐 髙野敏則	係長 関根和宜		野中一輝	市村成美	前田小百合
	係長 富岡紅衣		藤本康平	伊藤結花	
☎5867	☎5866		☎5866	☎5866	☎5836

地域雇用創造係

●**分掌事務**
地域雇用開発促進法第二条第一項に規定する地域雇用開発に関すること（人材開発統括官及び雇用政策課の所掌に属するものを除く）。地域における雇用機会の確保に関すること（農山村雇用対策室の所掌に属するものを除く）。季節的に雇用される労働者の雇用に関する援助措置に関すること

入口
14-16

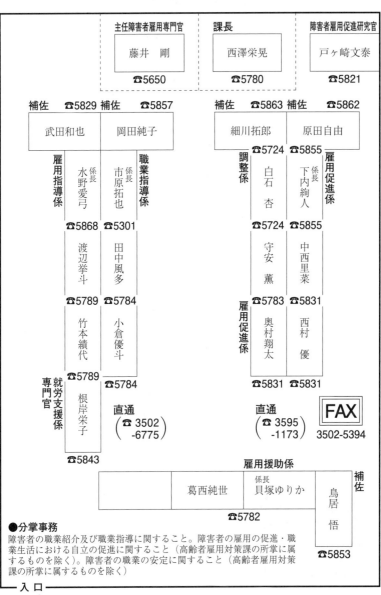

		主任障害者雇用専門官	課長	障害者雇用促進研究官
		藤井　剛 ☎5650	西澤栄晃 ☎5780	戸ヶ崎文泰 ☎5821

職業安定局

補佐　☎5829　補佐　☎5857　　　補佐　☎5863　補佐　☎5862

武田和也	岡田純子	細川拓郎	原田自由

雇用指導係　水野愛弓　☎5868

職業指導係　係長　市原拓也　☎5301

調整係　☎5724　白石杏

雇用促進係　係長　下内絢人　☎5855

渡辺挙斗　☎5789

田中風多　☎5784

☎5724　守安薫

☎5855　中西里菜

竹本績代　☎5789

小倉優斗　☎5784

雇用促進係　☎5783　奥村翔太

☎5831　西村優

就労支援係　専門官　根岸栄子　☎5843

直通（☎3502-6775）

☎5831　☎5831

直通（☎3595-1173）

FAX 3502-5394

	雇用援助係			補佐
	葛西純世	係長 貝塚ゆりか ☎5782	鳥居悟 ☎5853	

●分掌事務
障害者の職業紹介及び職業指導に関すること。障害者の雇用の促進・職業生活における自立の促進に関すること（高齢者雇用対策課の所掌に属するものを除く）。障害者の職業の安定に関すること（高齢者雇用対策課の所掌に属するものを除く）

入口
14-3

障害者雇用対策課
（地域就労支援室）

室長

安蒜孝至

☎5830

職業安定局

補佐 ☎5837　補佐 ☎5786

和田英人　　北里尚寿

☎5854　☎5858

就労支援係　係長 大澤菜月　　係長 村上佳菜子　職場適応援助係

専門官　大岡孝之　　赤﨑　玄

☎5788　☎5860

高木美里　　中下　剛　就業・生活支援係

☎5788　☎5832

岸田恵理子　就業支援係

☎5344

直通
(☎3502
-6780)

FAX
3502-5394

●分掌事務
地域における障害者の就職及び職場への定着の促進並びにこれらに関連する職業安定機関と関係行政機関その他の関係者との間における連絡、援助又は協力に関すること

入口
14-5

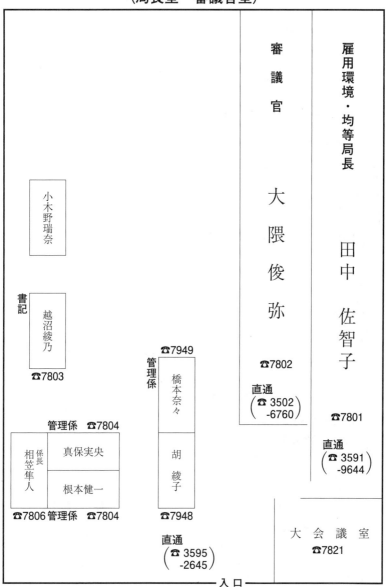

雇用環境・均等局長

審議官

雇用環境・均等局長　田中　佐智子　☎7801

直通（☎3591）-9644

審議官　大隈　俊弥　☎7802

直通（☎3502）-6760

小木野瑞奈

書記　越沼綾乃　☎7803

管理係　橋本奈々　☎7949

胡　綾子　☎7948

直通（☎3595）-2645

管理係　☎7804

係長　真保実央

相笠隼人

根本健一

☎7806　管理係　☎7804

大　会　議　室　☎7821

入　口
13-11

均等局・雇用環境

参事官

立石祐子

☎8823

補佐　☎7864

嶋田憲嗣

働き方改善係
休み方改善係

係長
小池栄太郎

☎7915

休み方改善係

大山遥花

☎7915

待遇改善係

藤井千咲

☎5307

補佐　☎7875

尾崎拓洋

政策第一係
雇用環境係
（雇用環境政策室）

向島蒼葉

☎7880

待遇改善係

林　京奈

☎7876

係長
引田妃那子

☎7889

政策第二係

係長
小野　平

永渕茉鈴

☎5194

待遇改善係

☎5307　☎5194

ダイヤルイン
（☎ 3595）
-3275

補佐　☎7818

渡辺秀樹

予算・経理係
予算係

係長
中村　晴

係長
山口修平

☎7828　☎7877

相原きよら

田中賞子

☎7828　☎7877

（労働紛争処理業務室）

業務管理係

補佐

山口昌平

係長　☎7736
塩原將由

係長
大塚由己

今福達也

☎7737　業務指導係☎7738

ダイヤルイン
（☎ 3502）
-6679

ダイヤルイン
（☎ 3595）
-2491

FAX

3595-2668

入口

雇用環境・均等局　総　務　課
（雇用環境・均等監察室）

企画官	補佐	課長	補佐 ☎7907
倉吉紘子	水谷公祐	山田敏充	林　未央
☎7812	☎7817	☎7811	

（雇用環境・均等監察室）

人事係
係長 市川朝美
☎7805

総括雇用環境・均等監察官
粟山僚子　☎7820

総務係 ☎8134		☎7826	企画法令係	企画法令係		監察官		監察官

係長 大野晃太

平賀青空	長山稜河		係長 福田一郎	古川冴花	大川結生	田原孝明	重河真弓
☎7823	☎7823			☎7827	☎7825	☎5105	☎5104

荻野美砂子
☎7823

監察官
川邉洋二　☎7951

上野由佳　☎7904

勝間田朋美	係長 角田明雄	雇用環境・均等システム係 専門官	監察官	野添雅恵
☎7906	☎7822			☎5106

水野夏来

森島浩

☎7906　☎7822

企画法令係／国際係　☎7823

人事係
猪森菜月
☎7805

ダイヤルイン
（☎ 3595 -2672）

所掌事務

雇用環境・均等局の所掌事務に関する総合調整に関すること。個別労働関係紛争の解決の促進に関すること（労働基準局の所掌に属するものを除く）。厚生労働省の所掌に係る男女共同参画社会の形成の促進に関する連絡調整に関すること。都道府県労働局における雇用環境・均等局の所掌に係る事務の実施状況の監察に関すること。労働時間等の設定の改善に関すること。これらのほか、雇用環境・均等局の所掌事務で、他の所掌に属しないものに関すること

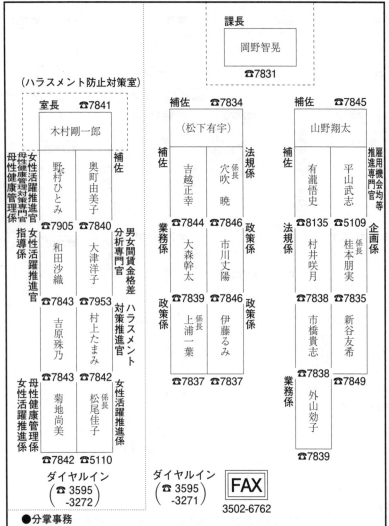

課長

岡野智晃

☎7831

（ハラスメント防止対策室）

室長　☎7841

木村剛一郎

補佐　☎7834

（松下有宇）

補佐　☎7845

山野翔太

女性活躍推進官	奥町由美子	補佐
野村ひとみ		
☎7905	☎7840	男女間賃金格差分析専門官

補佐	吉越正幸	穴吹暁	係長
業務係	☎7844	☎7846	法規係

補佐	有瀧悟史	平山武志	雇用機会均等推進専門官
法規係	☎8135	☎5109	企画係 係長

母性健康管理対策専門官 指導係

女性活躍推進官	和田沙織	大津洋子	
☎7843	☎7953	ハラスメント対策推進官	
吉原殊乃	村上たまみ	女性活躍推進係	
☎7843	☎7842		
母性健康管理係 菊地尚美	松尾佳子 係長 女性活躍推進係		
☎7842	☎5110		

大森幹太	市川丈陽	政策係
☎7839	☎7846	政策係
上浦一葉 係長	伊藤るみ	
☎7837	☎7837	

村井咲月	桂本朋実 係長
☎7838	☎7835
市橋貴志	新谷友希
☎7838	☎7849
業務係 外山効子	
☎7839	

ダイヤルイン
（☎3595
　-3272）

ダイヤルイン
（☎3595
　-3271）

FAX
3502-6762

●分掌事務
雇用の分野における男女の均等な機会と待遇の確保に関すること。職場におけるハラスメント等に関すること。職場における女性の活躍推進、労働に関する女性の地位の向上その他の女性労働問題に関すること

入口
13-16

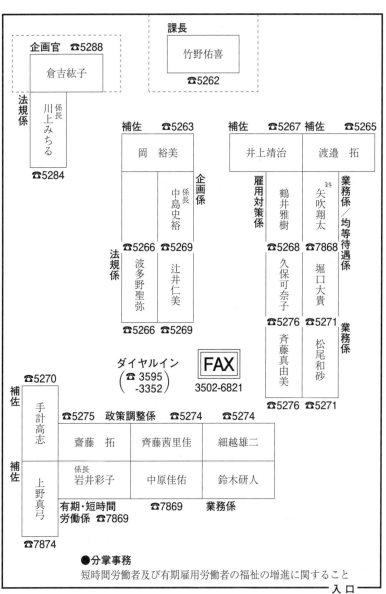

課長
竹野佑喜
☎5262

企画官 ☎5288
倉吉紘子

法規係
係長
川上みちる
☎5284

補佐 ☎5263
岡　裕美

企画係
係長
中島史裕
☎5266　☎5269

法規係
波多野聖弥
辻井仁美
☎5266　☎5269

補佐 ☎5267 **補佐** ☎5265
井上靖治　渡邉　拓

雇用対策係
鶴井雅樹
☎5268
久保可奈子
☎5276
斉藤真由美
☎5276

業務係／均等待遇係
矢吹翔太
☎7868
堀口大貴
☎5271
松尾和砂
☎5271

業務係

ダイヤルイン
（☎3595 -3352）

FAX
3502-6821

☎5270
補佐
手計高志

☎5275　政策調整係　☎5274　☎5274
齋藤　拓　齊藤茜里佳　細越雄二

補佐
上野真弓

係長
岩井彩子
中原佳佑　鈴木研人

有期・短時間
労働係　☎7869
☎7869　**業務係**

☎7874

●**分掌事務**
短時間労働者及び有期雇用労働者の福祉の増進に関すること

均等局環境・

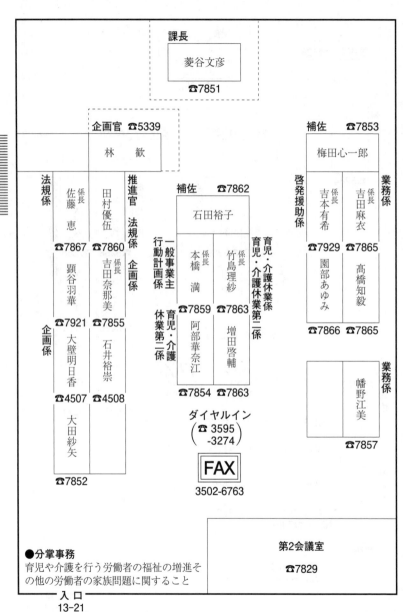

雇用環境・均等局

課長
菱谷文彦
☎7851

企画官　☎5339
林　歓

補佐　☎7853
梅田心一郎

法規係
係長
佐藤　恵
☎7867

田村優伍
☎7860

推進官　法規係

企画係
係長
吉田奈那美
☎7855

顕谷羽華
☎7921

石井裕崇
☎4508

大壁明日香
☎4507

企画係
大田紗矢

☎7852

補佐　☎7862
石田裕子

一般事業主行動計画係
係長
本橋　満
☎7859

育児・介護休業係
係長
竹島理紗
☎7863

阿部華奈江
☎7854

増田啓輔
☎7863

育児・介護休業第二係

育児・介護休業第二係

ダイヤルイン
(☎ 3595)
-3274

FAX
3502-6763

啓発援助係

業務係
係長
吉本有希
☎7929

吉田麻衣
☎7865

園部あゆみ
☎7866

髙橋知毅
☎7865

業務係
幡野江美
☎7857

第2会議室
☎7829

●分掌事務
育児や介護を行う労働者の福祉の増進その他の労働者の家族問題に関すること

― 入 口 ―
13-21

在宅労働課
（フリーランス就業環境整備室）

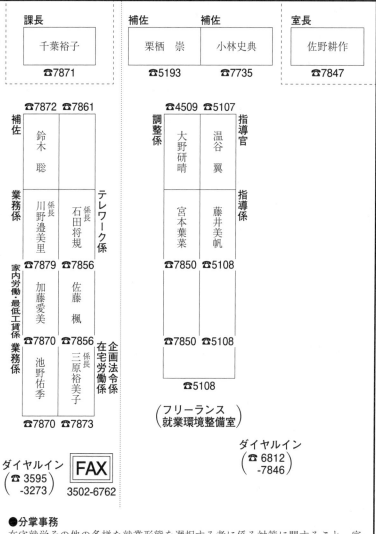

課長			補佐	補佐		室長
千葉裕子			栗栖　崇	小林史典		佐野耕作
☎7871			☎5193	☎7735		☎7847

均等局・雇用環境

	☎7872	☎7861		☎4509	☎5107	
補佐	鈴木　聡		調整係	大野研晴	温谷　翼	指導官
業務係	係長 川野邉美里	テレワーク係 係長 石田将規		宮本葉菜	藤井美帆	指導係
	☎7879	☎7856		☎7850	☎5108	
家内労働・最低工賃係	加藤愛美	佐藤　楓				
	☎7870	☎7856		☎7850	☎5108	
業務係	池野佑季	在宅労働係 企画法令係 係長 三原裕美子				
	☎7870	☎7873		☎5108		

（フリーランス
就業環境整備室）

ダイヤルイン
（☎6812
-7846）

ダイヤルイン
（☎3595
-3273）

FAX
3502-6762

●分掌事務
在宅就労その他の多様な就業形態を選択する者に係る対策に関すること。家内労働者の福祉の増進に関すること（労働基準局の所掌に属するものを除く）

入口
13-14

勤労者生活課

雇用環境・均等局
（労働者協同組合業務室）（労働金庫業務室）

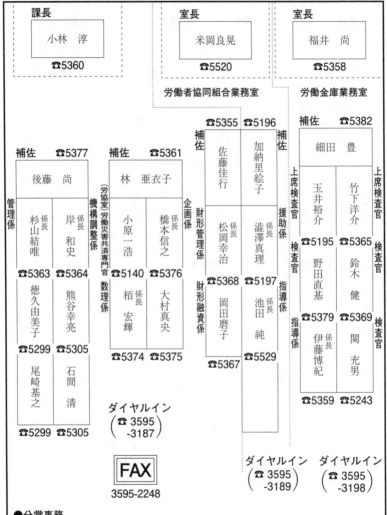

課長	室長	室長
小林　淳 ☎5360	米岡良晃 ☎5520	福井　尚 ☎5358

労働者協同組合業務室　　労働金庫業務室

労働者協同組合業務室

☎5355　☎5196

補佐　佐藤佳行
補佐　加納里絵子

財形管理係　松岡幸治
援助係　係長　澁澤真理

☎5368　☎5197

財形融資係　岡田磨子
指導係　係長　池田　純

☎5367　☎5529

労働金庫業務室

補佐　☎5382

細田　豊

上席検査官　玉井裕介
上席検査官　竹下洋介

☎5195　☎5365

検査官　野田直基
検査官　鈴木　健

☎5379　☎5369

指導係　係長　伊藤博紀
検査官　関　充男

☎5359　☎5243

補佐　☎5377

後藤　尚

管理係　係長　杉山結唯
係長　岸　和史

☎5363　☎5364

徳久由美子　熊谷幸亮

☎5299　☎5305

尾崎基之　石間　清

☎5299　☎5305

補佐　☎5361

林　亜衣子

（労協室）労働災害共済専門官　機構調整係　数理係　小原一浩
企画係　係長　橋本信之

☎5140　☎5376

栢　宏輝　係長　大村真央

☎5374　☎5375

ダイヤルイン
☎3595-3187

FAX
3595-2248

ダイヤルイン
☎3595-3189

ダイヤルイン
☎3595-3198

●分掌事務
勤労者の財産形成の促進に関すること。中小企業退職金共済法の規定による退職金共済に関すること。労働者の福利厚生に関すること（労働基準局の所管に関することを除く）。労働者協同組合に関すること。労働金庫の事案に関すること

入口
12-11

— 180 —

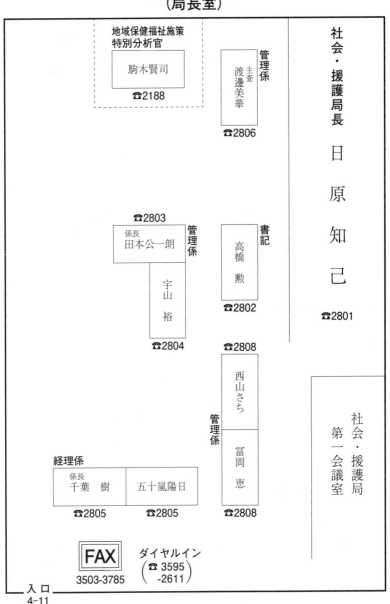

社会・援護局

地域保健福祉施策
特別分析官

駒木賢司

☎2188

管理係
主査
渡邊美華

☎2806

社会・援護局長

日原知己

☎2801

☎2803

管理係
係長
田本公一朗

宇山裕

☎2804

書記
高橋勲

☎2802

☎2808

管理係

西山さち

冨岡恵

☎2808

経理係
係長
千葉樹

五十嵐陽日

☎2805　　☎2805

社会・援護局
第一会議室

社会・援護局

FAX
3503-3785

ダイヤルイン
（☎3595
-2611）

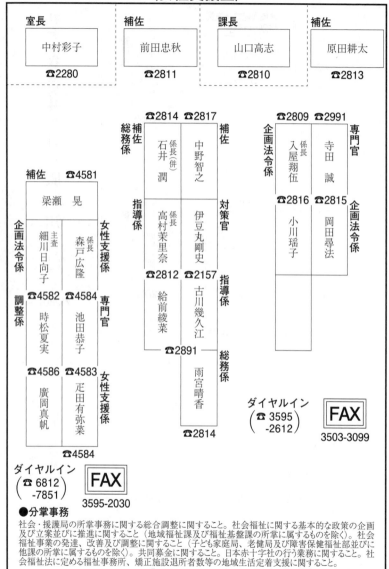

室長	補佐	課長	補佐
中村彩子	前田忠秋	山口高志	原田耕太
☎2280	☎2811	☎2810	☎2813

☎2814　☎2817

補佐
総務係
係長（併）
石井　潤

補佐
中野智之
対策官

☎2809　☎2991

企画法令係
係長
入屋翔伍

専門官
寺田　誠

補佐　☎4581

梁瀬　晃

企画法令係
主査
細川日向子

女性支援係
係長
森戸広隆

指導係
高村茉里奈

対策官
伊豆丸剛史

☎2816　☎2815

企画法令係
小川瑶子

岡田尋法

調整係
☎4582　☎4584
時松夏実

専門官
池田恭子

☎2812　☎2157

給前綾菜

指導係
古川幾久江

☎4586　☎4583
廣岡真帆

女性支援係
疋田有弥菜

☎2891

総務係
雨宮晴香

☎2814

☎4584

ダイヤルイン
（☎ 3595）
-2612

FAX
3503-3099

ダイヤルイン
（☎ 6812）
-7851

FAX
3595-2030

●分掌事務

社会・援護局の所掌事務に関する総合調整に関すること。社会福祉に関する基本的な政策の企画及び立案並びに推進に関すること（地域福祉課及び福祉基盤課の所掌に属するものを除く）。社会福祉事業の発達、改善及び調整に関すること（子ども家庭局、老健局及び障害保健福祉部並びに他課の所掌に属するものを除く）。共同募金に関すること。日本赤十字社の行う業務に関すること。社会福祉法に定める福祉事務所、矯正施設退所者数等の地域生活定着支援に関すること。

入　口
4-12

社会・援護局

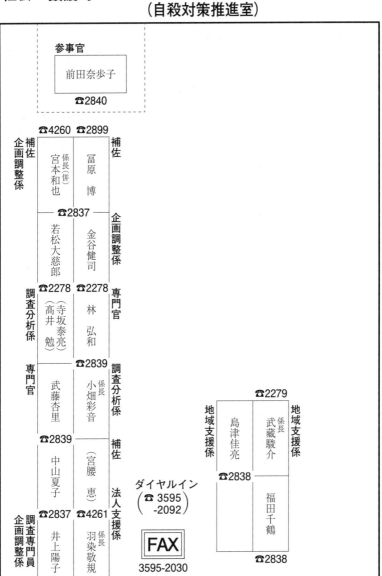

参事官

前田奈歩子

☎2840

☎4260　☎2899

補佐
企画調整係

係長（併）
宮本和也

冨原　博

補佐

☎2837

若松大慈郎

金谷健司

企画調整係

☎2278　☎2278

調査分析係

（寺坂泰亮
髙井　勉）

林　弘和

専門官

☎2839

専門官

武藤杏里

係長
小畑彩音

調査分析係

☎2839

中山夏子

（宮腰　恵）

補佐

法人支援係

☎2837　☎4261

企画調査専門員

井上陽子

係長
羽染敬規

☎2279

地域支援係

島津佳亮

係長
武藏駿介

地域支援係

☎2838

福田千鶴

☎2838

ダイヤルイン
☎3595
-2092

FAX
3595-2030

入口
5-5

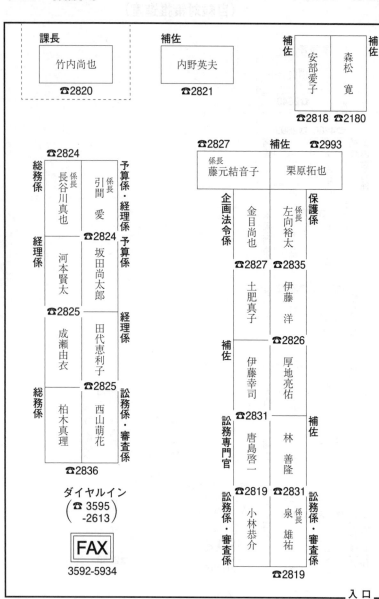

社会・援護局

課長　竹内尚也　☎2820

補佐　内野英夫　☎2821

補佐　安部愛子　☎2818
補佐　森松寛　☎2180

総務係 ☎2824
係長　長谷川真也

予算係・経理係
係長　引間愛
予算係　坂田尚太郎 ☎2824

経理係
河本賢太

経理係
田代恵利子 ☎2825

総務係
成瀬由衣

訟務係・審査係
西山萌花 ☎2825
柏木真理

☎2836

ダイヤルイン
（☎3595-2613）

FAX
3592-5934

☎2827　補佐　☎2993
係長　藤元結音子　栗原拓也

企画法令係
金目尚也

保護係
係長　左向裕太

☎2827　土肥真子
☎2835　伊藤洋

補佐
伊藤幸司
厚地亮佑 ☎2826

訟務専門官
唐島啓一 ☎2831

補佐
林善隆

訟務係・審査係
小林恭介 ☎2819

訟務係・審査係
係長　泉雄祐 ☎2831

☎2819

入口
4-13

情報企画専門官	補佐
後藤貴昭	加藤昭宏

☎2994　☎2655

室長

小川善之

☎2990

☎2823　☎2996

保護基準検証専門官	補佐
福永光明	松原裕志
調査係 那須久美子 係長	基準係 秋山椋祐
大田紗耶	渡辺康太

☎2996　☎2828

社会福祉政策調査員	専門官
西牧由起	寺床慎也

☎2832

訟務係・審査係 矢吹直哉	訟務係・審査係 鰐渕遥輔

☎2989　☎2832

☎2822

☎2656　☎2995

補佐	補佐
滝澤明也	成瀬拓

健康管理支援企画調整専門官 医療係	生活保護自立助長専門官 自立支援・就労支援係
守谷彩	小野武弘
松澤亮太 係長	高橋愛 係長

☎2992　☎2834

審査係・自立支援係	自立支援・就労支援係 自立推進指導官
北岡航	堀井健一
宮澤智子	山城紹太

☎2829　☎2833

☎2822　☎2833

ダイヤルイン
（☎ 3595 -2613）

FAX
3592-5934

社会・援護局

●分掌事務
生活困窮者その他保護を要する者に対する必要な保護に関すること（雇用均等・児童家庭局及び地域福祉課の所掌に属するものを除く）。授産施設を経営する事業の発達、改善及び調整に関すること

社会・援護局

室長

片桐昌二

☎2880

補佐　☎2881　☎2288　生活保護監査官

木村有宏　桑原　靖

調整係・監査企画係

係長　立川美沙　係長　岡本英明　生活保護監査係

☎2886　☎2888

監査企画係　中村麻美　木村蒼弥

☎2887　☎2882

小出高明　中川怜於奈

調整係　田代尚子　橋本和希

☎2886　☎2882

☎2883

補佐　生活保護監査官

山本明彦　内藤正夫　生活保護監査官

生活保護監査官

樋口雅人　鴨川千春

☎2884

森　真能　加藤大輔　生活保護監査官

生活保護監査官

☎2666

田中幸生　平井聡浩

☎2885

生活保護監査官

山田大輔　近藤琢磨　生活保護監査官

ダイヤルイン
（☎ 3595 -2618）

FAX
3595-3180

●分掌事務
都道府県知事及び市町村長が行う生活保護法の施行に関する事務についての監査及びこれに伴う指導に関すること

入　口
4-15

社会・援護局

室長
火宮麻衣子
☎2225

課長
金原辰夫
☎2850

補佐
余語卓人
☎2851

☎2226　☎2227
補佐　高橋健司
補佐　福田宏晃

補佐　平田薫
成年後見制度利用促進専門官　稲吉江美

☎2228　☎2229
企画調整係・自治体支援係　會田真平
企画調整係・自治体支援係　細川良士

☎2855　☎2853
補佐　平井智章
総務係　係長　村田耕一

予算係・生活改善係　係長　石井洋之
主査　長谷川一

☎2857　☎2877
肌勢拓真
小林莉来

企画調整係・自治体支援係　進藤都
総務係　子安けい子
☎2853

☎2229

☎2223　☎2230
補佐　吉川貴士
補佐　武田遼介

☎2898
ひきこもり支援専門官　松浦拓郎
主査　嵩井千遥

☎2219　☎2232
地域福祉係・ボランティア係　係長　岩本まどか
法令係　尾﨑昂希

地域福祉係・ボランティア係　薮内亮太
主査　佐藤夏海
☎2218

FAX
3592-1459

ダイヤルイン
（☎3595 -2615）

社会・援護局

●分掌事務
地域における社会福祉の増進に関する企画及び立案並びに調整に関すること。社会福祉に関する事業（社会福祉事業を除く）の発達、改善及び調整に関すること（子ども家庭局、老健局及び障害保健福祉部並びに総務課及び福祉基盤課の所掌に属するものを除く）。社会福祉に関する事業に係る福祉サービスの利用者の支援に関すること。生活福祉資金の貸付事業に関すること。公営住宅に関すること。住宅地区改良法（昭和35年法律第84号）第36条の規定による協議に関すること。地方改善事業に関すること。上記に掲げるもののほか、国民生活の保護及び指導に関すること（子ども家庭局及び障害保健福祉部 並びに総務課及び保護課の所掌に属するものを除く）社会福祉法第89条第1項に規定する基本指針（同条第2項第4号に掲げる事項に係る部分に限る）の策定に関すること。地域における社会福祉に係る計画に関すること（老健局及び障害保健福祉部の所掌に属するものを除く）。

※P.188へ続く

入口
4-16

社会・援護局

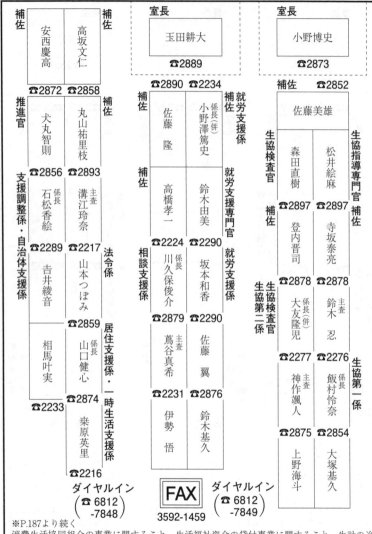

補佐	安西慶高	☎2872
補佐	高坂文仁	☎2858
推進官	犬丸智則	☎2856
補佐	丸山祐里枝	☎2893
支援調整係・自治体支援係	係長 石松香絵	☎2289
	主査 溝江玲奈	☎2217
法令係	吉井綾音	☎2859
	山本つぼみ	
居住支援係・一時生活支援係	相馬叶実	☎2233
	係長 山口健心	☎2874
	桑原英里	☎2216

室長　玉田耕大　☎2889

	☎2890	☎2234	
補佐	佐藤　隆	係長（併） 小野澤篤史	就労支援係 補佐
補佐	高橋孝一	鈴木由美	就労支援専門官
相談支援係	係長 川久保俊介	坂本和香	就労支援係
	☎2224	☎2290	
	蔦谷真希	主査 佐藤　翼	
	☎2879	☎2290	
	主査 伊勢　悟	鈴木基久	
	☎2231	☎2876	

室長　小野博史　☎2873

補佐		☎2852
	佐藤美雄	
生協検査官	森田直樹	松井絵麻	生協指導専門官 補佐
	☎2897	☎2897	
補佐	登内晋司	寺坂泰亮	
生協検査官 生協第二係	大友隆児	係長（併） 鈴木　忍	
	☎2878	☎2878	
	神作颯人	主査 飯村怜奈	生協第一係 係長
	☎2277	☎2276	
	上野海斗	大塚基久	
	☎2875	☎2854	

ダイヤルイン
（6812 -7848）

FAX
3592-1459

ダイヤルイン
（6812 -7849）

※P.187より続く

消費生活協同組合の事業に関すること。生活福祉資金の貸付事業に関すること。生計の途がなく、かつ、一定の住居を持たない者で、野外において生活しているものの保護及び更生に関すること。生活困窮者の自立支援に関する企画及び立案並びに調整に関すること

入口
4-16

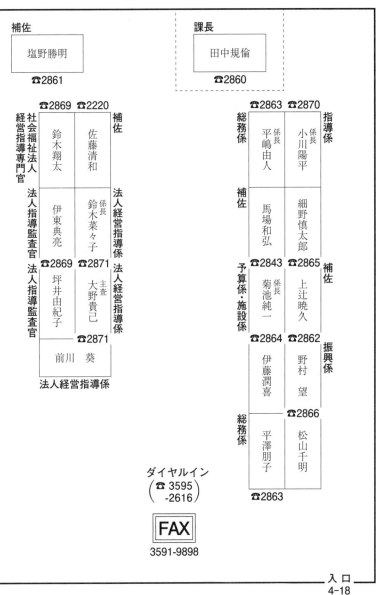

補佐
塩野勝明
☎2861

課長
田中規倫
☎2860

☎2869　☎2220
社会福祉法人経営指導専門官　　補佐
鈴木翔太　　佐藤清和

法人指導監査官　　法人経営指導係
係長
伊東典亮　　鈴木菜々子

☎2869　☎2871
法人指導監査官　　法人経営指導係
主査
坪井由紀子　　大野貴己

☎2871
前川　葵
法人経営指導係

☎2863　☎2870
総務係　　指導係
係長
平嶋由人　　小川陽平

補佐
馬場和弘　　細野慎太郎

☎2843　☎2865
予算係・施設係　　補佐
係長
菊池純一　　上辻暁久

☎2864　☎2862
伊藤潤喜　　野村　望
振興係

☎2866
総務係
平澤朋子　　松山千明

☎2863

ダイヤルイン
(☎3595-2616)

FAX
3591-9898

社会・援護局

入口
4-18

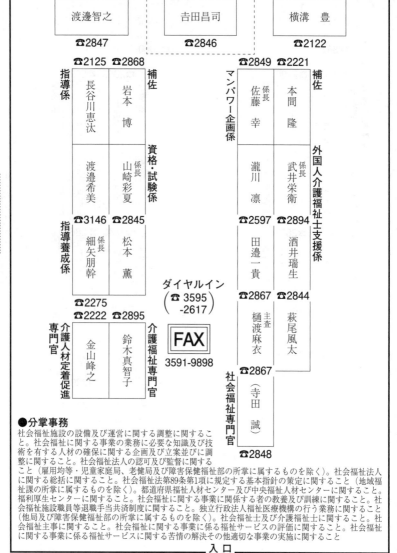

補佐　渡邊智之　☎2847

室長　吉田昌司　☎2846

補佐　横溝　豊　☎2122

☎2125　☎2868
指導係　補佐

長谷川恵汰
岩本　博

渡邊希美
係長　山崎彩夏

資格・試験係

☎3146　☎2845
指導養成係

係長　細矢朋幹
松本　薫

ダイヤルイン
（☎ 3595
　-2617）

FAX
3591-9898

☎2222　☎2895
介護人材定着促進専門官

金山峰之
鈴木真智子

介護福祉専門官

☎2849　☎2221
マンパワー企画係　補佐

佐藤　幸
本間　隆

瀧川　凛
武井栄衛

外国人介護福祉士支援係
係長

☎2597　☎2894

田邉一貴
酒井瑞生

☎2867　☎2844

樋渡麻衣
主査　萩尾風太

☎2867

（寺田　誠）

社会福祉専門官

☎2848

●分掌事務
社会福祉施設の設備及び運営に関する調整に関すること。社会福祉に関する事業の業務に必要な知識及び技術を有する人材の確保に関する企画及び立案並びに調整に関すること。社会福祉法人の認可及び監督に関すること（雇用均等・児童家庭局、老健局及び障害保健福祉部の所掌に属するものを除く）。社会福祉法人に関する総括に関すること。社会福祉法第89条第1項に規定する基本指針の策定に関すること（地域福祉課の所掌に属するものを除く）。都道府県福祉人材センター及び中央福祉人材センターに関すること。福利厚生センターに関すること。社会福祉に関する事業に関係する者の教養及び訓練に関すること。社会福祉施設職員等退職手当共済制度に関すること。独立行政法人福祉医療機構の行う業務に関すること（他局及び障害保健福祉部の所掌に属するものを除く）。社会福祉士及び介護福祉士に関すること。社会福祉主事に関すること。社会福祉に関する事業に係る福祉サービスの評価に関すること。社会福祉に関する事業に係る福祉サービスに関する苦情の解決その他適切な事業の実施に関すること

入口
4-18

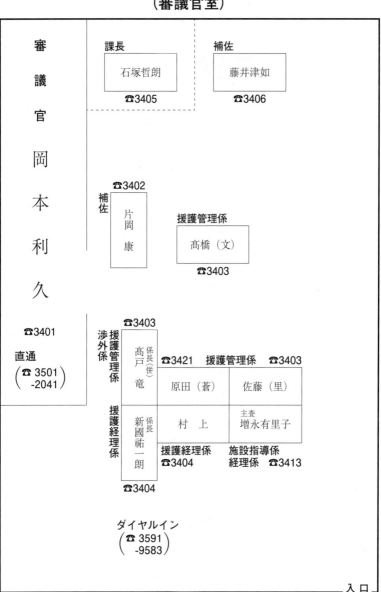

審議官

岡本利久

☎3401

直通
($\begin{array}{c} ☎ 3501 \\ -2041 \end{array}$)

課長
石塚哲朗
☎3405

補佐
藤井津如
☎3406

☎3402
補佐　片岡康

援護管理係
高橋（文）
☎3403

涉外係　援護管理係
☎3403
高戸竜 係長(併)

☎3421　援護管理係　☎3403
原田（蒼）　佐藤（里）

援護経理係
新國祐一朗 係長
村上　主査 増永有里子

援護経理係
☎3404
施設指導係
経理係　☎3413

☎3404

ダイヤルイン
($\begin{array}{c} ☎ 3591 \\ -9583 \end{array}$)

入口
4-1

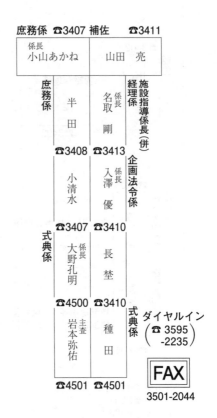

（事業調整官）
式典専門官

吉田和郎　☎3414　　　☎3409

庶務係 ☎3407 補佐　☎3411

係長
小山あかね　　山田　亮

庶務係	半田	係長 名取 剛	経理係 施設指導係長（併）

☎3408　☎3413

| | 小清水 | 係長 入澤 優 | 企画法令係 |

☎3407　☎3410

| 式典係 | 係長 大野孔明 | 長埜 | |

☎4500　☎3410

| | 主査 岩本弥佑 | 種田 | 式典係 |

ダイヤルイン
（☎ 3595 -2235）

FAX
3501-2044

☎4501　☎4501

●分掌事務
戦傷病者、戦没者遺族、未帰還者等の援護に係る事項に関する総合的な企画、立案、調整。全国戦没者追悼式等の式典業務。昭和館に係る企画・指導

入口
4-1

社会・援護局

援護企画課
（中国残留邦人等支援室）

… 4 F …

社会・援護局

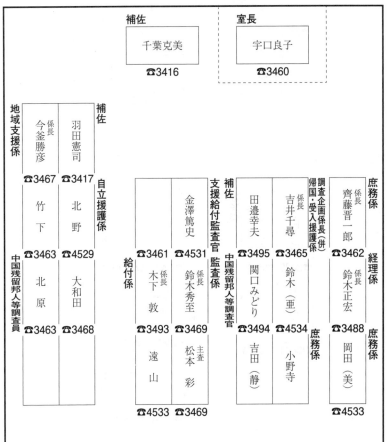

補佐	室長
千葉克美	宇口良子
☎3416	☎3460

地域支援係

補佐 羽田憲司	係長 今釜勝彦
☎3417	☎3467

自立援護係

北野	竹下
☎4529	☎3463

中国残留邦人等調査員

大和田	北原
☎3468	☎3463

金澤篤史
☎3461

給付係

係長 鈴木秀至	木下敦
☎3469	☎3493

主査 松本彩	遠山
☎3469	☎4533

支援給付監査官 監査係

補佐 田邉幸夫
☎3495

中国残留邦人等調査官

関口みどり	吉田（静）
☎3494	

調査企画係長（併）帰国・受入援護係

係長 吉井千尋	鈴木（亜）
☎3465	☎4534

庶務係

小野寺

庶務係

係長 齊藤晋一郎	☎3462

経理係

鈴木正宏	☎3488

庶務係

岡田（美）
☎4533

ダイヤルイン
（☎ 3595 -2456）

FAX
3503-0116

●**分掌事務**
中国残留邦人等に対する帰国・定着自立援護。中国残留邦人等の身元調査等

入 口
4-6

社会・援護局

社会・援護局

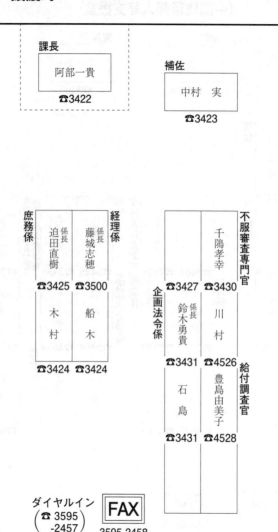

課長
阿部一貴
☎3422

補佐
中村　実
☎3423

不服審査専門官

庶務係　経理係

係長　迫田直樹　☎3425
係長　藤城志穂　☎3500

木村　☎3424
船木　☎3424

千陽孝幸
☎3427　☎3430

企画法令係

係長　鈴木勇貴
☎3431
川村
☎4526　給付調査官

石島
☎3431
豊島由美子
☎4528

ダイヤルイン
（☎3595
-2457）

FAX
3595-2458

●分掌事務
戦没者の遺族に関する企画及び立案に関すること（援護企画課の所掌に属するものを除く）。戦傷病者戦没者遺族等援護法、各種特別給付金支給法等の施行に関すること

入口
4-8

給付係		補佐	補佐 審査係		補佐 恩給係 戦傷病者援護係		補佐 年金・債権管理係	
係長 勝田滉平	岡田千鶴		係長(併) 五十嵐智明	係長(併) 野口由香里			阿部康基	係長(併)
☎3498	☎3428		☎3437	☎3436			☎3441	☎3440
主査 本間実佳	主査 漆館祐介		根本	主査 岩本清美			髙城	三宅
☎3426	☎4517		☎3429	☎3450	資料調査官		☎3443	☎3444	補佐
椎名	若山		丸山	森田江身子			小黒	月岡民江
☎4518	☎4521		☎3516	☎3451	軍人恩給等調査員		☎3443	☎3438	システム管理係
	中村(良)		阿部博一	六川				係長 山村竜太郎
	☎4518		給付調査員				☎3445	☎3445

●分掌事務
戦傷病者戦没者遺族等援護法に規定する遺族年金等を受ける権利の裁定に関すること。戦傷病者戦没者遺族等援護法に規定する遺族年金等を受けている者の受給権の調査に関すること

入口
4-9

— 195 —

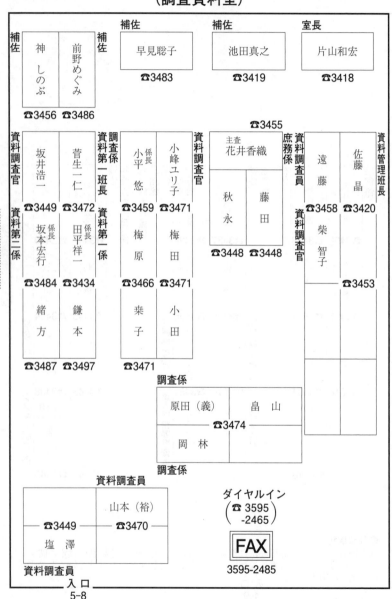

| 補佐 | | 補佐 | 補佐 早見聡子 ☎3483 | 補佐 池田真之 ☎3419 | 室長 片山和宏 ☎3418 |

補佐
神 しのぶ
☎3456

前野めぐみ
☎3486

☎3455

資料調査官
坂井浩一
☎3449

調査係
菅生一仁
☎3472
資料第一班長

調査係
小平 悠 係長
☎3459

小峰ユリ子
☎3471

資料調査官

主査
花井香織

庶務係

資料調査員
遠藤
☎3458

資料管理班長
佐藤 晶
☎3420

資料第一係
坂本宏行 係長
☎3484

田平祥一 係長
☎3434

梅原
☎3466

梅田
☎3471

秋永

藤田

☎3448 ☎3448

資料調査官
柴 智子

☎3453

資料第二係

緒方
☎3487

鎌本
☎3497

栞子
☎3471

小田

調査係
原田（義）　　　畠 山
☎3474
岡 林
調査係

資料調査員
山本（裕）
☎3449 ── ☎3470
塩 澤
資料調査員

ダイヤルイン
（☎3595
-2465）

FAX
3595-2485

入 口
5-8

社会・援護局

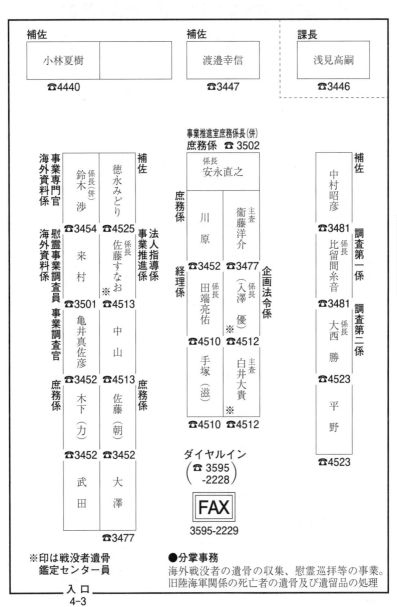

補佐　小林夏樹　☎4440

補佐　渡邉幸信　☎3447

課長　浅見高嗣　☎3446

事業推進室庶務係長(併)　庶務係 ☎3502

事業専門官　係長(併)鈴木 渉　補佐 徳永みどり　☎3454　☎4525

海外資料係　慰霊事業調査員 来村　事業調査官　佐藤すなお※　☎3501　☎4513

庶務係　亀井真佐彦　中山　☎3452　☎4513

木下(力)　佐藤(朝)　☎3452　☎3452

武田　大澤　☎3477

法人指導係　事業推進係

庶務係　係長 安永直之

川原　☎3452　主査 衛藤洋介　☎3477 企画法令係

経理係　田端亮佑※ 係長☎4510　係長(入澤 優)※ ☎4512

手塚(滋)　☎4510　白井大貴※ 主査☎4512

ダイヤルイン（☎3595 -2228）

FAX 3595-2229

補佐 中村昭彦　☎3481 調査第一係

比留間糸音 係長☎3481 調査第二係

大西 勝 係長☎4523

平野　☎4523

※印は戦没者遺骨鑑定センター員

●分掌事務
海外戦没者の遺骨の収集、慰霊巡拝等の事業。旧陸海軍関係の死亡者の遺骨及び遺留品の処理

入口 4-3

事 業 課 … 4 F …

（戦没者遺骨鑑定推進室）（戦没者遺骨調査室）

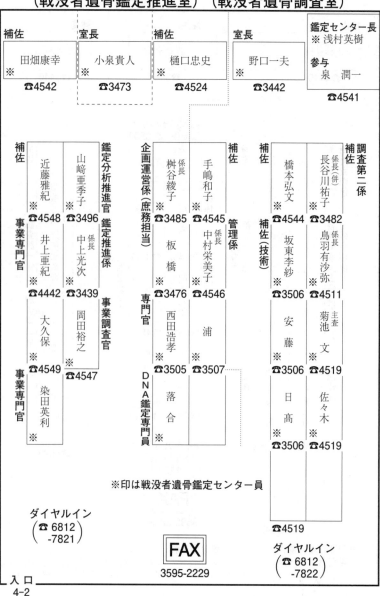

補佐	室長	補佐	室長	鑑定センター長 ※ 浅村英樹
田畑康幸 ※	小泉貴人 ※	樋口忠史 ※	野口一夫 ※	参与 泉 潤一
☎4542	☎3473	☎4524	☎3442	☎4541

社会・援護局

補佐

鑑定分析推進官
近藤雅紀 ※ ☎4548
山﨑亜季子 ※ ☎3496

事業専門官

鑑定推進係
係長 中上光次 ※ ☎3439
井上亜紀 ※ ☎4442

事業調査官
岡田裕之 ※ ☎4547
大久保 ※ ☎4549

事業専門官

染田英利 ※

企画運営係（庶務担当）

係長 桝谷綾子 ※ ☎3485
手嶋和子 ※ ☎4545

管理係

係長 中村栄美子 ※ ☎4546
板橋 ☎3476

専門官

西田浩孝 ☎3505
浦 ☎3507

DNA鑑定専門員

落合

補佐

橋本弘文 ※ ☎4544
長谷川祐子 係長（併） ※ ☎3482

調査第二係

補佐

補佐（技術）

坂東李紗 ※ ☎3506
鳥羽有沙弥 係長 ※ ☎4511

安藤 ※ ☎3506
菊池 文 主査 ☎4519

日高 ※ ☎3506
佐々木 ※ ☎4519

☎4519

※印は戦没者遺骨鑑定センター員

ダイヤルイン
（☎6812
-7821）

FAX
3595-2229

ダイヤルイン
（☎6812
-7822）

事　業　課
（事業推進室）

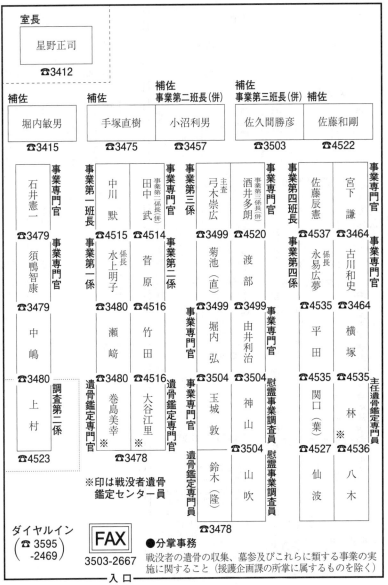

室長
星野正司
☎3412

補佐
堀内敏男
☎3415

補佐
手塚直樹
☎3475

補佐・事業第二班長（併）
小沼利男
☎3457

補佐・事業第三班長（併）
佐久間勝彦
☎3503

補佐
佐藤和剛
☎4522

事業専門官
石井憲一　☎3479

事業専門官
須鴨智康　☎3479

中嶋　☎3480

調査第二係
上村　☎4523

事業第一班長・事業第一係
中川　黙　☎4515
係長　水上明子　☎3480
瀬﨑　☎3480

田中　武　☎4514
菅原　☎4516
竹田　☎4516

遺骨鑑定専門官
巻島美幸　※　☎3480

遺骨鑑定専門官
大谷江里　※　☎3478

※印は戦没者遺骨
鑑定センター員

事業第三係
主査　弓木崇広
菊池（直）　☎3499
事業専門官
堀内　弘　☎3504
事業専門官
玉城　敦
鈴木（隆）
遺骨鑑定専門員　☎3478

酒井多朗　☎4520
渡部　☎3499
由井利治　☎3504
神山
山吹　☎3504

事業専門官
事業専門官

事業第四班長・事業第四係
佐藤辰憲　☎4537
係長　永易広夢　☎4535
平田　☎4535
慰霊事業調査員
関口（葉）　☎4527
仙波

宮下　謙　☎3464
古川和史　☎3464
横塚　☎4535
慰霊事業調査員
林　※　☎4536
八木

事業専門官
主任遺骨鑑定専門員

ダイヤルイン
（☎3595-2469）

FAX
3503-2667

●分掌事務
戦没者の遺骨の収集、墓参及びこれらに類する事業の実
施に関すること（援護企画課の所掌に属するものを除く）

入　口
4-4

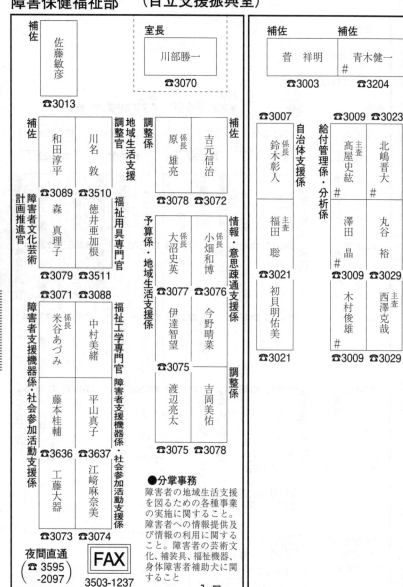

企画課（自立支援振興室）

室長 川部勝一 ☎3070

補佐 佐藤敏彦 ☎3013

補佐 菅祥明 ☎3003

補佐 青木健一 # ☎3204

補佐 和田淳平 ☎3089

川名敦 ☎3510

地域生活支援調整官

調整係 原雄亮 ☎3078

吉元信治 ☎3072

補佐

障害者文化芸術計画推進官 森真理子 ☎3079

徳井亜加根 ☎3511

福祉用具専門官

予算係・地域生活支援係 大沼史英 ☎3077

伊達智望 ☎3075

渡辺亮太 ☎3075

情報・意思疎通支援係 小畑和博 ☎3076

今野晴菜

吉岡美佑 ☎3078

調整係

障害者支援機器係・社会参加活動支援係 米谷あづみ ☎3071（係長）

藤本桂輔 ☎3636

工藤大器 ☎3073

福祉工学専門官 障害者支援機器係・社会参加活動支援係 中村美緒 ☎3088

平山真子 ☎3637

江﨑麻奈美 ☎3074

鈴木彰人 ☎3007

自治体支援係（係長）

福田聡（主査）☎3021

初貝明佑美 ☎3021

給付管理係・分析係 高屋史紘 # ☎3009（主査）

澤田晶 ☎3009

木村俊雄 # ☎3009

北嶋晋大 # ☎3023

丸谷裕 ☎3029

西澤克哉 ☎3029（主査）

●分掌事務
障害者の地域生活支援を図るための各種事業の実施に関すること。障害者への情報提供及び情報の利用に関すること。障害者の芸術文化、補装具、福祉機器、身体障害者補助犬に関すること

夜間直通（☎3595 -2097）

FAX 3503-1237

入口
5-14

障害保健福祉部

障害保健福祉部長　野村知司　☎3000

補佐
石原珠代
☎3011

補佐
菅　洋一郎
☎3012

課長
本後　健
☆
☎3010

中山美恵
☎3019

＊印は障害保健福祉改革推進室
#印は障害福祉サービス等データ企画室

☎3001　☎3049

企画法令係
主査
鈴木偲歩
＊

企画法令係
係長
来嶋里沙
＊

前濱聡吾
＊
☎3022　☎3017

黒田淳史
＊
☎3022

辻川崇史
＊
☎3017

原　千晴
☎3017

総務係
粟田美紗
☎3016

庶務班長
増田岳史
☎3014

夜間直通
（☎ 3595-2389）

FAX
3502-0892

ヘルプデスク
（☎ 3595-2411）

経理係
沼　浩嗣
☎3015

総務係
係長
増田創一
☎3016

三浦竣太
☎3015

田中優輝
☎3016

片柳きよ子
☎3016

加藤友也
☎3016

障害支援区分係　☎3026

菅原実香子

相川　清

森田健一

手当係　☎3020

総務係

堀内俊和

係長
末次正尚

今村彰斗

補佐　☎3025

手当係　☎3020

会 議 室

障害保健福祉部

●分掌事務
障害者計画、社会福祉法人等に関する認可に関すること。特別児童
扶養手当等の支給に関すること。心身障害者扶養共済制度に関する
こと。身体障害者手帳及び身体障害の認定に関すること。障害者に
係る調査研究の総括に関すること。障害支援区分に関すること。

入口
5-11

企　画　課

社会・援護局
障害保健福祉部（施設管理室）（監査指導室）

… 5F …

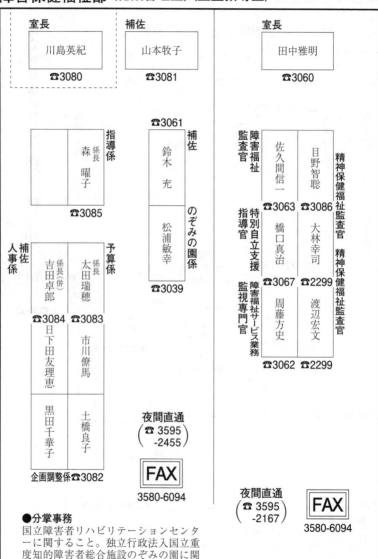

室長 川島英紀 ☎3080	補佐 山本牧子 ☎3081

室長 田中雅明 ☎3060

☎3061

補佐 鈴木 充

のぞみの園係 松浦敏幸 ☎3039

指導係 係長 森 曜子 ☎3085

予算係 係長 太田瑞穂 ☎3083 市川僚馬 土橋良子

人事係 補佐 係長（併）吉田卓郎 ☎3084 日下田友理恵 黒田千華子

企画調整係 ☎3082

夜間直通 ☎3595-2455

FAX 3580-6094

障害福祉監査官 佐久間信一 ☎3063 橋口真治 ☎3067 周藤方史 ☎3062

精神保健福祉監査官 目野智聡 ☎3086 大林幸司 ☎2299 渡辺宏文 ☎2299

特別自立支援指導官 障害福祉サービス業務監視専門官 精神保健福祉監査官

夜間直通 ☎3595-2167

FAX 3580-6094

●**分掌事務**
国立障害者リハビリテーションセンターに関すること。独立行政法人国立重度知的障害者総合施設のぞみの園に関すること

障害保健福祉部

入口
5-13

障害福祉課

社会・援護局
障害保健福祉部

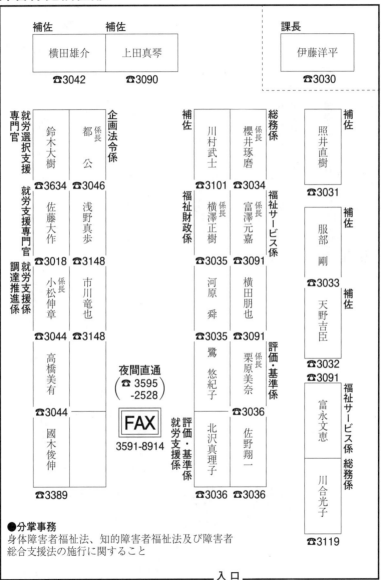

補佐 横田雄介 ☎3042

補佐 上田真琴 ☎3090

課長 伊藤洋平 ☎3030

就労選択支援専門官 鈴木大樹 ☎3634

就労支援専門官 佐藤大作 ☎3018

調達推進係 係長 小松伸章 ☎3044

高橋美有 ☎3044

國木俊伸 ☎3389

企画法令係 係長 都 公 ☎3046

浅野真歩 ☎3148

就労支援係 市川竜也 ☎3148

補佐 川村武士 ☎3101

福祉財政係 係長 横澤正樹 ☎3035

河原 舜 ☎3035

鷺 悠紀子

就労支援係 評価・基準係 北沢真理子 ☎3036

総務係 係長 櫻井琢磨 ☎3034

福祉サービス係 係長 富澤元嘉 ☎3091

横田朋也 ☎3091

評価・基準係 係長 栗原美奈 ☎3036

佐野翔一 ☎3036

補佐 照井直樹 ☎3031

補佐 服部 剛 ☎3033

補佐 天野吉臣 ☎3032 ☎3091

福祉サービス係 総務係 富永文恵

川合光子 ☎3119

夜間直通
（☎ 3595
-2528）

FAX
3591-8914

●分掌事務
身体障害者福祉法、知的障害者福祉法及び障害者
総合支援法の施行に関すること

障害保健福祉部

入 口
5-15

障害福祉課

… 5F …

室長	補佐	補佐	補佐
（羽野嘉朗）	杉渕英俊	今井貴士	小島裕司
☎3005	☎3041	☎3118	☎3116

障害保健福祉部

虐待防止対策専門官・虐待防止対策係

松崎貴之
☎3149

虐待防止対策係
宮﨑浩平
☎3149

相談支援専門官・総務課
係長 小河佑樹
小川　陽
☎3040　☎3043

相談支援係
古川紗帆
中島英志
☎3040

障害福祉専門官　地域移行支援係

☎3104

金川洋輔

主査 後藤佑輔

☎3045

北原　侑

☎3045

鈴木　奨

☎3045

地域移行支援係・発達障害者支援係
神長一美
☎3045

訪問サービス係
係長 宮里明良
☎3092
茂木康平

発達障害対策専門官
西尾大輔
☎3144

発達障害施策調整官
山根和史
☎3144

就労支援係
堀江勇輝
☎3389

夜間直通
（☎3595
-2500）

FAX
3591-8914

●分掌事務
障害者の相談・地域移行、発達障害
の支援に関すること

入口
5-15

精神・障害保健課

社会・援護局 障害保健福祉部（医療観察法医療体制整備推進室）

··· 5F ···

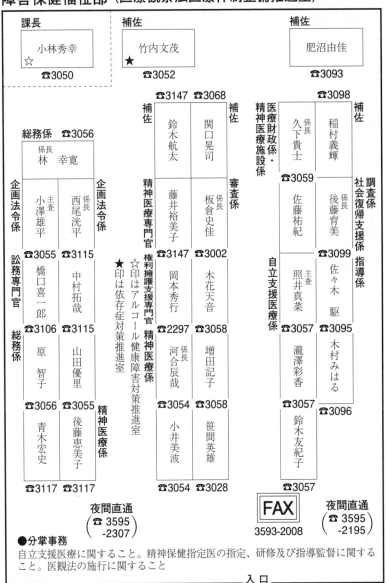

課長	補佐	補佐
小林秀幸 ☆ ☎3050	竹内文茂 ★ ☎3052	肥沼由佳 ☎3093

総務係 ☎3056

補佐 ☎3147　☎3068 審査係
鈴木航太　関口晃司

☎3098 補佐
医療財政係・精神医療施設係
久下貴士　稲村義輝

企画法令係
係長 林 幸寛
主査 小澤雄平／係長 西尾洸平

精神医療専門官
藤井裕美子／板倉史佳 係長

社会復帰支援係 指導係
佐藤祐紀／後藤育美 係長

☎3055　☎3115
橋口喜一郎／中村拓哉

☎3147　☎3002
岡本秀行／木花天音

☎3059

☎3099
佐々木 駆

訟務専門官
☆印はアルコール健康障害対策推進室
★印は依存症対策推進室

権利擁護支援専門官
精神医療係 係長 河合辰哉／増田記子

自立支援医療係

☎3106　☎3115
原 智子／山田優里

☎2297　☎3058

☎3057　☎3095
照井真菜 主査／木村みはる

☎3056　☎3055
青木宏史／後藤恵美子

精神医療係

☎3054　☎3058
小井美波／笹間英雄

瀧澤彩香

☎3117　☎3117

☎3054　☎3028

☎3057　☎3096
鈴木友紀子

☎3057

夜間直通
（☎ 3595 -2307）

FAX
3593-2008

夜間直通
（☎ 3595 -2195）

障害保健福祉部

●**分掌事務**
自立支援医療に関すること。精神保健指定医の指定、研修及び指導監督に関すること。医観法の施行に関すること

入口
5-18

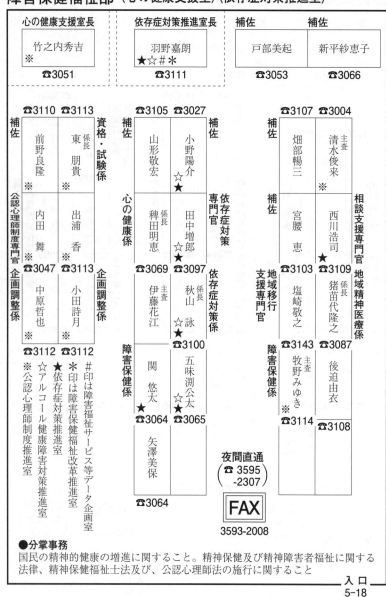

社会・援護局 障害保健福祉部 精神・障害保健課（心の健康支援室）（依存症対策推進室） …5F…

心の健康支援室長	依存症対策推進室長	補佐	補佐
竹之内秀吉 ※	羽野嘉朗 ★☆＃＊	戸部美起	新平紗恵子
☎3051	☎3111	☎3053	☎3066

	☎3110	☎3113		☎3105	☎3027		☎3107	☎3004	
補佐	前野良隆 ※	係長 東 朋貴 ※	補佐	山形敬宏	小野陽介 ☆★	補佐	畑部暢三	主査 清水俊来 ※	

資格・試験係

心の健康係

依存症対策専門官

相談支援専門官 地域精神医療係

公認心理師制度専門官 企画調整係	内田 舞	出浦 香	心の健康係	係長 稗田明恵	田中増郎 ☆	依存症対策係	補佐	宮腰 恵	西川浩司 ★
	☎3047	☎3113		☎3069	☎3097			☎3103	☎3109

企画調整係

企画調整係	中原哲也 ※	小田詩月		主査 伊藤花江	係長 秋山 詠 ☆★	地域移行支援専門官	塩崎敬之	係長 猪苗代隆之
	☎3112	☎3112		☎3069	☎3100		☎3143	☎3087

依存症対策係

※公認心理師制度推進室 ☆アルコール健康障害対策推進室 ★依存症対策推進室 ＊印は障害保健福祉改革推進室 ＃印は障害福祉サービス等データ企画室	障害保健係	関 悠太 ★	五味渕公太 ☆	障害保健係	主査 牧野みゆき ※	後迫由衣
		☎3064	☎3065		☎3114	☎3108

		矢澤美保
		☎3064

夜間直通
（☎3595 -2307）

FAX
3593-2008

●分掌事務
国民の精神的健康の増進に関すること。精神保健及び精神障害者福祉に関する法律、精神保健福祉士法及び、公認心理師法の施行に関すること

（左余白）障害保健福祉部

入口
5-18

— 206 —

審議官
吉田 修
☎3905
直通
$\left(\begin{array}{c}☎3503\\-2217\end{array}\right)$

老健局長
黒田秀郎
☎3900
直通
$\left(\begin{array}{c}☎3501\\-4019\end{array}\right)$

書記
加々美登志雄
☎3901

管理係
係長 平木孝佳　今村　徹
☎3902

経理係
係長 村上　優　中谷嘉奈也
☎3903

管理係
益城　蓮
☎3904

石井実千代
☎3906
管理係
朝倉由起

ダイヤルイン
$\left(\begin{array}{c}☎3501\\-3420\end{array}\right)$

FAX
3503-2740

入口
18-11

老 健 局

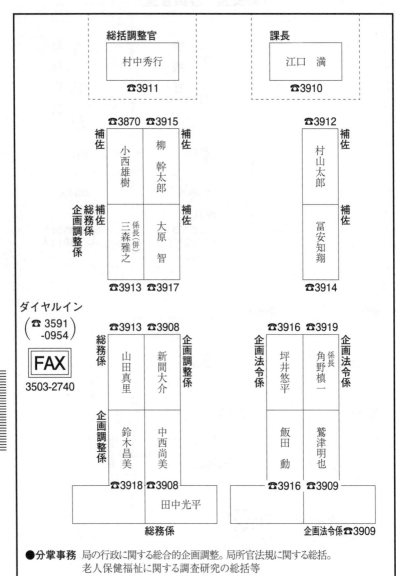

老健局　　総務課　　…18F…

総括調整官
村中秀行
☎3911

課長
江口　満
☎3910

☎3870　☎3915
補佐　小西雄樹
補佐　柳　幹太郎

☎3912
補佐　村山太郎

総務係補佐　企画調整係補佐
係長(併)三森雅之
大原　智
補佐

☎3913　☎3917

補佐　冨安知翔

☎3914

ダイヤルイン
（☎3591)
-0954

FAX
3503-2740

☎3913　☎3908
総務係　山田真里
企画調整係　新間大介

☎3916　☎3919
企画法令係　坪井悠平
係長　角野槙一
企画法令係

企画調整係　鈴木昌美
中西尚美

飯田　動
鷲津明也

☎3918　☎3908

☎3916　☎3909

田中光平

総務係

企画法令係☎3909

●**分掌事務**　局の行政に関する総合的企画調整。局所官法規に関する総括。
老人保健福祉に関する調査研究の総括等

入口
18-13

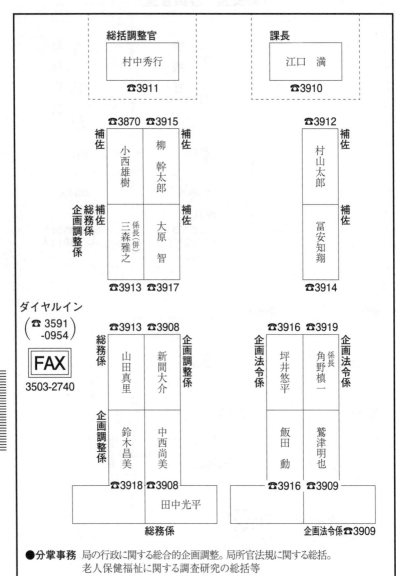老健局

老健局　総務課
（介護保険指導室）

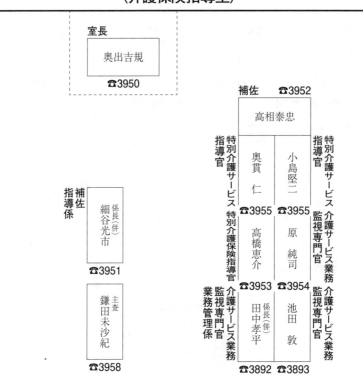

室長

奥出吉規

☎3950

補佐　☎3952

高相泰忠

指導官　特別介護サービス
奥貫　仁
☎3955

特別介護サービス業務　監視専門官　指導官
小島堅二
☎3955

特別介護保険指導官　特別介護サービス
高橋恵介
☎3953

介護サービス業務　監視専門官
原　純司
☎3954

業務管理係　監視専門官　介護サービス業務
田中孝平　係長（併）
☎3892

池田　敦
☎3893

補佐

指導係

係長（併）
細谷光市
☎3951

主査
鎌田未沙紀
☎3958

ダイヤルイン
（☎3595
　-2076）

FAX
3592-1281

☎3958 指導係

泉井日宇 ☎3957	亀山貴弘 ☎3958	太田宏美 主査
栗須佐智子	小山大輔 主査	

指導係

●分掌事務
地方自治体の介護保険事務の指導。居宅サービス事業者等に対する指導監査等

入口
18-8

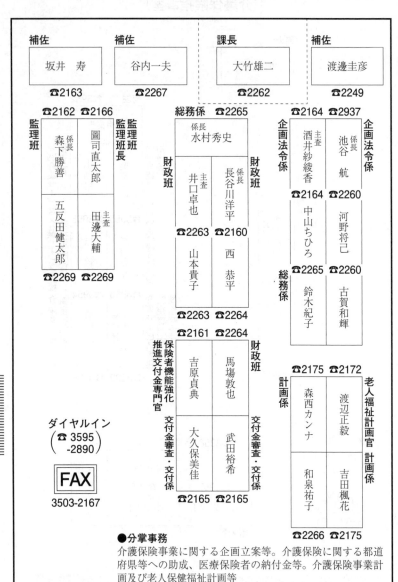

補佐　坂井　寿　☎2163

補佐　谷内一夫　☎2267

課長　大竹雄二　☎2262

補佐　渡邊圭彦　☎2249

監理班　☎2162　森下勝善　係長 圖司直太郎　☎2166 監理班長

五反田健太郎　田邊大輔 主査

☎2269　☎2269

総務係　☎2265
水村秀史 係長

財政班　井口卓也 主査　長谷川洋平 係長　財政班
☎2263　☎2160
山本貴子　西　恭平
☎2263　☎2264

☎2161　☎2264 財政班
保険者機能強化推進交付金専門官
吉原貞典　馬場敦也
交付金審査・交付係　大久保美佳　武田裕希　交付金審査・交付係
☎2165　☎2165

企画法令係　☎2164　酒井紗綾香 主査　池谷　航 係長　☎2937 企画法令係
☎2164　中山ちひろ　河野将己　☎2260
総務係　☎2265　鈴木紀子　古賀和輝　☎2260

計画係　☎2175　森西カンナ　渡辺正毅　☎2172 老人福祉計画官 計画係
和泉祐子　吉田楓花
☎2266　☎2175

ダイヤルイン
（☎ 3595
　-2890）

FAX
3503-2167

●分掌事務
介護保険事業に関する企画立案等。介護保険に関する都道府県等への助成、医療保険者の納付金等。介護保険事業計画及び老人保健福祉計画等

入口
18-14

老 健 局　高齢者支援課
（介護業務効率化・生産性向上推進室）

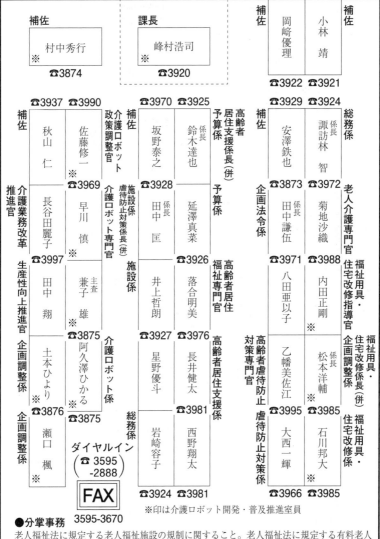

補佐 村中秀行 ※ ☎3874	課長 峰村浩司 ※ ☎3920	補佐 岡崎優理　小林靖 ☎3922　☎3921

☎3937　☎3990　　☎3970　☎3925　　☎3929　☎3924

| 補佐
秋山仁

推進官
介護業務改革
長谷田麗子
☎3997
生産性向上推進官
田中翔
企画調整係
土本ひより
※
☎3876
企画調整係
瀬口楓
※ | 佐藤修一
※

早川慎
※

兼子雄
主査
※
☎3875
阿久澤ひかる
※
☎3875
ダイヤルイン
（☎3595
-2888）
FAX
3595-3670 | 介護ロボット政策調整官
坂野泰之
☎3928
介護ロボット専門官
田中匡
係長
施設係
井上哲朗
☎3927
星野優斗
総務係
岩崎容子
☎3924 | 鈴木達也
係長
予算係
延澤真菜
係長
予算係
☎3926
落合明美
☎3976
長井健太
☎3981
西野翔太
☎3981 | 高齢者居住支援係長（併）

高齢者居住福祉専門官

高齢者居住支援係 | 安澤鉄也
☎3873
田中謙伍
☎3971
八田亜以子

乙幡美佐江
☎3995
大西一輝
☎3966 | 諏訪林智
係長
☎3972
菊地沙織
係長
☎3988
内田正剛
※
松本洋輔
係長
☎3985
石川邦大
※
☎3985 |

※印は介護ロボット開発・普及推進室員

●分掌事務
老人福祉法に規定する老人福祉施設の規制に関すること。老人福祉法に規定する有料老人ホームに関すること。老人の保健福祉の向上のための施設の整備等。福祉用具の研究開発・普及促進等。高齢者虐待の防止、虐待を受けた高齢者の保護及び養護者への支援等

入口
18-15

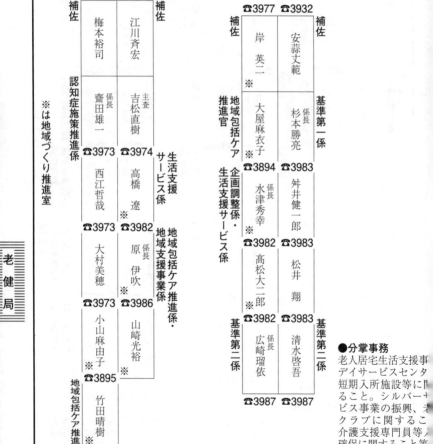

老 健 局

※は地域づくり推進室

地域包括ケア総合調整官

補佐

落合克彦 ※　☎3984
鈴木陽介　☎3868

☎3869　☎3871

補佐
梅本裕司
補佐
江川斉宏

認知症施策推進係

係長 齋田雄一　☎3973
主査 吉松直樹　☎3974

生活支援サービス係

西江哲哉　☎3973
高橋　遼 ※　☎3982

地域包括ケア推進係・地域支援事業係

大村美穂　☎3973
係長 原　伊吹　☎3986

小山麻由子 ※　☎3895
山崎光裕 ※

地域包括ケア推進係

竹田晴樹 ※　☎3986

認知症総合戦略企画官
地域づくり推進室長（併）

遠坂佳将 ※　☎3867

☎3977　☎3932

補佐
岸　英二 ※
補佐
安蒜丈範

地域包括ケア企画調整官

大屋麻衣子 ※
係長 杉本勝亮

基準第一係

☎3894　☎3983

生活支援サービス係

水津秀幸 ※
舛井健一郎

☎3982　☎3983

髙松大二郎
松井　翔

☎3982　☎3983

基準第二係

係長 広崎瑠依
清水啓吾

☎3987　☎3987

基準第二係

●分掌事務

老人居宅生活支援事
デイサービスセンタ
短期入所施設等に関
ること。シルバー＋
ビス事業の振興、老
クラブに関するこ
介護支援専門員等人
確保に関すること等

入 口
18-18

老 健 局 認知症施策・地域介護推進課 …18Ｆ…

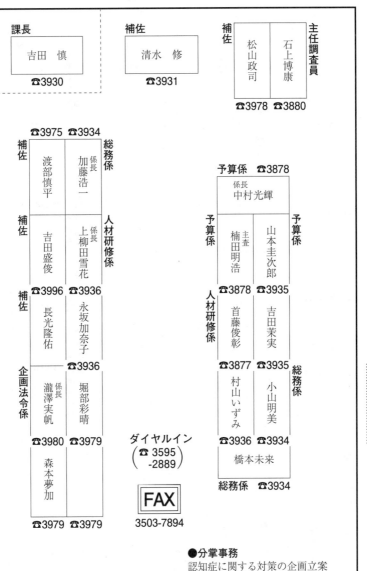

課長
吉田　慎
☎3930

補佐
清水　修
☎3931

補佐
松山政司　石上博康
主任調査員
☎3978　☎3880

☎3975　☎3934
補佐　渡部慎平
係長　加藤浩一　総務係

補佐　吉田盛俊
係長　上柳田雪花　人材研修係

☎3996　☎3936
補佐　長光隆佑　永坂加奈子

☎3936
企画法令係　瀧澤実帆　堀部彩晴
係長

☎3980　☎3979
森本夢加
☎3979　☎3979

予算係　☎3878
係長　中村光輝

予算係　楠田明浩　山本圭次郎　予算係
主査

☎3878　☎3935
人材研修係　首藤俊彰　吉田茉実

☎3877　☎3935
村山いずみ　小山明美　総務係

☎3936　☎3934
橋本未来

総務係　☎3934

ダイヤルイン
☎3595
-2889

FAX
3503-7894

●分掌事務
認知症に関する対策の企画立案

老　健　局

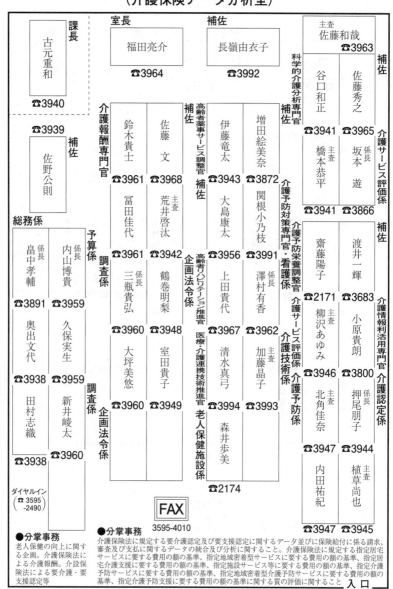

課長	**室長**	**補佐**		**主査**
古元重和	福田亮介	長嶺由衣子	科学的介護分析専門官	佐藤和哉 ☎3963
☎3940	☎3964	☎3992		

老健局

●分掌事務
老人保健の向上に関する企画。介護保険法による介護報酬。介護保険法による要介護・要支援認定等

●分掌事務
介護保険法に規定する要介護認定及び要支援認定に関するデータ並びに保険給付に係る請求、審査及び支払に関するデータの統合及び分析に関すること。介護保険法に規定する指定居宅サービスに要する費用の額の基準、指定地域密着型サービスに要する費用の額の基準、指定居宅介護支援に要する費用の額の基準、指定施設サービス等に要する費用の額の基準、指定介護予防サービスに要する費用の額の基準、指定地域密着型介護予防サービスに要する費用の額の基準、指定介護予防支援に要する費用の額の基準に関する質の評価に関すること

入 口
18-20

審議官　神ノ田昌博　☎3202

審議官　榊原毅　☎3159

保険局長　鹿沼均　☎3201

管理係
係長　小林賢司　☎3204

書記
糟谷昌芳　☎3203

人事厚生係
係長　岡元英晃　☎3204

管理係
鈴木（颯）　☎3204

管理係
小松　☎3204

髙井　☎3205
山田（望）

直通
（☎3591）
-9648

入口
17-11

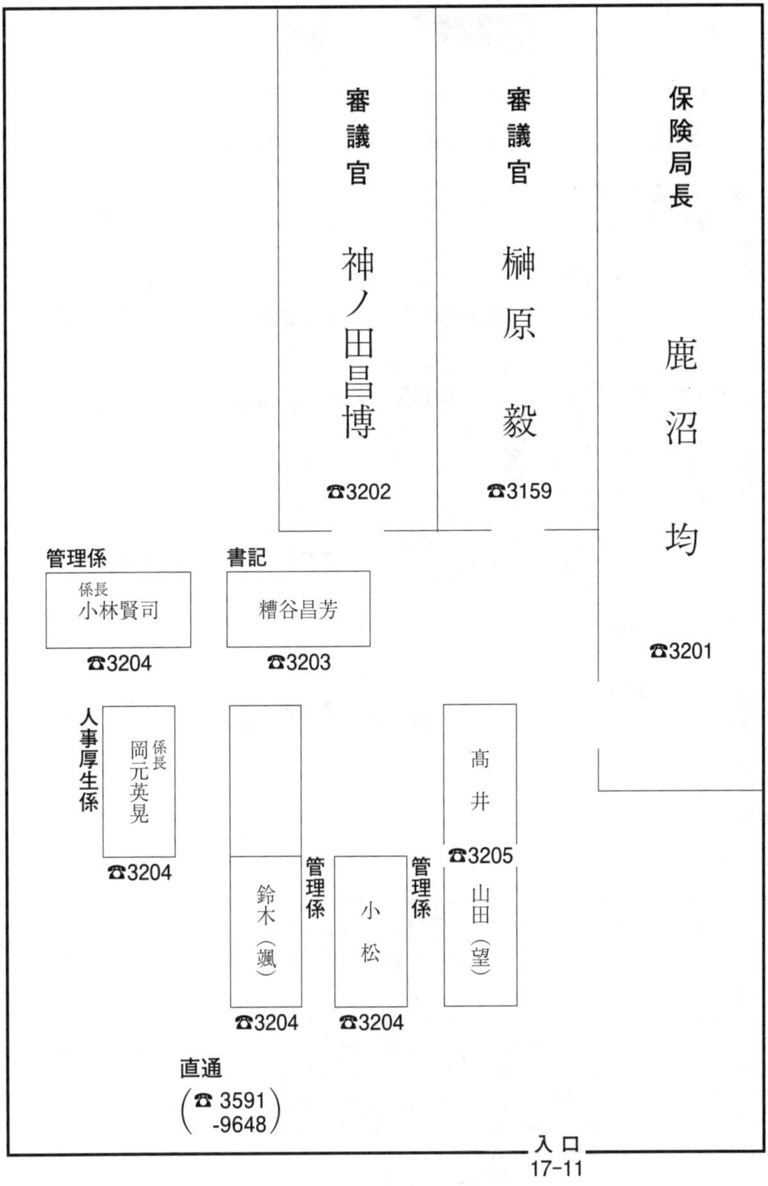

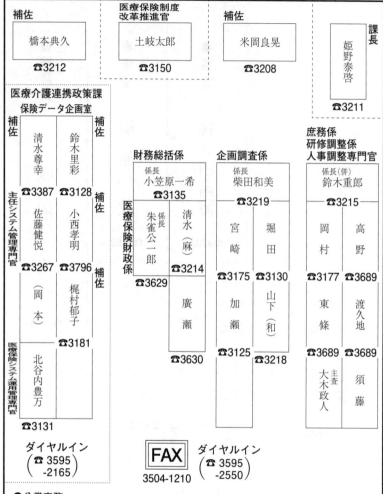

●分掌事務

医療保険制度及び後期高齢者医療制度に関する総合的な企画立案並びに局内の調整に関すること。医療保険制度の調整に関すること。年金特別会計の健康勘定及び年金特別会計の業務勘定のうち特別保健福祉事業の経理に関すること。年金特別会計の健康勘定に属する国有財産の管理及び処分並びに物品の管理に関すること。保険局の所掌事務で他の所掌に属しないものに関すること

入口
17-13

保　険　課
（全国健康保険協会管理室）

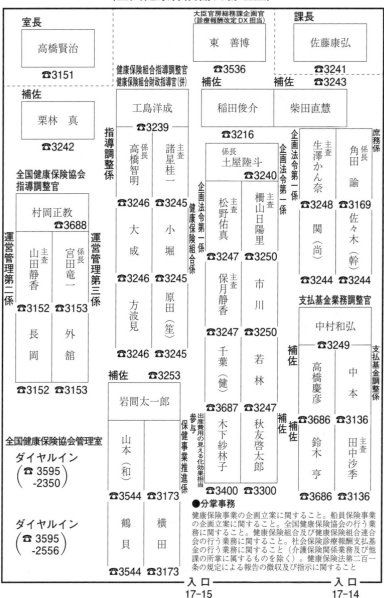

室長
高橋賢治
☎3151

大臣官房総務課企画官
（診療報酬改定DX担当）
東　善博
☎3536

課長
佐藤康弘
☎3241

補佐
栗林　真
☎3242

健康保険組合指導調整官
健康保険組合財政指導官（併）
工島洋成
☎3239

補佐
稲田俊介
☎3216

補佐
柴田直慧
☎3243

全国健康保険協会
指導調整官
村岡正教
☎3688

指導調整係

係長
高橋智明
☎3246

主査
諸星桂一
☎3245

係長
土屋陸斗
☎3240

企画法令第一係

企画法令第一係

庶務係

主査
生澤かん奈
☎3248

係長
角田　諭
☎3169

運営管理第二係

主査
山田静香
☎3152

宮田竜一
☎3153

運営管理第三係

大成
☎3246

小堀
☎3245

企画法令第一係

健康保険組合係

松野佑真
☎3247

主査
栅山日陽里
☎3250

関
（尚）
☎3244

佐々木
（幹）
☎3244

長岡
☎3152

外舘
☎3153

方波見
☎3246

原田
（笙）
☎3245

保月静香
主査
☎3247

市川
☎3250

支払基金業務調整官
中村和弘
☎3249

補佐 ☎3253
岩間太一郎

千葉
（健）
☎3687

若林
☎3247

補佐
高橋慶彦
☎3686

中本
☎3136

支払基金調整係

全国健康保険協会管理室

ダイヤルイン
（3595
-2350）

山本
（和）
☎3544

横田
☎3173

出産費用の見える化効果担当
参与
保健事業推進係

木下紗林子
☎3400

秋友啓太郎
☎3300

補佐
鈴木亨
☎3686

主査
田中沙季
☎3136

ダイヤルイン
（3595
-2556）

鶴貝
☎3544

横田
☎3173

●分掌事務
健康保険事業の企画立案に関すること。船員保険事業の企画立案に関すること。全国健康保険協会の行う業務に関すること。健康保険組合及び健康保険組合連合会の行う業務に関すること。社会保険診療報酬支払基金の行う業務に関すること（介護保険関係業務及び他課の所掌に属するものを除く）。健康保険法第二百一条の規定による報告の徴収及び指示に関すること

保
険
局

入口
17-15

入口
17-14

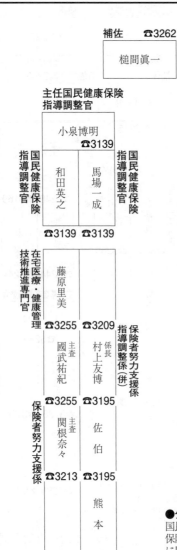

補佐 ☎3262　　補佐 ☎3210

槌間眞一　　　山科雄志

主任国民健康保険
指導調整官

小泉博明
☎3139

国民健康保険指導調整官

和田英之
☎3139

国民健康保険指導調整官

馬場一成
☎3139

在宅医療・健康管理技術推進専門官

藤原里美
☎3255

保険者努力支援係指導調整係（併）

主査　國武祐紀
☎3255

係長　村上友博
☎3209

保険者努力支援係

主査　関根奈々
☎3213

佐伯
☎3195

熊本
☎3213

企画法令係

係長　伊藤麻祐
☎3258

久保田（裕）
☎3189

企画法令係

深谷
☎3258

河野
☎3189

前岡
☎3138

森本
☎3189

阿部
☎3138

後藤
☎3138

☎3138

●分掌事務
国民健康保険事業の企画立案に関すること。国民健
保険の保険者及び国民健康保険団体連合会の行う業
に関すること（高齢者医療関係業務及び介護保険事
関係業務並びに医療課の所掌に属するものを除く）

保険局

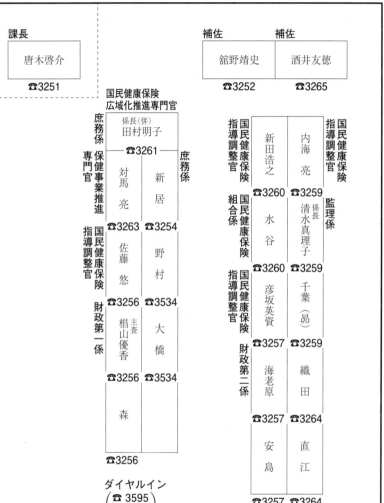

課長

唐木啓介
☎3251

補佐

舘野靖史
☎3252

補佐

酒井友徳
☎3265

国民健康保険
広域化推進専門官

庶務係

係長(併)
田村明子
☎3261

庶務係

保健事業推進
専門官

対馬亮
☎3263

新居
☎3254

指導調整官
国民健康保険

佐藤悠
☎3256

野村
☎3534

財政第一係

主査
椙山優香
☎3256

大橋
☎3534

森
☎3256

国民健康保険
指導調整官

新田浩之
☎3260

内海亮
☎3259

指導調整官
国民健康保険

国民健康保険
組合係

水谷
☎3260

係長
清水真理子
☎3259

監理係

国民健康保険
指導調整官

彦坂英資
☎3257

千葉
(昴)
☎3259

財政第二係
国民健康保険

海老原
☎3257

織田
☎3264

安島
☎3257

直江
☎3264

ダイヤルイン
$\begin{pmatrix} ☎ 3595 \\ -2565 \end{pmatrix}$

保　険　局

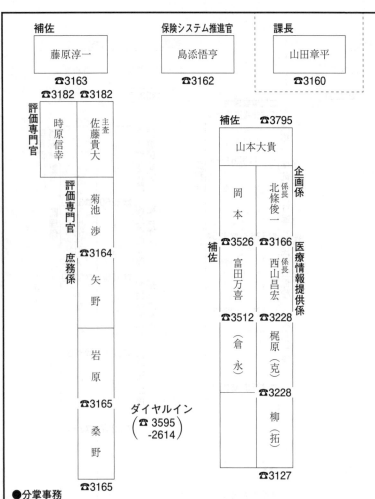

補佐	保険システム推進官	課長
藤原淳一	島添悟亨	山田章平
☎3163	☎3162	☎3160

企画係

補佐　☎3795
山本大貴

☎3182	☎3182
評価専門官　時原信幸	主査　佐藤貴大

評価専門官　菊池　渉

庶務係　☎3164
矢野

岩原

☎3165
桑野

☎3165

企画係　☎3526 岡本　／　係長 北條俊一 ☎3166

補佐 医療情報提供係　☎3512 富田万喜　／　係長 西山昌宏 ☎3228

☎3228 （倉永）梶原（克）

☎3228 柳（拓）

☎3127

ダイヤルイン
（☎3595
-2614）

保険局

●分掌事務

保健医療の普及及び向上に関する事業並びに健康保険事業、船員保険事業、国民健康保険事業及び後期高齢者医療に係る事業と老人の福祉及び保健並びに介護保険に関する事業との連携に関すること。社会保険診療報酬、訪問看護療養費及び家族訪問看護療養費に関する基本的な政策の企画及び立案に関すること。医療費適正化基本方針及び全国医療費適正化計画並びに都道府県医療費適正化計画並びに特定健康診査等基本指針及び特定健康診査等実施計画に関すること

入 口
17-4

東
（土　岐）

☎3122

室長

河合篤史

☎3227

室長

吉川裕貴

☎3176

企画調整専門官

小菅望基人

☎3129

補佐　☎3217　　　☎3161

鈴木啓太　　田中（千）

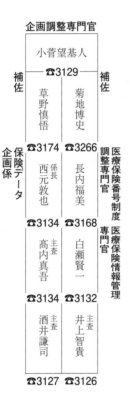

補佐	企画調整専門官 小菅望基人 ☎3129	補佐
	草野慎悟	菊地博史
	☎3174	☎3266

保険データ企画係

係長 西元敦也	長内福美
☎3134	☎3168

医療保険番号制度調整専門官

主査 髙内真吾	白瀬賢一
☎3134	☎3132

医療保険情報管理専門官

主査 酒井謙司	主査 井上智貴
☎3127	☎3126

保険事業推進専門官

川中淑恵	主査 鈴木翔太
☎3167	☎3690

補佐

主査 木下竜一	松田　真
☎3180	☎3123

特定健診等推進係　　健康調整係

係長 松村彩美	主査 中川龍太
☎3386	☎3383

村角	主査 勝場由依
☎3179	☎3124

保険データ企画室

ダイヤルイン
$\begin{pmatrix} ☎ 3595 \\ -2174 \end{pmatrix}$

医療費適正化対策推進室

ダイヤルイン
$\begin{pmatrix} ☎ 3595 \\ -2164 \end{pmatrix}$

保　険　局

課長
林　修一郎
☎3271

保険医療企画調査室長
米田隆史
☎3280

補佐　☎3285
西澤徳泰

調整専門官
庶務係長（併）
荒木　勲
☎3171

庶務係
久保田（優）
☎3277

宮本
☎3277

主査
小原公士
☎3288

石井
☎3590

田畑
☎3590

ダイヤルイン
（☎3595
-2577）

FAX
3508-2746

補佐　☎3274
林　徹

企画法令第一係

補佐

富澤直嗣
☎3588

主査
渡辺　真
☎3701

係長
松田洋平
☎3702

平井就弘
☎3703

尾﨑
☎3172

主査
向畑享哉
☎3172

清水（拓）
☎3288

主査
髙島　豪
☎3797

上片平
☎3288

補佐　☎3270
加藤琢真

補佐

平野真紀
☎3515

補佐

渡邊周介
☎3704

補佐

佐山理絵
☎3278

主査
青木大宗
☎3559

補佐

竹内文香
☎3278

日名子まき
☎3706

主査
白石
☎3540

武智
☎3540

主査
深堀英章
☎3540

医 療 課
（医療技術評価推進室）（保険医療企画調査室）

医療技術評価推進室長			補佐	特別評価専門官	先進・再生医療		歯科医療管理官	
木下栄作 ☎3279						梶原健嗣 藤村 勇 ☎3133	和田康志 ☎3272	

補佐 伴 圭吾 ☎3569	補佐 渡邉洋之助 ☎3787	補佐 梨本篤史 ☎3275	補佐 佐々木典伯 ☎3709		補佐 伊東 孝 ☎3710	荒井一茂 ☎3183	医薬品価格情報専門官
先進・再生医療迅速評価専門官 主査 櫻井義大	改定結果検証専門官 主査 中島美穂 ☎3289	主査 渡邉悠樹 ☎3275	医療経済専門官 療養指導専門官 渡邊憲一郎 ☎3508	保険医療企画調査室	主査 山路正登 ☎3156	補佐 高村建人 ☎3881	
	柳 隆之介 ☎3707	診療報酬業務効率化推進係 係長 漣 照真 ☎3620	松田洋一 ☎3276		主査 岡部眞理 ☎3156	主査 大塚舞衣 ☎3882	
	包括医療推進係 係長 吉田圭祐 ☎3705	中妻 ☎3620	北 ☎3276	療養指導専門官 企画法令第二係	黒石隆也 ☎3184	主査 内田裕之 ☎3882	
加古敦也 ☎3708	宇都春海 ☎3142	主査 清水（健） ☎3155	山口 ☎3141	ダイヤルイン ☎3141 (☎3595 -2577)	磯見 ☎3184	加藤（瑞） ☎3140	

分掌事務

康保険事業、船員保険事業、国民健康保険事業及び後期高齢者医療制度に係る療養に関する監督、保険医療機関、保険薬局、保険医、保険薬剤師、指定訪問看護事業者その他医療保険事業の療養担当者にする監督及び全国健康保険協会又は健康保険組合若しくは国民健康保険の保険者若しくはその連合会う福祉事業及び保健事業の医療に関する医療技術上の監督に関すること。社会保険診療報酬、訪問療養費及び家庭訪問看護療養費に関すること。社会保険診療報酬支払基金の審査委員会及び特別審委員会並びに国民健康保険団体連合会の審査委員会及び国民健康保険法の規定による厚生労働大臣がする法人に設置される診療報酬の審査組織に関すること。医療保険関係法令による医療に関する団の連絡に関すること。中央社会保険医療協議会及び地方社会保険医療協議会の庶務に関すること

保 険 局

ダイヤルイン
（☎ 3595）
-2578

保険局

薬剤管理官

清原宏眞

☎3273

補佐

井上大輔

☎3290

薬剤専門官

安増孝太

☎3883

医療技術評価推進専門官

文 靖子

☎3532

薬剤専門官

坂上祐香

☎3287　☎3532

企画調整専門官

陣内 凱

主査
末永朝美

☎3287　☎3287

17-1

医療課

補佐 ☎3887　補佐 ☎3286

半間 渉　　関 勝利

医療指導監査官
佐藤貴幸
☎3884

特別医療指導監査官
平瀬瑞枝
☎3884

医療指導監査官
本田忠嗣
☎3885

医療指導監査官
福田修司
☎3885

医療指導監査官
松橋信也
☎3886

医療指導監査官
宮島雄二郎
☎3886

医療指導監査官
西濵雄樹
☎3888

医療指導監査官
神谷政美
☎3186

適時調査指導官
中山真也
☎3888

指導監査係
新 道
☎3889

大矢根

☎3717

医療指導監査室

医療指導監査室長

町田宗仁

☎3281

特別医療指導監査官
池田裕一
☎3284

特別医療指導監査官
扇屋りん
☎3282

医療指導監査官
井上昂也
☎3284

医療指導監査官
八島広典
☎3282

医療指導監査官
佐藤輝雄
☎3514

医療指導監査官
山本卓哉
☎3283

医療指導監査官
川嶋 実
☎3514

医療指導監査官
北澤直美
☎3283

医療指導監査官
綿貫

御園生

☎3527　☎3527

入 口
12-05

保険局　　高齢者医療課　　…17F…

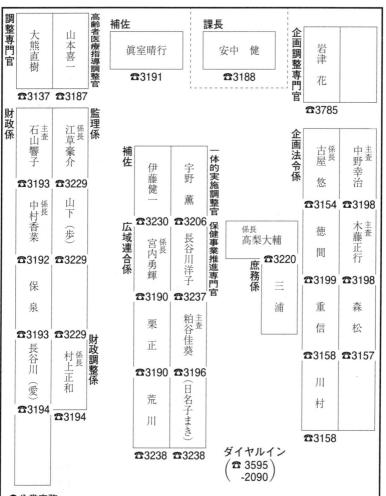

調整専門官	高齢者医療指導調整官	補佐	課長	企画調整専門官
大熊直樹 / 山本喜一		眞室晴行 ☎3191	安中 健 ☎3188	岩津 花 ☎3785
☎3137　☎3187				

財政係
石山響子（主査）☎3193 ／ 江草豪介（係長）☎3229（監理係）
中村香菜（係長）☎3192 ／ 山下（歩）☎3229
保 泉 ☎3193 ／ 村上正和（係長）☎3229（財政調整係）
長谷川（愛）☎3194 ／ ☎3194

補佐
伊藤健一 ☎3230 ／ 宇野 薫 ☎3206（一体的実施調整官）
宮内勇輝（係長）☎3190（広域連合係）／ 長谷川洋子 ☎3237（保健事業推進専門官）
栗 正 ☎3190 ／ 粕谷佳葵（主査）☎3196
荒 川 ☎3238 ／ （日名子まき）☎3238

庶務係
高梨大輔（係長）☎3220 ／ 三 浦

企画法令係
古屋 悠（係長）☎3154 ／ 中野幸治（主査）☎3198
徳 間 ☎3199 ／ 木藤正行（主査）☎3198
重 信 ☎3158 ／ 森 松 ☎3157
川 村 ☎3158

ダイヤルイン
（☎3595
　-2090）

保 険 局

●分掌事務

後期高齢者医療制度の企画立案に関すること。後期高齢者医療広域連合の行う業務に関すること。後期高齢者医療制度において市町村が処理する事務に関すること。後期高齢者医療制度に関する都道府県に対する助成に関すること。後期高齢者支援金等に関すること。医療保険制度の調整に関する事務のうち前期高齢者に係る保険者間の費用負担の調整に関すること。社会保険診療報酬支払基金の行う業務に関すること（高齢者医療確保法第百三十九条第三項に規定する高齢者医療制度関係業務に関することに限る）。国民健康保険団体連合会の行う業務に関すること（高齢者医療確保法第百五十六条に規定する高齢者医療関係業務に関することに限る）。特別保健福祉事業に関すること

入 口
17-16

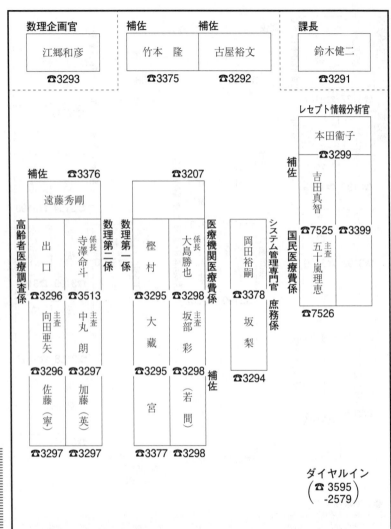

数理企画官	補佐	補佐	課長
江郷和彦	竹本　隆	古屋裕文	鈴木健二
☎3293	☎3375	☎3292	☎3291

レセプト情報分析官

本田衞子
☎3299

補佐　吉田真智
☎7525　☎3399

国民医療費係　主査　五十嵐理恵
☎7526

補佐　☎3376

遠藤秀剛

高齢者医療調査係

数理第二係
係長　寺澤命斗
☎3513

出口
☎3296

向田亜矢　主査
☎3296

佐藤（寧）
☎3297

中丸朗　主査
☎3297

加藤（英）
☎3297

数理第一係　☎3207

樫村
☎3295

大藏
☎3295

宮
☎3377

医療機関医療費係
係長　大島勝也
☎3298

坂部彩　主査
☎3298

（若間）補佐
☎3298

システム管理専門官

岡田裕嗣
☎3378

庶務係

坂梨
☎3294

ダイヤルイン
（☎ 3595
　-2579）

保険局

●分掌事務
健康保険、船員保険、国民健康保険及び後期高齢者医療制度の数理及び統計に関すること（年金局の所掌に属するものを除く）。医療保険制度の調整のための統計数理的調査に関すること

入 口
17-7

審議官
武藤憲真
☎3302

年金管理審議官
巽慎一
☎3570

年金局長
間隆一郎
☎3301

書記
村上智康
☎3303

管理係	係長 須賀敬志郎	係長 風間龍介	経理係
	主査 金沢真希子	佐藤就斗	
	徳本友美	三宅将太郎	

吉田紗代子

花村愛子

☎3304

直通
（☎ 3595）
　2861

入 口
8-11

年金局　　総務課　　…8F…

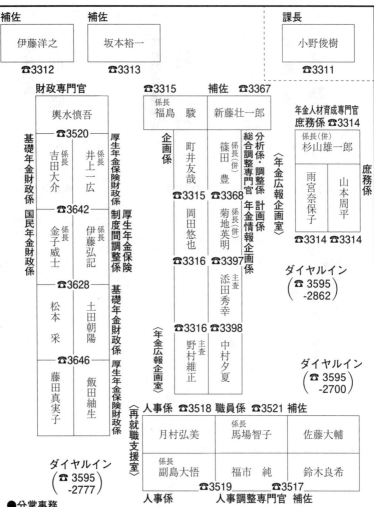

補佐	補佐	課長
伊藤洋之 ☎3312	坂本裕一 ☎3313	小野俊樹 ☎3311

財政専門官

興水慎吾

☎3520

係長 吉田大介	係長 井上一広

☎3642

係長 金子威士	係長 伊藤弘記

☎3628

松本　采	土田朝陽

☎3646

藤田真実子	飯田紬生

基礎年金財政係　国民年金財政係
厚生年金保険財政係　制度間調整係
厚生年金保険　基礎年金財政係　厚生年金保険財政係

☎3315　補佐　☎3367

係長 福島　駿	新藤壮一郎
企画係	分析係・調整係 総合調整専門官 年金情報企画係

年金人材育成専門官
庶務係 ☎3314

係長(併) 杉山雄一郎	
雨宮奈保子	山本周平
☎3314	☎3314

庶務係

町井友哉 ☎3315	篠田　豊 ☎3368
岡田悠也 ☎3316	係長(併) 菊地英明 ☎3397
	添田秀幸

《年金広報企画室》
計画係

ダイヤルイン
(☎3595-2862)

☎3316 野村維正 《年金広報企画室》	主査 ☎3398 中村夕夏

ダイヤルイン
(☎3595-2700)

人事係 ☎3518 職員係 ☎3521 補佐

月村弘美	係長 馬場智子	佐藤大輔
係長 副島大悟	福市　純	鈴木良希
☎3519 人事係	☎3517 人事調整専門官	補佐

《再就職支援室》

ダイヤルイン
(☎3595-2777)

●分掌事務
厚生労働省所管の年金制度の総合的企画及び立案、調整及び調査研究に関すること。厚生年金保険事業及び国民年金事業の運営の安定のための資金運用に関する制度の企画及び立案に関すること。年金積立金管理運用独立行政法人の行う業務に関すること。独立行政法人福祉医療機構の行う業務（年金担保貸付業務に関すること、承継年金住宅融資等債権管理回収業務に関すること、承継教育資金貸付あっせん業務に関することに限る）に関すること

入口
8-13

年金局

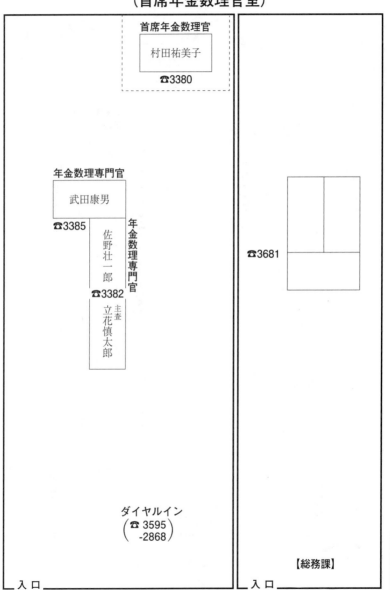

首席年金数理官

村田祐美子

☎3380

年金数理専門官

武田康男

☎3385

年金数理専門官

佐野壮一郎

☎3382

主査
立花慎太郎

☎3681

ダイヤルイン
（☎ 3595
-2868）

【総務課】

入 口
8-14

入 口
8-10

年 金 局

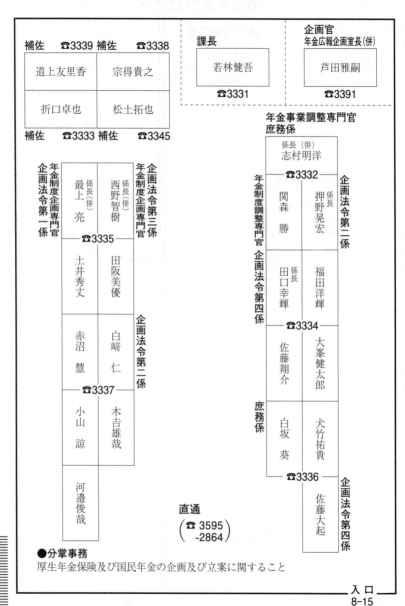

補佐 ☎3339	補佐 ☎3338
道上友里香	宗得貴之
折口卓也	松土拓也

補佐 ☎3333　補佐 ☎3345

課長
若林健吾
☎3331

企画官
年金広報企画室長（併）
芦田雅嗣
☎3391

年金事業調整専門官
庶務係

企画法令第一係
年金制度企画専門官

企画法令第三係
年金制度企画専門官

係長（併）西野智樹　☎3335
最上　亮

土井秀丈　田阪美優

企画法令第二係
赤沼　慧　白崎　仁　☎3337
小山　諒　木吉雄哉
河邉俊哉

年金制度調整専門官 企画法令第四係

係長（併）志村明洋　☎3332
企画法令第二係 係長 押野晃宏
関森　勝　福田洋輝
係長 田口幸輝　☎3334
佐藤翔介　大峯健太郎

庶務係
白坂　葵　犬竹祐貴　☎3336
企画法令第四係
佐藤大起

直通
（☎ 3595 -2864）

●**分掌事務**
厚生年金保険及び国民年金の企画及び立案に関すること

入 口
8-15

年金局

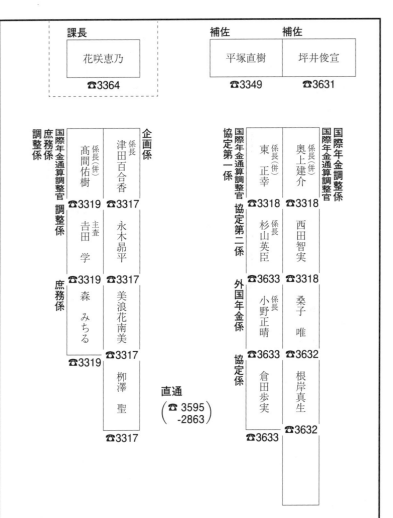

課長
花咲恵乃
☎3364

補佐
平塚直樹
☎3349

補佐
坪井俊宣
☎3631

企画係

国際年金通算調整官 調整係
調整係

係長（併）
津田百合香
☎3317

係長（併）
髙間佑樹
☎3319

主査
吉田　学
☎3319

永木昴平
☎3317

庶務係

森　みちる
☎3319

美浪花南美
☎3317

柳澤　聖
☎3317

直通
(☎3595
-2863)

国際年金調整係

国際年金通算調整官 協定第一係

係長（併）
奥上建介
☎3318

係長（併）
東　正幸
☎3318

国際年金通算調整官 協定第二係

係長
杉山英臣
☎3633

西田智実
☎3318

外国年金係

係長
小野正晴
☎3633

桑子　唯
☎3632

協定係

倉田歩実
☎3633

根岸真生
☎3632

●分掌事務
年金制度（外国との社会保障に関する協定に定めるものに限る）に関する総合的な企画及び立案に関すること。政府が管掌する厚生年金保険事業及び国民年金事業のうち外国人に係るものに関する企画及び立案に関すること。外国の年金制度に関する調査及び研究に関すること

入口
8-17

年金局

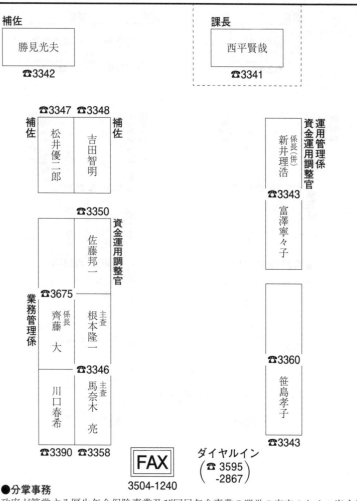

補佐
勝見光夫
☎3342

課長
西平賢哉
☎3341

☎3347　☎3348
補佐　松井優二郎
補佐　吉田智明

運用管理係
資金運用調整官
係長（併）新井理浩
☎3343
富澤寧々子

☎3350
資金運用調整官
佐藤邦一

☎3675
業務管理係
係長　齊藤　大
主査　根本隆一

☎3360
笹島孝子

☎3346
川口春希
主査　馬奈木　亮

☎3390　☎3358

☎3343

FAX
3504-1240

ダイヤルイン
（☎3595-2867）

●分掌事務
政府が管掌する厚生年金保険事業及び国民年金事業の運営の安定のための資金運用に関する制度の企画及び立案に関すること。年金積立金管理運用独立行政法人の行う業務に関すること。独立行政法人福祉医療機構の行う業務（独立行政法人福祉医療機構法第十二条第一項第十二号に掲げる業務及び同法附則第五条の二第一項に規定する業務並びにこれらに附帯する業務並びに同条第三項に規定する業務に限る）に関すること

入口
8-14

課長
海老敬子
☎3321

補佐
佐藤貴史
☎3322

☎3384　☎3328
補佐　　　　補佐
末永理紗　笠井南芳

補佐　　　　補佐
服部順一　川村亮太

☎3862　☎3861
池ヶ谷幸太郎　乃一浩通
年金資産形成相談・支援専門官　制度運営専門官　確定拠出年金企画係

☎3863　☎3392
岸拓実　係長 中澤沙百合
確定拠出年金係　基金指導調整官

☎3370　☎3330
金森一浩　中川智恵

☎3864　☎3329

☎3323
庶務係
係長 松本剛史

庶務係
坂元愛翔
国民年金基金係（併）　企業年金・個人年金情報化推進専門官

☎3325
柳田真一

☎3325
加藤美智子

☎3320

ダイヤルイン
（☎ 3595
　-2865）

入口
8-18

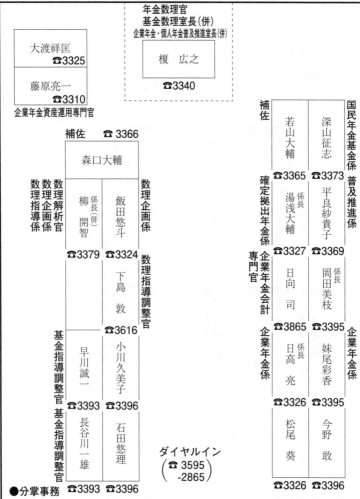

年金数理官
基金数理室長（併）
企業年金・個人年金普及推進室長（併）

榎　広之
☎3340

大渡祥匡
☎3325

藤原亮一
☎3310

企業年金資産運用専門官

補佐　☎3366

森口大輔

数理企画係

飯田悠斗
☎3324

係長（併）
柳　開智
☎3379

数理解析官

数理指導係

数理指導調整官

下島　敦
☎3616

小川久美子
☎3396

早川誠一
☎3393

基金指導調整官

石田悠理
☎3396

長谷川一雄
☎3393

基金指導調整官

国民年金基金係

普及推進係

補佐

深山征志
☎3373

若山大輔
☎3365

確定拠出年金係

係長
平良紗貴子
☎3369

湯浅大輔
☎3327

企業年金会計

専門官

岡田美枝
☎3395

係長

日向　司
☎3865

企業年金係

妹尾彩香
☎3395

係長
日高　亮
☎3326

企業年金係

今野　敢
☎3396

松尾　葵
☎3326

ダイヤルイン
（☎3595）
-2865

●分掌事務

確定給付企業年金（企業年金連合会を含む）及び確定拠出年金並びに石炭鉱業年金基金並びに国民年金基金に関する制度の企画及び立案に関すること。確定給付企業年金及び石炭鉱業年金基金並びに国民年金基金に関する制度の数理に関すること。石炭鉱業年金基金及び国民年金基金に対する監督及び助成に関すること。確定給付企業年金事業（企業年金連合会の事業を含む）及び確定拠出年金事業に関する監督に関すること

年金局

入口
8-18

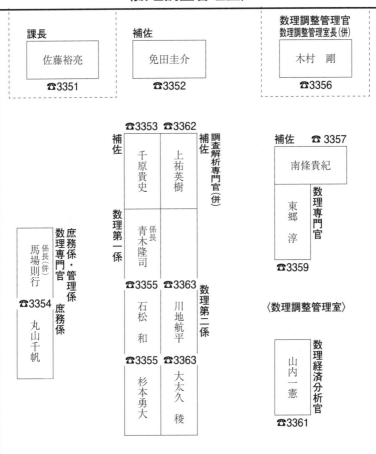

課長	補佐	数理調整管理官 数理調整管理室長（併）
佐藤裕亮	免田圭介	木村　剛
☎3351	☎3352	☎3356

☎3353　☎3362

補佐　千原貴史
調査解析専門官（併）　上祐英樹

数理第一係　係長　青木隆司

☎3355　☎3363　数理第二係
石松　和　川地航平

☎3355　☎3363
杉本勇大　大太久稜

補佐　☎3357
南條貴紀
数理専門官　東郷　淳
☎3359

庶務係・管理係
数理専門官
係長（併）馬場則行
☎3354　庶務係
丸山千帆

〈数理調整管理室〉

数理経済分析官
山内一憲
☎3361

 FAX
3593-8431

ダイヤルイン
（☎3595
-2869）

●分掌事務
年金制度（厚生労働省の所掌に属するものに限る）の数理に関すること（企業年金・個人年金課の所掌に属するものを除く）。年金制度の企画及び立案のための統計数理的調査に関すること

入口
8-16

年金局

事業企画課

年　金　局　　　　　　　　　　　　　　　　　　…8F…

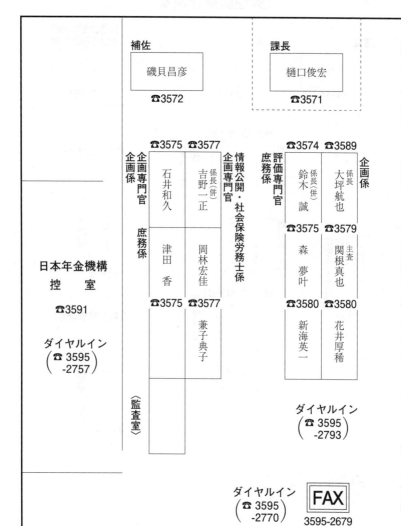

補佐
磯貝昌彦
☎3572

課長
樋口俊宏
☎3571

☎3575　☎3577
企画係
企画専門官
石井和久　｜　吉野一正　係長（併）
情報公開・社会保険労務士係
企画専門官
庶務係
津田　香　｜　岡林宏佳
☎3575　☎3577
兼子典子
〈監査室〉

☎3574　☎3589
庶務係
評価専門官
鈴木　誠　係長（併）｜　大坪航也　係長
企画係
☎3575　☎3579
森　夢叶　｜　関根真也　主査
☎3580　☎3580
新海英一　｜　花井厚稀

ダイヤルイン
$\left(\begin{array}{c}\text{☎ 3595}\\\text{-2793}\end{array}\right)$

日本年金機構
控　室
☎3591

ダイヤルイン
$\left(\begin{array}{c}\text{☎ 3595}\\\text{-2757}\end{array}\right)$

ダイヤルイン
$\left(\begin{array}{c}\text{☎ 3595}\\\text{-2770}\end{array}\right)$

FAX
3595-2679

年金局

●分掌事務
厚生年金保険事業及び国民年金事業等の実施に関する総合的な企画及び立案等に関すること。日本年金機構の組織及び迎営一般に関すること

入　口
8-1

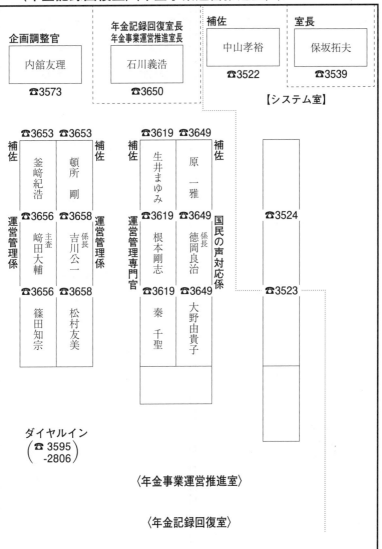

企画調整官
内舘友理
☎3573

年金記録回復室長
年金事業運営推進室長
石川義浩
☎3650

補佐
中山孝裕
☎3522

室長
保坂拓夫
☎3539

【システム室】

☎3653　☎3653
補佐
釜﨑紀浩　　頓所剛　　補佐

☎3619　☎3649
補佐
生井まゆみ　　原一雅　　補佐

☎3524

☎3656　☎3658
運営管理係
﨑田大輔（主査）　吉川公一（係長）　運営管理係

☎3619　☎3649
運営管理専門官
根本剛志　　徳岡良治（係長）　国民の声対応係

☎3523

☎3656　☎3658
篠田知宗　　松村友美

☎3619　☎3649
秦千聖　　大野由貴子

ダイヤルイン
（☎3595
-2806）

〈年金事業運営推進室〉

〈年金記録回復室〉

年金局

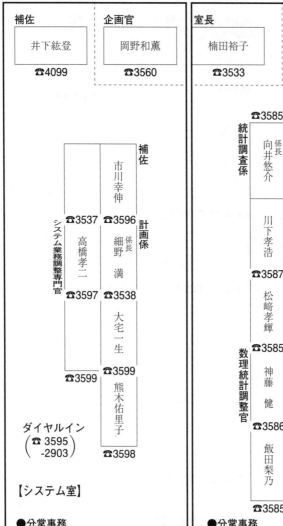

システム室

補佐	企画官
井下紘登 ☎4099	岡野和薫 ☎3560

補佐　市川幸伸

システム業務調整専門官	計画係
高橋孝二 ☎3537	係長 細野　満 ☎3596
	大宅一生 ☎3597 ☎3538
☎3599	熊木佑里子 ☎3599
	☎3598

ダイヤルイン
（☎ 3595 -2903）

【システム室】

●分掌事務
政府管掌年金事業等の実施に関する事務の処理に関する電子計算機組織の整備及び管理に関すること

調査室

室長	補佐（併）
楠田裕子 ☎3533	東郷　淳 ☎3582

統計調査係	統計専門官
係長 向井悠介 ☎3585	田中　健 ☎3587
川下孝浩	主査 北村彰浩 ☎3586
☎3587 松﨑孝輝	主査 阿部真純 ☎3586
数理統計調整官 神藤　健 ☎3585	斎藤芳邦 ☎3586
☎3586 飯田梨乃	☎3587
☎3585	

ダイヤルイン
（☎ 3595 -2794）

【調査室】

●分掌事務
厚生年金保険及び国民年金等の統計に関すること

入口
8-4

入口
8-7

年　金　局

事業企画課
（会計室）

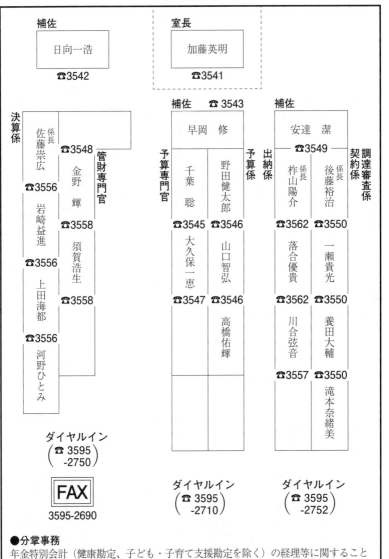

補佐
日向一浩
☎3542

室長
加藤英明
☎3541

補佐　☎3543
早岡　修

補佐
安達　潔
☎3549

決算係
係長　佐藤崇広　☎3548
☎3556　岩崎益進
☎3556　上田海都
☎3556　河野ひとみ

金野　輝　☎3558
須賀浩生　☎3558

管財専門官

予算専門官

千葉　聡　☎3545
大久保一恵
☎3547

野田健太郎　☎3546
山口智弘
☎3546　高橋佑輝

予算係

出納係

契約係　調達審査係

係長　柞山陽介　☎3562
落合優貴　☎3562
川合弦音　☎3557

係長　後藤裕治　☎3550
一瀬貴光　☎3550
養田大輔　☎3550
滝本奈緒美

ダイヤルイン
（☎3595
-2750）

FAX
3595-2690

ダイヤルイン
（☎3595
-2710）

ダイヤルイン
（☎3595
-2752）

●分掌事務
年金特別会計（健康勘定、子ども・子育て支援勘定を除く）の経理等に関すること

年金局

入口
8-5

— 239 —

補佐	課長	補佐	主査
古谷裕之	重永将志	麻生剛平	松山才一
☎3641	☎3640	☎3654	☎3576

補佐　☎3661
年金事業調整官（併）

ダイヤルイン（☎3595-2811）

補佐	西元公宣	俵 英高	城戸健一	津谷宜和	藤岡雅彦	濱村 明	
	☎3564	☎3652	☎3644	☎3623	☎3610	☎3671	

係長（併）年金事業運営専門官	庶務係	厚生年金適用徴収専門官	厚生年金徴収専門官	年金事業調整官	企画係	係長	法令係	平山宏昌	八巻純一

☎3565　☎3651

厚生年金事業運営専門官	森田明夫	山口拓真	峯 隼人	久留雅輝	原野真幸	中村珠蘭	堀内優成	田辺謙一
	☎3622	☎3645	☎3627	☎3623	☎3663	☎3667	☎3565	☎3651

歳入金管理係	係長 秋本真志	中野梨江	厚生年金保険管理係 佐藤 翔	片野真和	國吉勇稀	杉本高晃	主査 堀内優成 宮地雅也	係長 田辺謙一 大倉佑也
	☎3622	☎3645	☎3627	☎3647	☎3663	☎3667	☎3666	☎3665

	主査 新田周平	鹿谷真矢	永島僚祐	主査 廣橋奈央子	飯島春子	野村拓郎	須釜康介
	☎3648	☎3645	歳入金管理係 ☎3566	☎3647		☎3666	☎3665

	栗原梨紗	野村はるか	井口恭輔	山川明子			髙橋実沙
	☎3568	☎3648	歳入金管理係 ☎3566	☎3566			

	中道咲麗	岩田久美子	神戸京子	長谷川秀美			☎3665
	☎3648	☎3648	☎3643	☎3643			

年 金 局

ダイヤルイン
（☎3595-2810）

ダイヤルイン
（☎3595-2722）

ダイヤルイン
（☎3595-2754）

FAX
3595-2708

ダイヤルイ
（☎3595-2730）

●分掌事務
政府管掌年金事業等の実施に関すること（国際年金課及び事業企画課の所掌に属するものを除く）。政府が管掌する国民年金事業及び全国健康保険協会が管掌する健康保険の事業の実施に関し市町村が処理する事務に関すること。児童手当法の規定による拠出金の徴収に関す

入 口
8-7

年　金　局　　　事業管理課
（給付事業室）

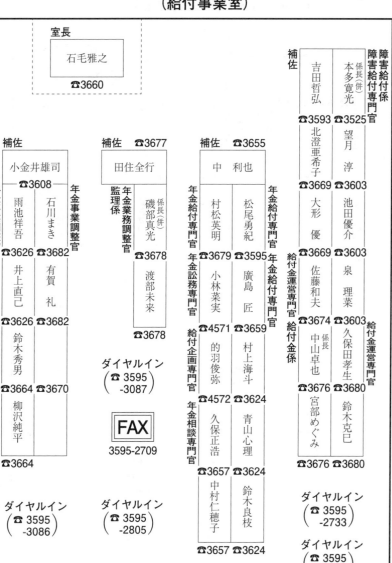

… 8 F …

室長

石毛雅之

☎3660

障害給付係 障害給付専門官

係長（併） 本多寛光 ☎3525
吉田哲弘 ☎3593

望月　淳 ☎3603
北澄亜希子 ☎3669

池田優介 ☎3603
大形　優 ☎3669

給付金運営専門官　給付金係

佐藤和夫 ☎3674

係長 久保田孝生 ☎3680
中山卓也 ☎3676

鈴木克巳 ☎3680
宮部めぐみ ☎3676

給付金運営専門官

泉　理菜 ☎3603

ダイヤルイン
（☎ 3595
-2733）

ダイヤルイン
（☎ 3595
-2732）

補佐 ☎3655

中　利也

年金給付専門官

松尾勇紀 ☎3595
村松英明 ☎3679

年金給付専門官

廣島　匠 ☎3595
小林菜実 ☎3679

年金訟務専門官

村上海斗 ☎3659
的羽俊弥 ☎4571

給付企画専門官

青山心理 ☎3624
久保正浩 ☎4572

年金相談専門官

鈴木良枝 ☎3624
中村仁穂子 ☎3657

☎3657　☎3624

ダイヤルイン
（☎ 3595
-3087）

FAX
3595-2709

補佐 ☎3677

田住全行

年金業務調整官 監理係

係長（併） 磯部真光 ☎3678

渡部未来 ☎3678

ダイヤルイン
（☎ 3595
-2805）

補佐

小金井雄司 ☎3608

年金事業調整官

石川まき ☎3682
雨池祥吾 ☎3626

有賀　礼 ☎3682
井上直己 ☎3626

鈴木秀男 ☎3670
☎3664

柳沢純平 ☎3664

ダイヤルイン
（☎ 3595
-3086）

年金局

年金局

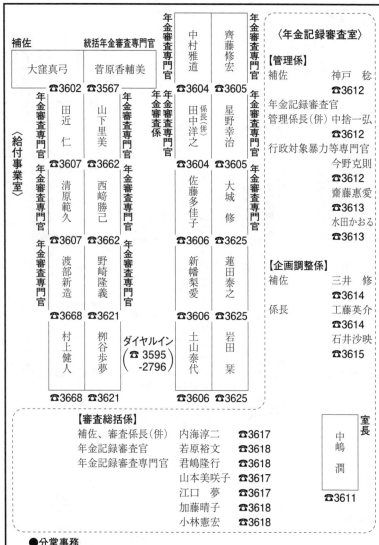

〈年金記録審査室〉

【管理係】

補佐　　　　　　　神戸　稔
　　　　　　　　　☎3612

年金記録審査官
管理係長（併）中捨一弘
　　　　　　　　　☎3612
行政対象暴力等専門官
　　　　　　　　　今野克則
　　　　　　　　　☎3612
　　　　　　　　　齋藤惠愛
　　　　　　　　　☎3613
　　　　　　　　　水田かおる
　　　　　　　　　☎3613

【企画調整係】

補佐　　　　　　　三井　修
　　　　　　　　　☎3614
係長　　　　　　　工藤英介
　　　　　　　　　☎3614
　　　　　　　　　石井沙映
　　　　　　　　　☎3615

補佐　　　　　　統括年金審査専門官
大窪真弓　　　　菅原香輔美
☎3602　　　　　☎3567

〈給付事業室〉

年金審査専門官
田近　仁　　　☎3607
年金審査専門官
清原範久　　　☎3607
年金審査専門官
渡部新造　　　☎3668

年金審査専門官
山下里美　　　☎3662
年金審査専門官
西﨑勝己　　　☎3662
年金審査専門官
野崎隆義　　　☎3621

年金審査専門官
村上健人　　　☎3668
柳谷歩夢　　　☎3621

ダイヤルイン
（☎3595
　-2796）

年金審査専門官
中村雅道　　　☎3604
年金審査専門官
齊藤修宏　　　☎3605

係長（併）
田中洋之　　　☎3604
星野幸治　　　☎3605

佐藤多佳子　　☎3606
大城　修　　　☎3625

新幡梨愛　　　☎3606
蓮田泰之　　　☎3625

土山泰代　　　☎3606
岩田　栞　　　☎3625

【審査総括係】

補佐、審査係長（併）　内海淳二　☎3617
年金記録審査官　　　　若原裕文　☎3618
年金記録審査専門官　　君嶋隆行　☎3618
　　　　　　　　　　　山本美咲子　☎3617
　　　　　　　　　　　江口　夢　☎3617
　　　　　　　　　　　加藤晴子　☎3618
　　　　　　　　　　　小林憲宏　☎3618

室長
中嶋　潤
☎3611

●**分掌事務**
政府管掌年金事業等の実施に関する事務についての監査に関すること

入口
8-10

年
金
局

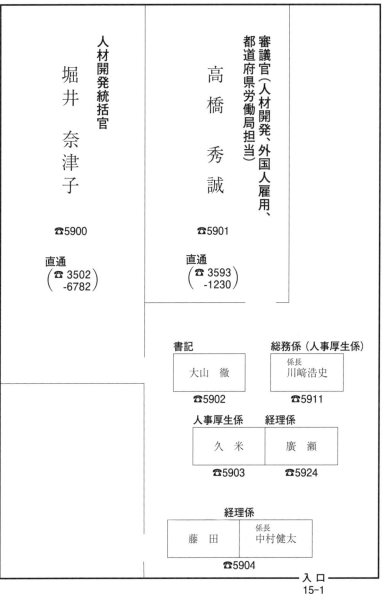

人材開発統括官

堀井　奈津子

☎5900

直通
（☎3502
-6782）

審議官（人材開発、外国人雇用、
都道府県労働局担当）

高橋　秀誠

☎5901

直通
（☎3593
-1230）

書記

大山　徹

☎5902

総務係（人事厚生係）

係長
川﨑浩史

☎5911

人事厚生係

久　米

☎5903

経理係

廣　瀬

☎5924

経理係

藤　田

係長
中村健太

☎5904

入口
15-1

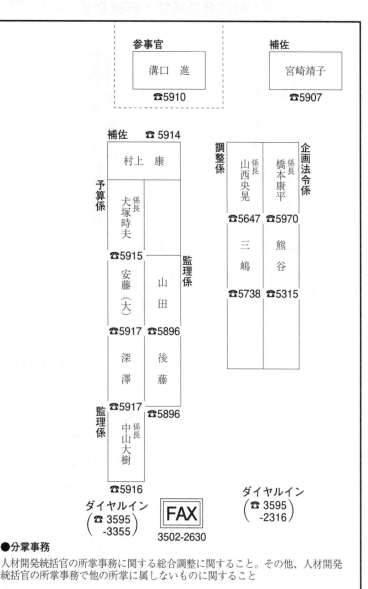

参事官

溝口　進
☎5910

補佐

宮崎靖子
☎5907

補佐　☎5914

村上　康

予算係

係長
犬塚
時夫
☎5915

安藤
（大）
☎5917

深澤
☎5917

監理係

中山
大樹
係長
☎5916

監理係

山田
☎5896

後藤
☎5896

調整係

山西
央晃
係長
☎5647

三嶋
☎5738

企画法令係

橋本
康平
係長
☎5970

熊谷
☎5315

ダイヤルイン
(☎ 3595 -3355)

FAX
3502-2630

ダイヤルイン
(☎ 3595 -2316)

●分掌事務

人材開発統括官の所掌事務に関する総合調整に関すること。その他、人材開発統括官の所掌事務で他の所掌に属しないものに関すること

入口
15-1

室長	参事官
横田和也	松瀬貴裕
☎5306	☎5920

専門官 ☎5602　補佐 ☎5963　　補佐 ☎5883

関谷建人	三浦淳一	國信綾希

基盤整備係　　係長 佐々木悠美　　企画係 係長 望月亮　　人材開発政策係　指導官　　管理係 係長 熊田光留

☎5601　☎5929　　☎5928　☎5925

栗原	中川	羽生奈那子	辻口

☎5605　☎5929　　☎5948　☎5391

遠藤	牧野	坂井	日暮

☎5605　☎5929　　☎5648　☎5609

		藤元	厨

ダイヤルイン
（☎3595 -3377）

☎5609

ダイヤルイン
（☎3595 -3374）

●分掌事務

人材開発施策の企画及び立案に関すること。職業能力開発促進法に規定する職業能力開発基本計画に関すること。ものづくり白書に関すること。労働市場における職業能力の開発及び向上に関する基盤の整備状況の調査及び分析に関すること。民間職業訓練機関の訓練の質の保証及び向上に関すること

入口
15-3

人材開発統括官　参事官（人材開発政策担当）…15F…
（訓練企画室）（特別支援室）

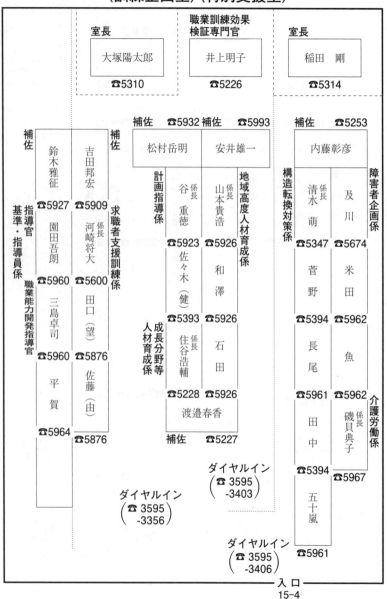

室長
大塚陽太郎
☎5310

職業訓練効果
検証専門官
井上明子
☎5226

室長
稲田　剛
☎5314

補佐　☎5932　補佐　☎5993
松村岳明　　安井雄一

補佐　☎5253
内藤彰彦

補佐
鈴木雅征
☎5927

補佐
吉田邦宏
☎5909

計画指導係
谷重徳
☎5923

地域高度人材育成係
山本貴浩
☎5926

構造転換対策係
係長
清水萌
☎5347

障害者企画係
及川
☎5674

指導官
基準・指導員係
園田吾朗
☎5960

求職者支援訓練係
係長
河崎将大
☎5600

佐々木（健）
☎5393

和澤
☎5926

菅野
☎5394

米田
☎5962

職業能力開発指導官
三島卓司
☎5960

田口（望）
☎5876

人材育成係等
成長分野
係長
住谷浩輔
☎5228

石田
☎5926

長尾
☎5961

魚
☎5962

平賀
☎5964

佐藤（由）
☎5876

渡邉春香

補佐　☎5227

田中
☎5394

介護労働係
係長
磯貝典子
☎5967

☎5876

ダイヤルイン
（☎3595
-3403）

ダイヤルイン
（☎3595
-3356）

ダイヤルイン
（☎3595
-3406）

五十嵐
☎5961

入口
15-4

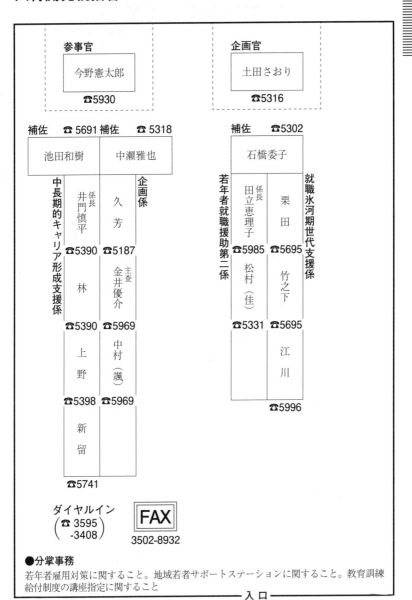

参事官
今野憲太郎
☎5930

企画官
土田さおり
☎5316

補佐　☎5691　補佐　☎5318

池田和樹　中瀬雅也

中長期的キャリア形成支援係

係長
井門慎平
☎5390

林
☎5390

上野
☎5398

新留
☎5741

企画係

久芳
☎5187

主査
金井優介
☎5969

中村（颯）
☎5969

補佐　☎5302

石橋委子

若年者就職援助第二係

係長
田立恵理子
☎5985

松村（佳）
☎5331

就職氷河期世代支援係

栗田
☎5695

竹之下
☎5695

江川
☎5996

ダイヤルイン
（☎3595 -3408）

FAX
3502-8932

●分掌事務
若年者雇用対策に関すること。地域若者サポートステーションに関すること。教育訓練給付制度の講座指定に関すること

入口
15-6

— 247 —

人材開発統括官 参事官（若年者・キャリア形成支援担当）… 15F …
（企業内人材開発支援室）

室長	企業内能力開発分析官
永島宏泰	山崎直紀
☎5371	☎5258

補佐 ☎5992　補佐 ☎5913

宮田昌幸	三宅秀朋

補佐 ☎5933

勝部健太郎

若者自立支援係	企画係		人材育成係	人材開発支援係
係長 高木俊介	係長 望月駿佑		係長 山内久美子	係長 中島みどり
☎5937	☎5935		☎5251	☎5189
今井	亀田		山﨑（啓）	牛越
☎5937	☎5935	認定訓練係	☎5313	☎5938
江波	係長 宮野彩		阿部	清水（直）
☎5321	☎5931	若者自立支援第二係	☎5313	☎5938
松本	松井			
☎5996	☎5931			

ダイヤルイン
（☎ 3595
-3366）

入 口
15-7

室長

佐藤悦子

☎5921

キャリアコンサルティング
専門官

中村正子

☎5908

補佐 ☎5974	補佐 ☎5372	補佐 ☎5333
高橋真弓	鶴川泰生	越橋健太郎

ジョブ・カード企画係

係長 安藤誠
☎5959

係長 野田康介
☎5378

毛原
☎5378

キャリアコンサルティング係

係長 藤井淳史
☎5953

係長 竹本
☎5975

大木
☎5975

若年者就職援助係

係長 水野陽介
☎5337

佐々木（龍）
☎5337

渡邉（佑）
☎5334

北條
☎5912

直通
(☎ 3597)
(-0331)

直通
(☎ 3502)
(-8931)

人材開発統括官　参事官（能力評価担当）… 15F …
（技能五輪国際大会推進室）

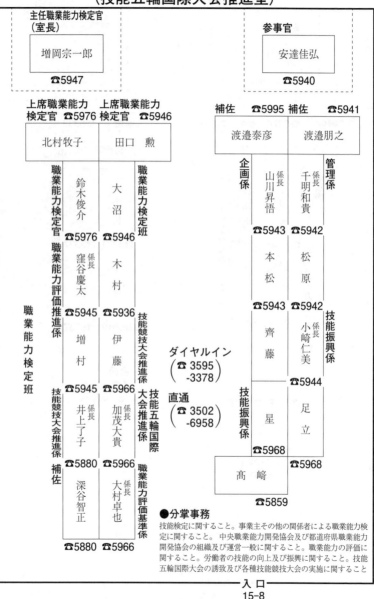

主任職業能力検定官
（室長）

増岡宗一郎

☎5947

参事官

安達佳弘

☎5940

上席職業能力
検定官 ☎5976

上席職業能力
検定官 ☎5946

北村牧子

田口　勲

補佐　☎5995　補佐　☎5941

渡邉泰彦

渡邉朋之

職業能力検定官

鈴木俊介
☎5976

大沼
☎5946

職業能力検定班

企画係

管理係

係長
山川昇悟
☎5943

係長
千明和貴
☎5942

職業能力評価推進係

係長
窪谷慶太
☎5945

木村
☎5936

本松
☎5943

松原
☎5942

職業能力検定班

増村
☎5945

伊藤
☎5966

技能競技大会推進係

齊藤
☎5943

係長
小崎仁美
☎5942

技能振興係

ダイヤルイン
（☎ 3595
-3378）

技能振興係

星
☎5968

足立
☎5944

係長
井上了子
☎5880

係長
加茂大貴
☎5966

大会推進係
技能五輪国際

直通
（☎ 3502
-6958）

技能競技大会推進係
補佐

深谷智正
☎5880

係長
大村卓也
☎5966

職業能力評価基準係

髙﨑
☎5968

☎5968

☎5859

●分掌事務
技能検定に関すること。事業主その他の関係者による職業能力検定に関すること。中央職業能力開発協会及び都道府県職業能力開発協会の組織及び運営一般に関すること。職業能力の評価に関すること。労働者の技能の向上及び振興に関すること。技能五輪国際大会の誘致及び各種技能競技大会の実施に関すること

入口
15-8

人材開発統括官 参事官（海外人材育成担当）…15Ｆ…
（技能実習業務指導室）（海外協力室）

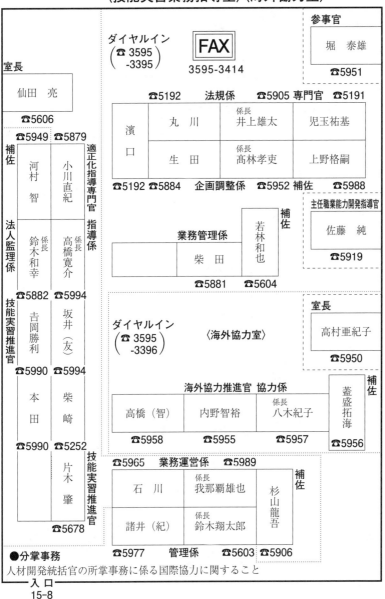

参事官
堀　泰雄
☎5951

ダイヤルイン（☎3595 -3395）

FAX
3595-3414

室長
仙田　亮
☎5606

☎5949　☎5879

☎5192　法規係　☎5905　専門官　☎5191

| 濱口 | 丸　川 | 係長 井上雄太 | 児玉祐基 |
| | 生　田 | 係長 髙林孝吏 | 上野格嗣 |

☎5192　☎5884　企画調整係　☎5952　補佐　☎5988

補佐
河村　智

小川直紀

適正化指導専門官　指導係

法人監理係
係長 鈴木和幸 / 係長 高橋寛介

☎5882　☎5994

技能実習推進官
吉岡勝利 / 坂井（友）

☎5990　☎5994

本田 / 柴崎

☎5990　☎5252

片木肇

技能実習推進官

☎5678

補佐
若林和也

業務管理係
柴田

☎5881　☎5604

主任職業能力開発指導官
佐藤　純
☎5919

ダイヤルイン（☎3595 -3396）

〈海外協力室〉

室長
高村亜紀子
☎5950

海外協力推進官　協力係

| 高橋（智） | 内野智裕 | 係長 八木紀子 | 補佐 蓋盛拓海 |
| ☎5958 | ☎5955 | ☎5957 | ☎5956 |

☎5965　業務運営係　☎5989

| 石　川 | 係長 我那覇雄也 | 補佐 杉山龍吾 |
| 諸井（紀） | 係長 鈴木翔太郎 | |

☎5977　管理係　☎5603　☎5906

●分掌事務
人材開発統括官の所掌事務に係る国際協力に関すること

入口
15-8

政策統括室
（参事官）

政策統括官

補佐	参事官 （政策統括室副室長）	政策企画官	補佐
上田基仙	安藤公一	尾﨑美弥子	立石康幸
☎7704	☎7701	☎7705	☎7707

☎7691　☎7710　　　☎7699　☎7680

| 政策第一班長 | 野尻将一郎 | 佐々木貴洋 | 補佐 政策第一班 | 政策第五班 | 主査 丸田佳奈子 | 仲野秀隆 | 補佐 政策第五班 | 管理係 | 係長 大前裕喜 | 係長 田代善行 | 総務係 |

☎7698　☎7708

| 補佐 政策第一・二班 | 及川侑子 | 主査 高橋魁 | 政策第一班 | | 柴田（優） | | | | | 能勢 | 総務係 |

☎7789　☎7697　☎7679　　　　　　　☎7596

| 政策第一班 | 武村 | 牧野 | 補佐 政策第五班 | 横山浩紀 | 主査 鈴木栄之心 | 政策第五班 | 管理係 | 市川 | 曽我 | 総務係 |

☎7673　☎7692　　☎7573　☎7992　　☎7716

☎7694　☎7993

| 政策第三班 | 主査 多鹿みさ | 賀登浩章 | 補佐 政策第三班 | 予算係 | 森俊樹 | 係長 伊藤（弘） | 予算係 | 管理係 | 宮下 | | |

☎7690

☎7744　☎7744　　　　☎7709

●分掌事務

社会保障制度の企画・立案・推進を行うこと。
少子高齢社会対応に関する行政機関の事務の調整等を行うこと

ダイヤルイン
（☎ 3595）
-2159

FAX
3595-2158

政策統括官

政策統括官（総合政策担当）
《政策統括室長》
朝川知昭
☎7700

政策立案総括審議官
《政策統括室長代理》
河野恭子
☎7711

審議官（総合政策担当）
《政策統括室長代理》
熊木正人
☎7734

庶務係	人事係	書記
係長 田中紘子	係長 本澤真夕子	三原理志
☎7991	☎7712	☎7795

庶務係		人事係	
宮　葉	岡　田	上　野	木　曽
	☎7717	☎7726	☎7713

賃金政策推進室長

中井雅之
☎7800

入　口
11-11

政策統括室
（参事官）

政策統括官

補佐	労働経済調査官		参事官 （政策統括室副室長）
地曳暁瑛	藤木雄太		宇野禎晃
☎7799	☎7714		☎7721

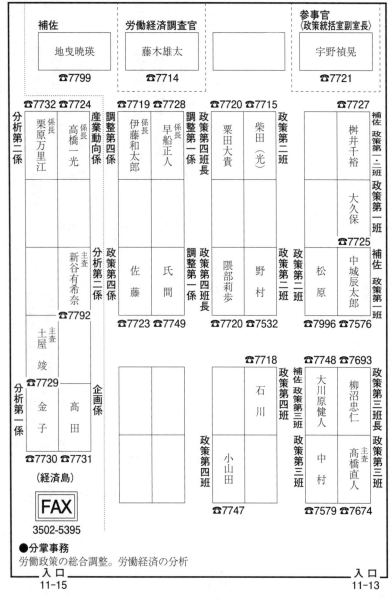

☎7732 ☎7724　☎7719 ☎7728　☎7720 ☎7715　　　☎7727

分析第二係	係長 栗原万里江	係長 高橋一光	産業動向係	調整第四係	係長 伊藤和太郎	係長 早船正人	調整第一係	政策第四班長	政策第二班	栗田大貴	柴田（光）	政策第二班	桝井千裕	補佐 政策第一・二班 政策第一班

大久保

☎7725

		主査 新谷有希奈	分析第二係	政策第四係	佐藤	氏間	調整第一係	政策第四班長	政策第二班	隈部莉歩	野村	政策第二班	松原	中城辰太郎	補佐 政策第一班

☎7792

☎7723 ☎7749　☎7720 ☎7532　☎7996 ☎7576

土屋竣	主査												

☎7729

☎7718　☎7748 ☎7693

分析第一係	金子	高田	企画係			石川	政策第四班	補佐 政策第三班	大川原健人	柳沼忠仁	政策第三班長 政策第三班

☎7730 ☎7731

（経済島）

	小山田	政策第四班		中村	政策第三班	髙橋直人 主査

☎7747　☎7579 ☎7674

FAX

3502-5395

●分掌事務
労働政策の総合調整。労働経済の分析

入口　　　　　　　　　　入口

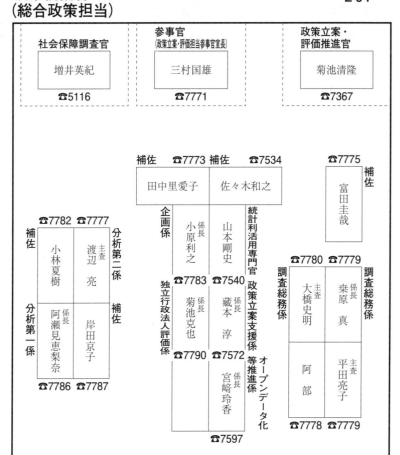

社会保障調査官

増井英紀

☎5116

参事官
（政策立案・評価担当参事官室長）

三村国雄

☎7771

政策立案・
評価推進官

菊池清隆

☎7367

政策統括官

補佐　☎7773　補佐　☎7534

田中里愛子　　佐々木和之

☎7775
補佐

富田圭哉

企画係

係長
小原利之

山本剛史

統計利活用専門官　政策立案支援係

☎7782　☎7777
補佐

小林夏樹　渡辺　亮（主査）

分析第二係

☎7783　☎7540
係長　菊池克也　　係長　藏本　淳

独立行政法人評価係

☎7780　☎7779
調査総務係

大橋史明（主査）　桑原　真（係長）

☎7786　☎7787

分析第一係

係長　阿瀬見恵梨奈　岸田京子　補佐

☎7790　☎7572
係長　宮﨑玲香

等推進係　オープンデータ化

阿　部　　平田亮子（主査）

☎7778　☎7779

☎7597

FAX	ダイヤルイン
3502-6373	(☎3595 -2160)

●分掌事務

所掌事務に関する政策評価を行うこと。年次報告書の作成を行うこと。
厚生労働省の所掌事務に関する政策の企画及び立案の調整に関する事務のうち合
理的な根拠に基づく政策立案の推進に関する企画及び立案並びに調整に関すること

入口
20-17

政策統括官

政策企画官

白木紀行

☎7360

参事官

古瀬陽子

☎7332

補佐

須磨田正弘

☎7333

直通

$$\left(\begin{array}{c}☎\ 3595 \\ -1604\end{array}\right)$$

補佐　☎7344

山﨑菜央

企画法令係

係長
菊地　悠

☎7345

大
和

☎7345

☎7336　☎7337

予算第一係　予算第二係

係長
倉田聖慈　係長
岡村静流

竹
内　内
木

☎7336

●**分掌事務**

厚生労働省の所掌事務に係る統計等に関する事務の総括に関すること（他室の所掌に属するものを除く）。

国立国会図書館支部厚生労働省図書館に関すること。

疾病、傷害及び死因に関する分類に関すること。

上記に掲げるもののほか、政策統括官の所掌する統計関係事務のうち、他の所掌に属しないものに関すること

参事官（企画調整担当）

政策統括官
（統計・情報、労使担当）（統計・情報総務室）

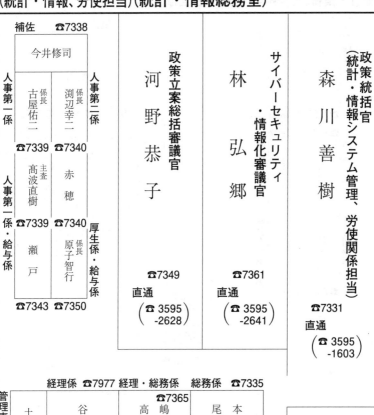

政策統括官

政策統括官
（統計・情報システム管理、労使関係担当）

森 川 善 樹

☎7331

直通
（☎3595）
-1603

サイバーセキュリティ
・情報化審議官

林 弘 郷

☎7361

直通
（☎3595）
-2641

政策立案総括審議官

河 野 恭 子

☎7349

直通
（☎3595）
-2628

補佐 ☎7338	
今井修司	
係長 渕辺幸二	
人事第一係 古屋佑二	人事第二係
☎7339	☎7340
主査 高波直樹	赤 穂
人事第一係・給与係	☎7340
☎7339	厚生係・給与係
瀬 戸	係長 原子智行
☎7343	☎7350

管理専門官	経理係 ☎7977	経理・総務係 ☎7365	総務係 ☎7335	
土屋秀人	谷	高 嶋	尾 本	
	係長 藤井 渉	萩 原	蟹 谷	
☎7351	経理・総務係 ☎7342	総務係 ☎7334	☎7335	

FAX
3595-1605

ダイヤルイン
（☎3595）
-2643

会 議 室

入口
21-11

政策統括官

室長

飯島俊哉

☎7371

管理官　　　　　　　補佐

奥垣雅章　　十川恵子

☎7902　☎4628

☎7379　☎7807

補佐　　　　　　　　補佐

山田千恵　　渡邊功一

統計開発係　　　　　統計支援第一係

高橋秀拓　　大田美穂子（係長）

☎7374　☎7808

島村

☎7374

統計専門官

久住和弘

☎7378

☎7372　補佐　☎7375

高橋宏幸（係長）　中川匡弘

統計企画係　　　　　調整係

大橋英明（主査）　津久井利成（係長）

☎7373　☎7943

大福　　　　神田

☎7373　☎7376

専門官　　　　　　　登録データ係

山口孝　　田儀庸子（係長）

☎7437　☎7410

統計研修係　　　　　補佐

高畠晃（係長）　小林治子

☎7346　☎7389

ダイヤルイン
（☎ 3595
　　-2678）

FAX

3595-1608

●分掌事務

厚生労働省の所掌事務に係る統計に関する事務の総括に関する事務のうち統計調査の総合的な企画及び立案並びに調整に関すること（審査解析室の所掌に属するものを除く）

入口
21-12

政策統括官

室長

長山直樹

☎7381

統計調査分析官

坂田朗広　☎7903

統計専門官
標本技術支援係

小島千名美

大橋

☎7630

菅野

☎7390

産業連関表係

伊藤翔　係長

鈴木

☎7390

森

☎7390

産業連関表係

統計専門官
統計審査第二係

河野公博　☎7341

鈴木光子　係長

☎7384

黒坂泉　係長（併）

☎7391

松岡芳弘

統計専門官
統計審査第一係

☎7392

委託統計・匿名データ提供係
補佐

補佐　☎7382

小川武己

統計審査第一係

柳堀太一　係長

☎7383

眞下

☎7347

倉持

☎7383

補佐　☎7385

安川学

高嶋亮太　係長

☎7388

鵜澤

☎7388

総合解析係

六車史　主査

☎7388

嶋村

☎7388

総合解析係

産業連関表係

ダイヤルイン
（☎3595
　-2409）

FAX
3595-1608

政策統括官

ダイヤルイン
（☎ 3595 -2410）

【統計・情報総務室】

補佐	川田達夫	☎7681
普及係長	北田宏幸	☎7682
普及係	大　川	☎7832
統計広報係長	三笠　恵	☎7683
主査	山路英子	☎7686

【厚生労働省図書館】

専門官	川野邉智子	☎7833
専門官	長澤健太郎	☎7689
図書管理係長	降旗紅子	☎7687
図書館係	小　池	☎7688

ダイヤルイン
（☎ 3595 -2180）

FAX 3595-1630

入口
19-1

室長（併）

清水貴也

☎7492

☎7464　☎7499

| 国際統計調整官 | 中川千賀子 | 鈴木一也 | 補佐 |
| 疾病傷害死因分類係 | 係長 伊澤智代 | 係長 大坪郁乃 | 国際統計係 |

☎7493　☎7377

| | 主査 小林佳代子 | 水谷 |

☎7493　☎7377

| 補佐（併） | 舩冨爽子 | |

☎7493　☎7377

ダイヤルイン
（☎ 3595 -3501）

入口
21-15

統計管理官
（人口動態・保健社会統計室）

政策統括官
（統計・情報、労使担当）

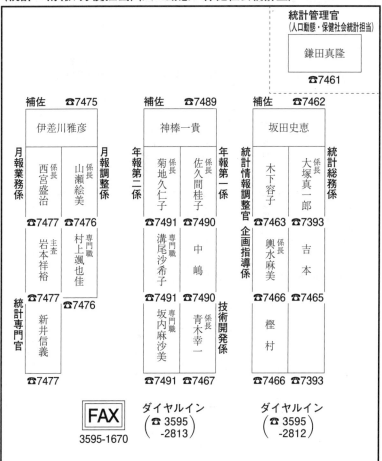

統計管理官
（人口動態・保健社会統計担当）

鎌田真隆

☎7461

補佐　☎7475

伊差川雅彦

月報業務係

係長
山瀬絵美

月報調整係

係長
西宮盛治

☎7477　☎7476

主査
岩本祥裕

専門職
村上颯也佳

☎7477　☎7476

統計専門官

新井信義

☎7477

補佐　☎7489

神棒一貫

年報第二係

係長
菊地久仁子

年報第一係

係長
佐久間桂子

☎7491　☎7490

専門職
溝尾沙希子

中嶋

☎7491　☎7490

技術開発係

専門職
坂内麻沙美

係長
青木幸一

☎7491　☎7467

補佐　☎7462

坂田史恵

統計情報調整官 企画指導係

木下容子

統計総務係

係長
大塚真一郎

☎7463　☎7393

係長
輿水麻美

吉本

☎7466　☎7465

樫村

☎7466　☎7393

FAX
3595-1670

ダイヤルイン
（☎ 3595 -2813）

ダイヤルイン
（☎ 3595 -2812）

●分掌事務

人口動態、保健に関する統計調査に関すること。生命表に関すること。社会福祉並びに健康保険及び国民健康保険に関する統計調査に関すること。社会保障に関する統計調査に関すること（他課室の所掌に属するものを除く）

入口
22-16

政策統括官

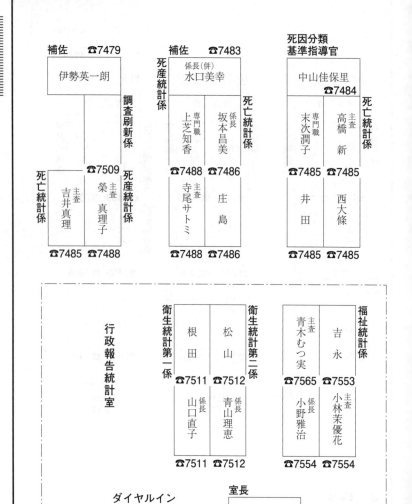

補佐 ☎7479
伊勢英一朗

調査刷新係

死亡統計係
主査
吉井真理
☎7485

☎7509 死産統計係
主査
榮 真理子
☎7488

補佐 ☎7483
死産統計係
係長（併）
水口美幸

死亡統計係
専門職
上芝知香
☎7488
坂本昌美 係長
☎7486

主査
寺尾サトミ
☎7488
庄島
☎7486

死因分類
基準指導官
中山佳保里
☎7484

死亡統計係
専門職
末次潤子
☎7485
高橋 新 主査
☎7485

井田
☎7485
西大條
☎7485

行政報告統計室

衛生統計第一係
根田
☎7511
松山
☎7512 衛生統計第二係

山口直子 係長
☎7511
青山理恵 係長
☎7512

福祉統計係
青木むつ実 主査
☎7565
吉永
☎7553

小野雅治 係長
☎7554
小林茉優花 主査
☎7554

ダイヤルイン
（☎3595
-2919）

室長
村田隆善
☎7510

入口
22-19

— 262 —

政策統括官
（統計・情報、労使担当）

統計管理官
（人口動態・保健社会統計室）

死因基本分類
管理専門官

新村若奈
☎7478

死因基本分類管理係

死亡統計企画係

| 係長 飯島一代 ☎7498 | 主査 塚田悦代 ☎7482 |
| 主査 町井美幸 ☎7498 | 主査 楳澤美幸 ☎7482 |

補佐　☎7480

保永勝紀

死亡統計企画係

専門職 川田和美 ☎7481	係長 齋藤依久子 ☎7395
下島 ☎7481	☎7395
☎7481	野本 ☎7395

ダイヤルイン
（☎3595
-2813）

FAX
3595-1670

補佐　☎7471　計析第二係　☎7472

| 黒木禎啓 | |
| 廣瀬滋樹 | 係長 湊 沢子 |

統計分析専門官　計析第一係　☎7470
☎7469

入口
22-16

政策統括官

室長
清水貴也
☎7501

専門官 ☎7515	専門官 ☎7514	補佐（併）☎7513
長澤由香里	江口丹衣奈	舩冨爽子

専門官 ☎7515 / 医師・歯科医師・薬剤師統計係

係長 細川富士子 ☎7523

専門官 ☎7514 / 受療行動統計係

佐々木美果 ☎7518

専門職 小川淳一 ☎7518

補佐（併）☎7513 / 患者統計係

	係長 清水恵利子
髙野 ☎7517	☎7517
水谷 ☎7530	主査 小林麻衣 ☎7530
北谷 ☎7516	主査 藤巻早紀 ☎7530

政策統括官

補佐　☎7502

橋本千春

統計総務係

係長
伊藤俊之

☎7505

櫻田

☎7508

調整官　☎7504

猪狩香織

企画指導係

市川
（中村）

☎7506

村山

☎7507

補佐　☎7503

中内健治

医療施設統計係

係長
石川理矢子

櫻井

☎7520　☎7520

主査
加藤由香

木藤

☎7521　☎7522

主査
堀口雄生

小宮

☎7521　☎7522

ダイヤルイン
（☎3595
　-2958）

FAX
3595-1636

政策統括官

社会福祉統計専門官	補佐	補佐	補佐
佐藤陽子	岸　泰弘	成井裕子	松下英嗣
☎7551	☎7549	☎7910	☎7542

☎7568　☎7567　　　　☎7552　☎7570

介護統計第二係
係長　小森啓子
森　三千代

介護統計第一係
専門職　刀根直樹
千葉

社会福祉施設統計係
係長　沼田　俊
前田沙渚峰　主査

介護統計第三係
係長　原田葉子
笛　智美　主査

統計総務係
係長　下坂史恵
井上

☎7577　☎7545

☎7568　☎7567　　　　☎7552　☎7570

保健統計専門官
岩本　貢
市村

内藤

田町

☎7911　☎7567　　　　☎7552

ダイヤルイン
$\left(\begin{array}{c}☎ 3595 \\ -2918\end{array}\right)$

ダイヤルイン
$\left(\begin{array}{c}☎ 3595 \\ -3107\end{array}\right)$

FAX
3595-1639

●分掌事務
社会福祉並びに健康保険及び国民健康保険に関する統計調査に関すること。
前項に掲げるもののほか、社会保障に関する統計調査に関すること（雇用・
賃金福祉統計課及び他室の所掌に属するものを除く）

入口
21-6

入口
21-7

政策統括官

室長（併）

大村達哉
☎7541

補佐

川島ゆり子
☎7555

補佐

滝田小百合
☎7556

統計情報
調整官　☎7543

和佐田裕子

企画指導係

係長
竹田　優
☎7546

技術開発係

係長（併）
和佐田裕子
☎7543

☎7559　☎7557

社会医療統計第一係

係長
宮﨑孝子

成田啓子

統計専門官

社会医療薬剤

統計専門官

社会医療薬剤

社会医療統計第三係

係長
新井和美

佐藤（盛）

☎7559　☎7561

社会医療統計第二係

係長（併）
舩冨爽子

町田惠子

社会統計専門官
☎7561

☎7558　☎7590

社会医療薬剤統計専門官

社会医療薬剤統計専門官

社会医療統計専門官

川岸憂佳

佐藤晃一

社会医療統計第四係

専門職
瀧口美智子

主査
風間洋和
☎7563　☎7563

世帯統計官
（世帯統計室）

政策統括官
（統計・情報、労使担当）

政策統括官

室長

藤井義弘

☎7581

縦断調査管理官

菅沼伸至

☎7548

☎7473　補佐　清水美奈

☎7593　補佐　村田美智恵

出生児縦断統計係　係長　藤井奈津子　☎7566

成年者縦断統計係　係長　堀江美智子　☎7592

主査　上條美澄　☎7566

主査　田中美保　☎7547

上戸　☎7474

江野　☎7592

補佐　☎7550　野仲さゆり

中高年者縦断統計係

前野　☎7594

係長　小森康孝　☎7594

専門職　山田未央　☎7594

ダイヤルイン
（☎3595
　-2323）

ダイヤルイン
（☎3595
　-2321）

ダイヤルイン
（☎3595
　-2413）

ダイヤルイン
（☎3595
　-2315）

ダイヤルイン
（☎3595
　-2322）

●分掌事務

厚生労働省の所掌事務に関する政策の企画及び立案に必要な保健、医療、福祉、年金、所得その他これに類する国民生活の基礎的な事項に関する統計調査に関すること。上記に掲げるもののほか、社会保障に関する統計調査（特定の者を継続して対象とする統計調査に限る）に関すること

政策統括官
（統計・情報、労使担当）

世帯統計官
（世帯統計室）

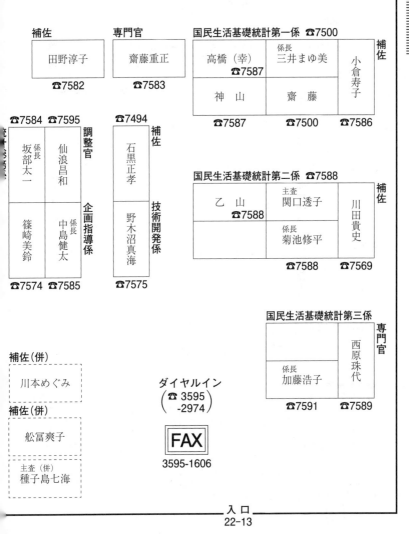

補佐
田野淳子
☎7582

専門官
齋藤重正
☎7583

国民生活基礎統計第一係 ☎7500

	係長 三井まゆ美	補佐
高橋（幸）☎7587		小倉寿子
神山	齋藤	
☎7587	☎7500	☎7586

☎7584　☎7595

係長 坂部太一	仙浪昌和	調整官
篠崎美鈴	係長 中島健太	企画指導係
☎7574	☎7585	

☎7494

補佐 石黒正孝	技術開発係
野木沼真海	
☎7575	

国民生活基礎統計第二係 ☎7588

	主査 関口透子	補佐
乙山 ☎7588		川田貴史
	係長 菊池修平	
	☎7588	☎7569

補佐（併）
川本めぐみ

補佐（併）
舩冨爽子

主査（併）
種子島七海

国民生活基礎統計第三係

	専門官
係長 加藤浩子	西原珠代
☎7591	☎7589

ダイヤルイン
（☎ 3595
-2974）

FAX
3595-1606

入 口
22-13

統計管理官

政策統括官
（統計・情報、労使担当）（雇用・賃金福祉統計室）

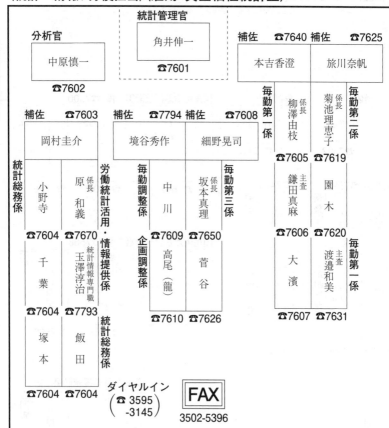

統計管理官
角井伸一
☎7601

分析官
中原慎一
☎7602

補佐 ☎7640
本吉香澄

補佐 ☎7625
旅川奈帆

毎勤第一係
係長 柳澤由枝
☎7605

毎勤第二係
係長 菊池理恵子
☎7619

補佐 ☎7603
岡村圭介

補佐 ☎7794
境谷秀作

補佐 ☎7608
細野晃司

統計総務係
小野寺
☎7604

係長 原和義
☎7670

労働統計活用・情報提供係

毎勤調整係
中川
☎7609

係長 坂本真理

毎勤第三係
高尾（龍）
☎7650

鎌田真麻
☎7606

主査 園木
☎7620

千葉
☎7604

統計情報専門職 玉澤淳治
☎7793

企画調整係
高尾（龍）
☎7610

菅谷
☎7626

大濱
☎7607

主査 渡邉和美
☎7631

塚本
☎7604

統計総務係
飯田
☎7604

ダイヤルイン
☎（3595-3145）

FAX
3502-5396

●分掌事務

毎月勤労統計調査に関すること。賃金の構造に関する基本的な統計調査に関すること。賃金、給料その他の給与に関する統計調査に関すること。労働時間に関する統計調査に関すること。労働者の安全及び衛生並びに災害補償に関する統計調査に関すること。労働者の福祉に関する統計調査に関すること。労働生産性及び労働費用に関する統計調査に関すること。雇用及び失業に関する統計調査に関すること。産業に係る経済事情の変化に伴う雇用及び労働条件の変化に関する統計調査に関すること。労働組合及び労働争議その他の労働関係に係る事項に関する統計調査に関すること。統計情報部において行う労働に関する統計調査の集計並びに集計材料及び集計結果の保存に関すること

入口
22-7

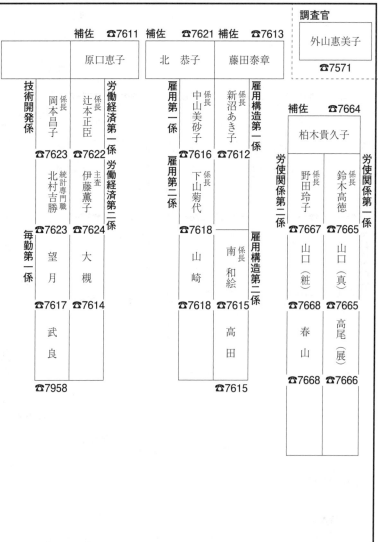

	補佐 ☎7611	補佐 ☎7621	補佐 ☎7613	調査官
	原口恵子	北　恭子	藤田泰章	外山惠美子 ☎7571

技術開発係	岡本昌子 係長	辻本正臣 係長	労働経済第一係	雇用第一係	中山美砂子 係長	新沼あき子 係長	雇用構造第一係	補佐 ☎7664
	☎7623 北村吉勝 統計専門職	☎7622 伊藤薫子 主査	労働経済第二係	☎7616 雇用第二係 下山菊代 係長	☎7612			柏木貴久子

政策統括官

労使関係第二係 / 野田玲子 係長 ☎7667 / 鈴木高徳 係長 ☎7665 / 労使関係第一係

| 毎勤第一係 | ☎7623 望月 | ☎7624 大槻 | | ☎7618 山崎 | 南和絵 係長 | 雇用構造第二係 | ☎7667 山口（粧） | ☎7665 山口（真） |

| | ☎7617 武良 | ☎7614 | | ☎7618 | ☎7615 高田 | | ☎7668 春山 | ☎7665 高尾（展） |

| | ☎7958 | | | ☎7615 | | | ☎7668 | ☎7666 |

賃金福祉統計室

政策統括官
（統計・情報、労使担当）

政策統括官

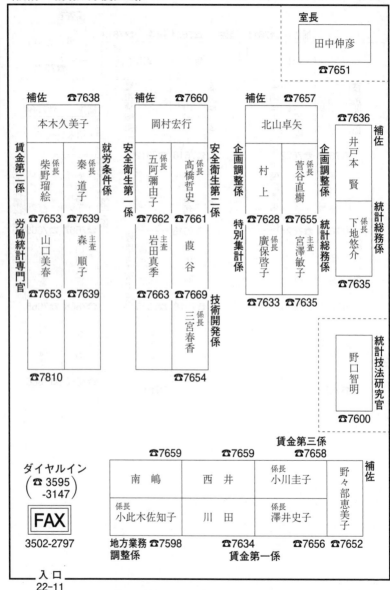

室長
田中伸彦
☎7651

補佐 ☎7638
本木久美子

賃金第二係

就労条件係

係長 柴野瑠絵
係長 秦 道子

労働統計専門官

☎7653 ☎7639
山口美春
主査 森 順子

☎7653 ☎7639

☎7810

補佐 ☎7660
岡村宏行

安全衛生第一係

安全衛生第二係

係長 五阿彌由子
係長 高橋哲史

☎7662 ☎7661
主査 岩田真季
葭谷

☎7663 ☎7669
技術開発係
係長 三宮春香

☎7654

補佐 ☎7657
北山卓矢

企画調整係

企画調整係

村上
係長 菅谷直樹

特別集計係

統計総務係

☎7628 ☎7655
係長 廣保啓子
主査 宮澤敏子

☎7633 ☎7635

☎7636 補佐
井戸本賢

統計総務係

係長 下地悠介

☎7635

統計技法研究官
野口智明
☎7600

賃金第三係

ダイヤルイン
（☎3595
-3147）

FAX

3502-2797

☎7659 ☎7659 ☎7658
南嶋 西井 係長 小川圭子 野々部恵美子 補佐
係長 小此木佐知子 川田 係長 澤井史子

地方業務 ☎7598 ☎7634 ☎7656 ☎7652
調整係 賃金第一係

入口
22-11

参事官（労使関係担当参事官室長） 大塚弘満

政策統括官

第一係 ☎7756

| 田　村 | 係長 吉田享平 | 運永博史 補佐 |
| | 係長 吉野伸彦 | |

第六係 ☎7757 ☎7755

調査官 ☎7762

石崎琢也

第四係 補佐 ☎7763

中井隆裕

| | 係長 西村文男 |

☎7764

綿貫

☎7765

第三係 補佐 ☎7758

喜瀬真太郎

| 係長 柳川裕紀 | 係長 小川遼 |

☎7760 ☎7759

有川

第五係 第二係 補佐 ☎7766

渡辺剛史

| 係長 丸田雄己 | 係長 大谷直人 | 庶務係 |

☎7767 ☎7768

| 堀越 | 田邉 |

☎7761

労働情勢専門調査官 情報資料係 ☎7813　**労働情勢専門調査官** ☎7770

| 宮本隆 | 山本道彦 |
| 佐伯 | |

☎7769

直通

（☎ 3502 -6735〜7）

FAX
3502-2636

●分掌事務
労働組合その他、労働に関する団体に係る連絡調整、労働関係の調整

入口
11-3

政策統括官

補佐	参事官	統括サイバー セキュリティ対策官	補佐
稲葉和浩	和田　訓	古沢　肇	市原剛俊
☎7402	☎2248	☎2247	☎7677

☎7400	☎2236	☎2235	☎2239	☎2253	☎2257	☎7409
情報総務係	補佐	特別監査官		対策官	サイバーセキュリティ診断係	補佐
係長 峰尾康信	野地祐二	堀内光弘	田中慎太郎		係長 前田理子	添野康之
山口（良）	監査官	監査官	専門官	対策指導官	サイバーセキュリティ企画係	サイバーセキュリティ対策第一係
	前島　肇	関口弘忠	須藤雄一郎	井上隆文	係長 宮脇直太	係長 大村雄介
☎7406	☎2237	☎2254	☎2256	☎2255	☎7676	☎7421
	情報資産管理評価係	サイバーセキュリティ監査係	専門官	専門官	主査 國枝那奈子	主査 関
	係長 目黒憲一	係長 伊藤　卓	井上晴子	山田一彦		
	☎7675	☎2238	☎2215	☎2259	☎7414	☎2258
						☎2261

ダイヤルイン
（☎3595
-2773）

ダイヤルイン
（☎3595
-2427）

入口
21-4

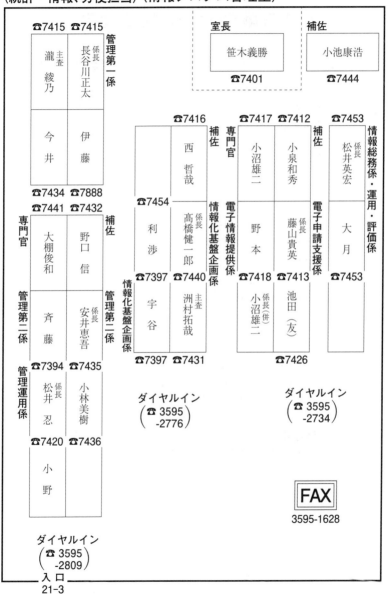

政策統括官

中央労働委員会組織と連絡先

所在地　〒105-0011　東京都港区芝公園1-5-32　労働委員会会館内

〈組　織〉
中央労働委員会

　中央労働委員会事務局

　　├── 審議官（2）
　　├── 総務課
　　├── 審査課
　　├── 第一部会担当審査総括室
　　├── 第二部会担当審査総括室
　　├── 第三部会担当審査総括室
　　├── 調整第一課
　　├── 調整第二課
　　└── 地方事務所

〈連絡先〉

中央労働委員会事務局
　総務課…………03-5403-2111（代表）
　審査課…………03-5403-2156
　調整第一課……03-5403-2259

地方事務所
　西日本地方事務所…………06-6941-1555

売店・喫茶・食堂案内
（合同庁舎5号館）

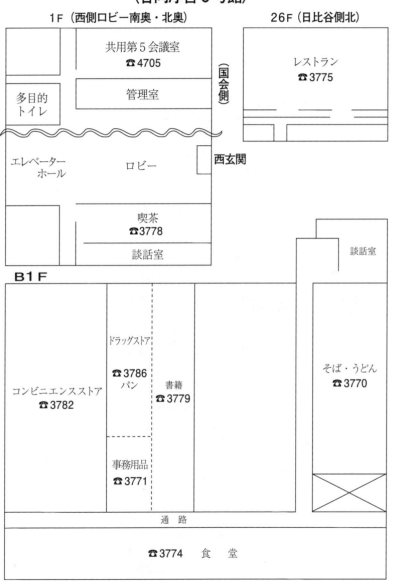

会議室・講堂

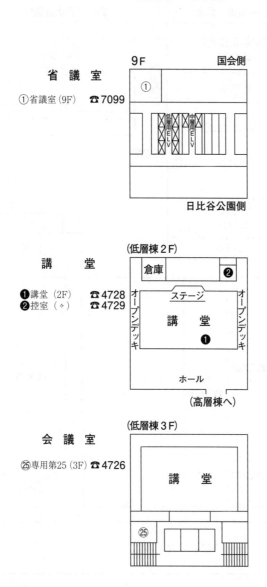

省　議　室

① 省議室（9F）　☎ 7099

9 F　　　　　　　　　国会側

①

低層用ELV　中層用ELV

日比谷公園側

講　　　堂

（低層棟 2 F）

❶ 講堂（2F）　☎ 4728
❷ 控室（〃）　☎ 4729

倉庫　　　　　❷

オープンデッキ

ステージ

講　　堂
❶

オープンデッキ

ホール

（高層棟へ）

会　議　室

（低層棟 3 F）

㉕ 専用第25（3F）　☎ 4726

講　　　堂

㉕

会 議 室

①共用第 1 （1F）☎ 4701
④共用第 4 （〃）☎ 4704
⑤共用第 5 （〃）☎ 4705

1 F 　　　　　　　国会側

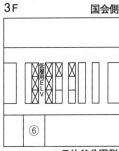

日比谷公園側

3 F 　　　　　　　国会側

⑥共用第 6（3F）☎ 4706

日比谷公園側

6 F 　　　　　　　国会側

⑦共用第 7（6F）☎ 4718

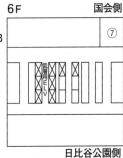

日比谷公園側

会 議 室

⑫専用第 12（15F）☎4712
⑭専用第 14（12F）☎4714
⑮専用第 15（12F）☎4715

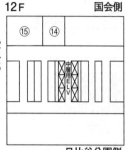

12F 国会側
日比谷公園側

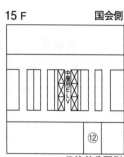

15 F 国会側
日比谷公園側

⑨共用第 9（17F）☎4709
㉑専用第 21（〃 ）☎4721
㉒専用第 22（18F）☎4722
㉓専用第 23（〃 ）☎4723
㉔専用第 24（〃 ）☎4724

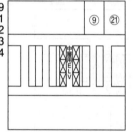

17F 国会側
日比谷公園側

18F 国会側
日比谷公園側

⑧共用第 8（19F）☎4708
⑬専用第 13（21F）☎4713

19F 国会側
日比谷公園側

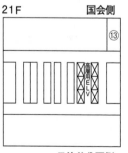

21F 国会側
日比谷公園側

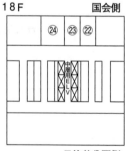

共 用 内 線

財務省主計局			庁舎関係	
厚生労働担当主計官	3720		巡 視 室	4736
厚生労働担当企画官	3727		地下1階受付	4794
厚生労働第1係	3721		〃	4795
厚生労働第2係	3722		〃	4796
厚生労働第3係	3723		1階受付	4790
厚生労働第4係	3724		〃	4791
厚生労働第5係	3725		防災センター	4999
厚生労働第6係	5861		中央監視室	4750
厚生労働第7係	5991		〃	4751
			〃	4752
厚生関係			運転手控室	3711
内科診療室	3760		〃	3712
健康相談室（健康相談）	3831		〃	3713
〃 （心の相談）	3832			
〃 （栄養相談）	3768			
薬 局	3761		コピーセンター	7455
歯科診療室	3762			

厚生労働省

大　代　表 ……………… 03-5253-1111

各室（課）直通電話（市外局番 03）

*電話番号の頭に「ダ」とあるのはダイヤルイン、「夜」は夜間直通の略

大臣官房

人　事　課 ………………ダ3595-2010
総　務　課 ………………ダ3595-3036
　国会連絡室 ………………3581-2217
　公文書監理・情報公開室…ダ3595-2320
　広報室・分かりやすい広報指導室…ダ3595-3040
会　計　課 ………………ダ3595-2081
　庶　務　班 ………………ダ3595-2081
　予　算　班 ……………{ ダ3595-2082
　　　　　　　　　　　　　　ダ3595-3053
　地方財政班 ………………ダ3595-2084
　監査指導室 ………………ダ6812-7830
　会計企画調整室 …………ダ3595-2094
　厚生管理室 ………………ダ3595-2123
　ヘルスケア推進室 ………ダ3595-3279
　出　納　班 ………………ダ3595-2122
　契　約　班 ………………ダ3595-2085
　管　財　班 ………………ダ3595-2444
　管　理　室 ………………ダ3595-2126
地　方　課 ………………夜3595-3052
　地方厚生局管理室 ………ダ3595-2433
国　際　課 ………………ダ3591-8983
　国際保健・協力室 ………ダ3595-2404
　国際労働・協力室 ………ダ3595-2402
厚生科学課 ………………ダ3595-2171
　災害等危機管理対策室…ダ3595-2172
　医薬品等行政評価・
　監視委員会室 …………ダ3595-3523
　国立高度専門医療研究センター
　支援室 ……………………ダ3595-2258
情報化担当参事官室 ……ダ3595-2314

医　政　局

書　記　室 ………………3591-9579
総　務　課 ………………ダ3595-2189
地域医療計画課 …………ダ3595-2194
医療経営支援課 …………ダ3595-2261
医療独立行政法人支援室…ダ3595-2264
国立ハンセン病療養所対策室…ダ3595-2294
職員厚生室 ………………ダ3595-2294
医　事　課 ………………ダ3595-2196
試験免許室 ………………ダ3595-2204
医師臨床研修推進室 ……ダ3595-2275
歯科保健課 ………………ダ3595-2205
看　護　課 ………………ダ3595-2206
医薬産業振興・医療情報企画課…ダ3595-2421
研究開発政策課 …………ダ3595-2430
特定医薬品開発支援・
医療情報担当参事官室 …ダ6812-7837
医療経理室 ………………ダ3595-2225

健康・生活衛生局

局　長　室 ………………3591-9645
書　記　室 ………………3591-9578
総　務　課 ………………ダ3595-2207
指導調査室 ………………ダ3595-2242
健　康　課 ………………ダ3595-2245
予防接種担当参事官室 …ダ3595-3287
がん・疾病対策課 ………ダ3595-2192
肝炎対策推進室 …………ダ3595-2103
Ｂ型肝炎訴訟対策室 ………3595-3427
難病対策課 ………………ダ3595-2249
移植医療対策推進室 ……ダ3595-2256
生活衛生課 ………………ダ3595-2301
食品監視安全課 …………ダ3595-2337

感染症対策部

企画・検疫課	…………………3595-2326
検疫所管理室	…………………3595-2333
感染症対策課	…………………3595-2257
感染症情報管理室	………………3595-2263
予防接種課	…………………3595-3287

医 薬 局

局 長 室	…………………3591-8985
書 記 室	………………ダ3591-9646
総 務 課	………………ダ3595-2377
医薬情報室	………………ダ3595-2144
医薬品副作用被害対策室	…ダ3595-2400
医薬品審査管理課	………ダ3595-2431
医療機器審査管理課	……ダ3595-2419
化学物質安全対策室	……ダ3595-2298
医薬安全対策課	…………ダ3595-2435
監視指導・麻薬対策課	…ダ3595-2436
血液対策課	………………ダ3595-2395

労働基準局

総 務 課	…………………3502-6741
石綿対策室	…………………3502-6795
労働条件政策課 ………	ダ3595-3183 / 3502-1599
監 督 課	………………ダ3595-3202
過労死等防止対策室	…………3595-3103
労働関係法課	…………………3502-6734
賃 金 課	…………………3502-6757
賃金支払制度業務室	……………6812-7850
労災管理課（総務）	………3502-6743
（企画）	…………………………3502-6292
（主計）	…………………………3502-6744
（経理）	…………………………3502-6745
労災補償監察室	…………………3502-6746
労災保険財政数理室	…………3502-6749
労働保険徴収課（総務）	……3502-6721
（企画）	…………………………3502-6722
（業務）	…………………………3502-6722

補償課（業務・企画調整）	…3502-6748
（通勤災害）	…………………3502-6751
（医事・福祉）	………………3502-6796
職業病認定対策室	…………3502-6750
労災保険審理室	…………………3502-6582

安全衛生部

計画課（管理）	………………3502-6752
（企画・法規）	………………3502-6753
（計画）	…………………………3593-6187
機構・団体管理室	…………3595-2161
安 全 課	…………………3595-3225
労働衛生課	…………………3502-6755
化学物質対策課	…………………3502-6756

職業安定局

書 記 室	…………………3502-6767
総 務 課	…………………3502-6768
公共職業安定所運営企画室	…3593-6241
人材確保支援総合企画室	…6812-7859
首席職業指導官室	…………3502-6774
訓練受講支援室	…………………3501-5257
雇用政策課	…………………3502-6770
労働移動支援室	…………………3502-6781
民間人材サービス推進室	…3595-3404
雇用保険課	…………………3502-6771
需給調整事業課	…………………3502-5227
労働市場基盤整備室	…………3595-3200
外国人雇用対策課	…………3502-6273
海外人材受入就労対策室	…3503-0229
雇用開発企画課	…………………3502-1718
就労支援室	…………………3502-6776
建設・港湾対策室	…………3502-6777
高齢者雇用対策課	…………3502-6779
障害者雇用対策課	…………3502-6775
地域就労支援室	…………………3502-6780
地域雇用対策課	…………………3593-2580

雇用環境・均等局

局　長　室 ……………………3591-9644
　書　記　室 ……………ダ3595-2645
　総　務　課 ……………ダ3595-2491
　労働紛争処理業務室 ………3502-6679
　雇用環境・均等監察室……ダ3595-2672
　雇用機会均等課 …………ダ3595-3271
　ハラスメント防止対策室 …ダ3595-3272
　有期・短時間労働課 ………ダ3595-3352
　職業生活両立課 …………ダ3595-3274
　在宅労働課 ………………ダ3595-3273
　勤労者生活課 ……………ダ3595-3187
　労働者協同組合業務室 ……ダ3595-3189
　労働金庫業務室 …………ダ3595-3198

社会・援護局

　書　記　室 ……………ダ3595-2611
　総　務　課 ……………ダ3595-2612
　自殺対策推進室 …………ダ3595-2092
　女性支援室 ………………ダ6812-7851
　保　護　課 ……………ダ3595-2613
　自立推進・指導監査室 ……ダ3595-2618
　地域福祉課 ………………ダ3595-2615
　福祉基盤課 ………………ダ3595-2616
　福祉人材確保対策室 ………ダ3595-2617
　援護企画課 ………………ダ3595-2235
　中国残留邦人等支援室 ……ダ3595-2456
　援護・業務課 ……………ダ3595-2457
　調査資料室 ………………ダ3595-2465
　事　業　課 ……………ダ3595-2228
　事業推進室 ………………ダ3595-2469
　戦没者遺骨鑑定推進室 ……ダ6812-7821

障害保健福祉部

部　長　室 ……………………3595-2096
　企　画　課 ……………夜3595-2389
　自立支援振興室 …………夜3595-2097
　施設管理室 ………………夜3595-2455
　監査指導室 ………………夜3595-2167
　障害福祉課 ………………夜3595-2528
　地域生活・発達障害支援室 …夜3595-2500
　精神・障害保健課 ………夜3595-2307
　医療観察法医療体制整備推進室 ‥夜3595-2195

老　健　局

局　長　室 ……………………3501-4019
　書　記　室 ……………ダ3501-3420
　総　務　課 ……………ダ3591-0954
　介護保険指導室 …………ダ3595-2076
　介護保険計画課 …………ダ3595-2890
　高齢者支援課 ……………ダ3595-2888
　認知症施策・地域介護推進課…ダ3595-2889
　老人保健課 ………………ダ3595-2490

保　険　局

　書　記　室 ……………ダ3591-9648
　総　務　課 ……………ダ3595-2550
　保　険　課 ……………ダ3595-2556
　全国健康保険協会管理室 …ダ3595-2350
　国民健康保険課 …………ダ3595-2565
　高齢者医療課 ……………ダ3595-2090
　医療介護連携政策課 ………ダ3595-2614
　保険データ企画室 ………ダ3595-2174
　医療費適正化対策推進室 …ダ3595-2164
　医　療　課 ……………ダ3595-2577
　保険医療企画調査室 ………ダ3595-2577
　医療指導監査室 …………ダ3595-2578
　調　査　課 ……………ダ3595-2579

年 金 局

書 記 室 ……………………ダ3595-2861
総 務 課 ……………………ダ3595-2862
首席年金数理官室 ………ダ3595-2868
年 金 課 ……………………ダ3595-2864
国際年金課 ………………ダ3595-2863
資金運用課 ………………ダ3595-2867
企業年金・個人年金課 …ダ3595-2865
数 理 課 ……………………ダ3595-2869
事業企画課 ………………ダ3595-2770
システム室 ………………ダ3595-2903
調 査 室 ……………………ダ3595-2794
会 計 室 ……………………ダ3595-2710
事業管理課 ………………ダ3595-2810

人材開発統括官

書 記 室 ……………………3502-6782
参事官（人材開発総務）・・ダ3595-3355
参事官（人材開発政策）・ダ3595-3374
参事官（若年者・キャリア形成支援）・・・ダ3595-3408
キャリア形成支援室 ……ダ3502-8931
企業内人材開発支援室 …ダ3595-3366
参事官（能力評価）………ダ3595-3378
参事官（海外人材育成）・・ダ3595-3395
海外協力室 ………………ダ3595-3396

政策統括官

政策統括官（総合政策）………3595-2159
書記室 ……………………………3502-6732
　参事官（政策立案・評価）・3595-2160
政策統括官
(統計・情報システム管理、労使関係) …3595-1603
　参事官（企画調整）………3595-1604
統計・情報総務室 ………ダ3595-2643
統計企画調整室 …………ダ3595-2678
審査解析室 ………………ダ3595-2409
国際分類情報管理室 ……ダ3595-3501
人口動態・保健社会統計室 …ダ3595-2812
行政報告統計室 …………ダ3595-2919
保健統計室 ………………ダ3595-2958
社会統計室 ………………ダ3595-2918
世帯統計室 ………………ダ3595-2974
雇用・賃金福祉統計室 …ダ3595-3145
賃金福祉統計室 …………ダ3595-3147
参事官（労使関係）………3502-6735
参事官（サイバーセキュリティ・
情報システム管理）………ダ3595-2427
情報システム管理室 ……ダ3595-2734
統計・情報総務室…………ダ3595-2410
図 書 館 ……………………ダ3595-2180

電話番号

地 方 厚 生 局

北海道厚生局

総務課、企画調整課、年金管理課、健康福祉課、医事課、食品衛生課、地域包括ケア推進課、保険年金課、社会保険審査官 ·················011-709-2311
年金審査課 ·················011-796-5155
管理課 ·················011-796-5155
医療課 ·················011-796-5105
調査課 ·················011-796-5159
麻薬取締部 ·················011-726-3131

東北厚生局

総務課 ·················022-726-9260
企画調整課 ·················022-726-9266
年金管理課 ·················022-208-5330
年金審査課 ·················022-208-8730
健康福祉課 ·················022-726-9261
医事課 ·················022-726-9263
食品衛生課 ·················022-726-9264
地域包括ケア推進課 ·····022-206-6935
保険年金課 ·················022-726-9265
管理課 ·················022-206-5215
医療課 ·················022-206-5216
調査課 ·················022-208-5332
指導監査課 ·················022-206-5217
麻薬取締部 ·················022-221-3701
青森事務所 ·················017-724-9200
岩手事務所 ·················019-907-9070
秋田事務所 ·················018-800-7080
山形事務所 ·················023-609-0140
福島事務所 ·················024-503-5030
社会保険審査官 ·········022-208-5331

関東信越厚生局

総務課 ·················048-740-0711
企画調整課 ·················048-740-0830
年金指導課 ·················048-740-0712
年金調整課 ·················048-740-0714
年金審査課 ·················048-600-0730
健康福祉課 ·················048-740-0744
医事課 ·················048-740-0754
薬事監視指導課 ·········048-740-0800
食品衛生課 ·················048-740-0761
地域包括ケア推進課 ·····048-740-0793
保険課 ·················048-740-0772
企業年金課 ·················048-740-0782
管理課 ·················048-740-0811
医療課 ·················048-740-0815
調査課 ·················048-740-0811
指導監査課 ·················048-851-3060
特別指導第一課 ·········048-740-0816
特別指導第二課 ·········048-740-0817
麻薬取締部 ·················03-3512-8688
麻薬取締部横浜分室 ·····045-201-0770
茨城事務所 ·················029-277-1316
栃木事務所 ·················028-341-8486
群馬事務所 ·················027-896-0488
千葉事務所 ·················043-382-8101
東京事務所（代表） ·······03-6692-5119
東京事務所（指導課） ·····03-6692-5126
神奈川事務所 ·············045-270-2053
新潟事務所 ·················025-364-1847
山梨事務所 ·················055-209-1001
長野事務所 ·················026-474-4346
千葉年金審査分室 ········043-379-6994

東京年金審査分室 ……… 03-6863-3778
神奈川年金審査分室 …… 045-270-9156
社会保険審査官 ………… 0570-03-1865

東海北陸厚生局

総務課 ………………… 052-971-8831
企画調整課 …………… 052-959-5860
年金指導課 …………… 052-228-7168
年金調整課 …………… 052-228-7169
年金審査課 …………… 052-950-3790
健康福祉課 …………… 052-959-2061
医事課 ………………… 052-971-8836
食品衛生課 …………… 052-959-2836
地域包括ケア推進課 …… 052-959-2847
保険年金課 …………… 052-959-2062
管理課 ………………… 052-228-6192
医療課 ………………… 052-228-6193
調査課 ………………… 052-228-6194
指導監査課 …………… 052-228-6179
麻薬取締部 …………… 052-951-6911
富山事務所 …………… 076-439-6570
石川事務所 …………… 076-210-5140
岐阜事務所 …………… 058-249-1822
静岡事務所 …………… 054-355-2015
三重事務所 …………… 059-213-3533
社会保険審査官 ………… 0570-666-445

近畿厚生局

総務課 ………………… 06-6942-2241
企画調整課 …………… 06-6942-2413
年金指導課 …………… 06-7711-9005
年金調整課 …………… 06-7711-9006

年金審査課 …………… 06-6941-2308
健康福祉課 …………… 06-4791-7311
医事課 ………………… 06-6942-2492
薬事監視指導課 ………… 06-6942-4096
食品衛生課 …………… 06-4791-7312
地域包括ケア推進課 …… 06-7711-9020
保険課 ………………… 06-4791-7313
企業年金課 …………… 06-4791-7314
管理課 ………………… 06-6942-2248
医療課 ………………… 06-6942-2414
調査課 ………………… 06-7711-9012
指導監査課 …………… 06-7663-7664
特別指導第一課 ………… 06-7711-9003
特別指導第二課 ………… 06-7711-9004
麻薬取締部 …………… 06-6949-6336
麻薬取締部神戸分室 …… 078-391-0487
福井事務所 …………… 0776-25-5373
滋賀事務所 …………… 077-526-8114
京都事務所 …………… 075-256-8681
兵庫事務所 …………… 078-325-8925
奈良事務所 …………… 0742-25-5520
和歌山事務所 ………… 073-421-8311
社会保険審査官 ………… 06-7711-8001

中国四国厚生局

総務課 ………………… 082-223-8181
企画調整課 …………… 082-223-8245
年金管理課 …………… 082-223-0065
年金審査課 …………… 082-209-6675
健康福祉課 …………… 082-223-8264
医事課 ………………… 082-223-8204

食品衛生課 …………………082-223-8291
地域包括ケア推進課 ……082-223-8280
保険年金課 …………………082-223-8244
管理課 ………………………082-223-8262
医療課 ………………………082-223-8225
調査課 ………………………082-223-8189
指導監査課 …………………082-223-8209
麻薬取締部 …………………082-227-9011
鳥取事務所 …………………0857-30-0860
島根事務所 …………………0852-61-0108
岡山事務所 …………………086-239-1275
山口事務所 …………………083-902-3171
社会保険審査官 …………082-223-0070

四国厚生支局

総務課、企画調整課 ……087-851-9565
年金管理課 …………………087-851-9510
年金審査課 …………………087-851-9571
健康福祉課 …………………087-851-9566
地域包括ケア推進課 ……087-851-9578
保険年金課 …………………087-851-9562
管理課、調査課 …………087-851-9501
医療課 ………………………087-851-9502
指導監査課 …………………087-851-9593
麻薬取締部 …………………087-811-8910
徳島事務所 …………………088-602-1386
愛媛事務所 …………………089-986-3156
高知事務所 …………………088-826-3116
社会保険審査官 …………087-851-9564

九州厚生局

総務課 ………………………092-707-1115

企画調整課 …………………092-707-1121
年金指導課 …………………092-707-1132
年金調整課 …………………092-707-1133
年金審査課 …………………092-473-7035
健康福祉課 …………………092-432-6781
医事課 ………………………092-472-2366
食品衛生課 …………………092-432-6782
地域包括ケア推進課 ……092-432-6784
保険年金課 …………………092-432-6783
管理課 ………………………092-707-1122
医療課 ………………………092-707-1123
調査課 ………………………092-707-1138
指導監査課 …………………092-707-1125
麻薬取締部 …………………092-472-2331
麻薬取締部小倉分室 ……093-591-3561
沖縄分室 ……………………098-853-7350
沖縄麻薬取締支所 ………098-854-2584
佐賀事務所 …………………0952-20-1610
長崎事務所 …………………095-801-4201
熊本事務所 …………………096-284-8001
大分事務所 …………………097-535-8061
宮崎事務所 …………………0985-72-8880
鹿児島事務所 ………………099-201-5801
沖縄事務所 …………………098-833-6006
社会保険審査官 …………092-707-1135

都道府県労働局

北海道労働局 …………… ☎011-709-2311	京都労働局 …………… ☎075-241-3211
青森労働局 …………… ☎017-734-4111	大阪労働局 …………… ☎06-6949-6482
岩手労働局 …………… ☎019-604-3001	兵庫労働局 …………… ☎078-367-9000
宮城労働局 …………… ☎022-299-8833	奈良労働局 …………… ☎0742-32-0201
秋田労働局 …………… ☎018-862-6681	和歌山労働局 …………… ☎073-488-1100
山形労働局 …………… ☎023-624-8221	鳥取労働局 …………… ☎0857-29-1700
福島労働局 …………… ☎024-536-4600	島根労働局 …………… ☎0852-20-7001
茨城労働局 …………… ☎029-224-6211	岡山労働局 …………… ☎086-225-2011
栃木労働局 …………… ☎028-634-9110	広島労働局 …………… ☎082-221-9241
群馬労働局 …………… ☎027-896-4732	山口労働局 …………… ☎083-995-0360
埼玉労働局 …………… ☎048-600-6200	徳島労働局 …………… ☎088-652-9141
千葉労働局 …………… ☎043-221-4311	香川労働局 …………… ☎087-811-8915
東京労働局 …………… ☎03-3512-1600	愛媛労働局 …………… ☎089-935-5200
神奈川労働局 …………… ☎045-211-7350	高知労働局 …………… ☎088-885-6021
新潟労働局 …………… ☎025-288-3500	福岡労働局 …………… ☎092-411-4861
富山労働局 …………… ☎076-432-2727	佐賀労働局 …………… ☎0952-32-7155
石川労働局 …………… ☎076-265-4420	長崎労働局 …………… ☎095-801-0020
福井労働局 …………… ☎0776-22-2655	熊本労働局 …………… ☎096-211-1701
山梨労働局 …………… ☎055-225-2850	大分労働局 …………… ☎097-536-3211
長野労働局 …………… ☎026-223-0550	宮崎労働局 …………… ☎0985-38-8820
岐阜労働局 …………… ☎058-245-8101	鹿児島労働局 …………… ☎099-223-8275
静岡労働局 …………… ☎054-254-6311	沖縄労働局 …………… ☎098-868-4003
愛知労働局 …………… ☎052-972-0251	
三重労働局 …………… ☎059-226-2105	
滋賀労働局 …………… ☎077-522-6647	

電話番号

施設等機関・関係法人等
固定短縮ダイヤル番号付

名　　称	番号	直　通
国立保健医療科学院	＊556	048(458)6111
国立社会保障・人口問題研究所	#4 4404	03(3595)2984
国立感染症研究所 戸　山　庁　舎	＊557	03(5285)1111
国立感染症研究所 村　山　庁　舎		042(561)0771
国立感染症研究所 ハンセン病研究センター		042(391)8211
東　京　検　疫　所	＊561	03(3599)1511
国立成育医療センター	＊564	03(3416)0181
国立国際医療センター センター病院	＊566	03(3202)7181
国立国際医療研究センター 国　府　台　病　院		047(372)3501
国立病院機構 東京医療センター	＊567	03(3411)0111
国立病院機構 災害医療センター		042(526)5511
医薬基盤・健康・栄養研究所(大阪)		072(641)9811
医薬基盤・健康・栄養研究所(東京)		03(3203)5721
日本医療研究開発機構		03(6870)2200
労働安全衛生総合研究所 清　瀬　地　区		042(491)4512
労働安全衛生総合研究所 登　戸　地　区		044(865)6111
国立がん研究センター中央病院	＊568	03(3542)2511
国立がん研究センター東病院		04(7133)1111
国立循環器病研究センター		06(6170)1070
国立精神・神経医療研究センター		042(341)2711
国立長寿医療研究センター		0562(46)2311
国立医薬品食品衛生研究所	＊559	03(3700)1141
国立障害者リハビリテーションセンター		04(2995)3100
国立看護大学校		042(495)2211

名　　称	番号	直　通
衆　議　院	＊124	03(3581)5111
参　議　院	＊125	03(3581)3111
会　計　検　査　院	＊126	03(3581)3251
人　事　院	＊127	03(3581)5311
財　務　省	＊111	03(3581)4111
総　務　省	＊106	03(5253)5111
都道府県会館	＊200	03(5212)9000
東　京　都　庁	＊213	03(5321)1111
国立病院機構		03(5712)5050
地域医療機能推進機構		03(5791)8220
医薬品医療機器総合機構		03(3506)9541
日本政策金融公庫	＊577	03(3270)0636
環境再生保全機構		044(520)9501
企業年金連合会		03(5401)8711
福　祉　医　療　機　構	＊581	03(3438)0211
年金積立金管理運用独立行政法人	＊582	03(3502)2480
農業者年金基金	＊583	03(3502)6696
日　本　赤　十　字　社		03(3438)1311
社会保険診療報酬支　払　基　金		03(3591)7441
健康保険組合連合会		03(3403)0915
国民健康保険中央会		03(3581)6821
全国健康保険協会		03(6680)8871
日　本　年　金　機　構	＊575	03(5344)1100
国立重度知的障害者総合施設のぞみの園		027(325)1501
全国社会保険協会連　合　会		03(5434)8577
国民年金基金連合会		03(5411)0211
労働政策研究・研修機構		03(5903)6111
労働者健康安全機構		044(431)8600
勤労者退職金共済機構		03(6907)1275
高齢・障害・求職者雇用支援機構		043(213)6000

主要官庁・国会政党関係

内　　　　　閣	（3581）0101
内　閣　官　房	（5253）2111
内　閣　法　制　局	（3581）7271
人　　事　　院	（3581）5311
内　　閣　　府	（5253）2111
総　　務　　省	（5253）5111
法　　務　　省	（3580）4111
外　　務　　省	（3580）3311
財　　務　　省	（3581）4111
文　部　科　学　省	（5253）4111
厚　生　労　働　省	（5253）1111
農　林　水　産　省	（3502）8111
経　済　産　業　省	（3501）1511
国　土　交　通　省	（5253）8111
環　　境　　省	（3581）3351
防　　衛　　省	（3268）3111
会　計　検　査　院	（3581）3251
最　高　裁　判　所	（3264）8111
宮　　内　　庁	（3213）1111
公　正　取　引　委　員　会	（3581）5471
国　家　公　安　委　員　会	（3581）0141
警　　察　　庁	（3581）0141
個人情報保護委員会	（6457）9680
カジノ管理委員会	（6453）0201
金　　融　　庁	（3506）6000
消　費　者　庁	（3507）8800
こ　ど　も　家　庭　庁	（6771）8030
デ　ジ　タ　ル　庁	（4477）6775
復　　興　　庁	（6328）1111
公害等調整委員会	（3581）9601
消　　防　　庁	（5253）5111
検　　察　　庁	（3592）5611
出入国在留管理庁	（3580）4111
公　安　審　査　委　員　会	（3580）4111
公　安　調　査　庁	（3592）5711
最　高　検　察　庁	（3592）5611
国　　税　　庁	（3581）4161
ス　ポ　ー　ツ　庁	（5253）4111
文　　化　　庁	（5253）4111
中央労働委員会	（5403）2111

林　　野　　庁	（3502）8111
水　　産　　庁	（3502）8111
資源エネルギー庁	（3501）1511
中　小　企　業　庁	（3501）1511
特　　許　　庁	（3581）1101
観　　光　　庁	（5253）8111
気　　象　　庁	（3212）8341
運　輸　安　全　委　員　会	（5253）8486
海　上　保　安　庁	（3591）6361
原子力規制委員会	（3581）3352
防　衛　装　備　庁	（3268）3111
衆　　議　　院	（3581）5111
第　一　議　員　会　館	（3581）5111
第　二　議　員　会　館	（3581）5111
議　長　公　邸	（3581）1461
副　議　長　公　邸	（3423）0311
赤　坂　議　員　宿　舎	（5549）4671
青　山　議　員　宿　舎	（3408）4911
参　　議　　院	（3581）3111
参　議　院　議　員　会　館	（3581）3111
議　長　公　邸	（3581）1481
副　議　長　公　邸	（3586）6741
麹　町　議　員　宿　舎	（3237）0341
清　水　谷　議　員　宿　舎	（3264）1351
国　立　国　会　図　書　館	（3581）2331
裁　判　官　訴　追　委　員　会	（3581）5111
裁判官弾劾裁判所	（3581）3111
憲　政　記　念　館	（3581）1651
国　会　記　者　会　館	（3581）0725
自　由　民　主　党	（3581）0111
立　憲　民　主　党	（3595）9988
国　民　民　主　党	（3593）6229
公　　明　　党	（3353）0111
日　本　維　新　の　会	06（4963）8800
日　本　共　産　党	（3403）6111
社　会　民　主　党	（3553）3731

電話番号

都 道 府 県

	本　庁	東京事務所
		(市外局番 03)
北 海 道	☎011(231)4111	☎(3581)3411
青 森 県	☎017(722)1111	☎(5212)9113
岩 手 県	☎019(651)3111	☎(3524)8316
宮 城 県	☎022(211)2111	☎(5212)9045
秋 田 県	☎018(860)1111	☎(5212)9115
山 形 県	☎023(630)2211	☎(5212)9026
福 島 県	☎024(521)1111	☎(5212)9050
茨 城 県	☎029(301)1111	☎(5212)9088
栃 木 県	☎028(623)2323	☎(5212)9064
群 馬 県	☎027(223)1111	☎(5212)9102
埼 玉 県	☎048(824)2111	☎(5212)9104
千 葉 県	☎043(223)2110	☎(5212)9013
東 京 都	☎03(5321)1111	
神奈川県	☎045(210)1111	☎(5212)9090
新 潟 県	☎025(285)5511	☎(5212)9002
富 山 県	☎076(431)4111	☎(5212)9030
石 川 県	☎076(225)1111	☎(5212)9016
福 井 県	☎0776(21)1111	☎(5212)9074
山 梨 県	☎055(237)1111	☎(5212)9033
長 野 県	☎026(232)0111	☎(5212)9055
岐 阜 県	☎058(272)1111	☎(5212)9020
静 岡 県	☎054(221)2455	☎(5212)9035
愛 知 県	☎052(961)2111	☎(5212)9092
三 重 県	☎059(224)3070	☎(5212)9065

	本　庁	東京事務所
		(市外局番 03)
滋 賀 県	☎077(528)3993	☎(5212)9107
京 都 府	☎075(451)8111	☎(5212)9109
大 阪 府	☎06(6941)0351	☎(5212)9118
兵 庫 県	☎078(341)7711	☎(5212)9040
奈 良 県	☎0742(22)1101	☎(5212)9096
和歌山県	☎073(432)4111	☎(5212)9057
鳥 取 県	☎0857(26)7111	☎(5212)9077
島 根 県	☎0852(22)5111	☎(5212)9070
岡 山 県	☎086(224)2111	☎(5212)9080
広 島 県	☎082(228)2111	☎(3580)0851
山 口 県	☎083(922)3111	☎(3502)3355
徳 島 県	☎088(621)2500	☎(5212)9022
香 川 県	☎087(831)1111	☎(5212)9100
愛 媛 県	☎089(941)2111	☎(5212)9071
高 知 県	☎088(823)1111	☎(3501)5541
福 岡 県	☎092(651)1111	☎(3261)9861
佐 賀 県	☎0952(24)2111	☎(5212)9073
長 崎 県	☎095(824)1111	☎(5212)9025
熊 本 県	☎096(383)1111	☎(5212)9084
大 分 県	☎097(536)1111	☎(6862)8787
宮 崎 県	☎0985(26)7111	☎(5212)9007
鹿児島県	☎099(286)2111	☎(5212)9060
沖 縄 県	☎098(866)2333	☎(5212)9087

指定都市

市　名	本　　庁	東京事務所 (**市外局番 03**)
札　　幌	☎011(211)2111	☎(3216)5090
仙　　台	☎022(261)1111	☎(3262)5765
さいたま	☎048(829)1111	☎(5215)7561
千　　葉	☎043(245)5111	☎(3261)6411
横　　浜	☎045(671)2121	☎(5501)4800
川　　崎	☎044(200)2111	☎(3591)0917
相　模　原	☎042(754)1111	☎(3222)1653
新　　潟	☎025(228)1000	☎(5216)5133
静　　岡	☎054(254)2111	☎(3556)0865
浜　　松	☎053(457)2111	☎(3556)2691
名　古　屋	☎052(961)1111	☎(3504)1738
京　　都	☎075(222)3111	☎(6551)2671
大　　阪	☎06(6208)8181	☎(3230)1631
堺	☎072(233)1101	☎(5276)2183
神　　戸	☎078(331)8181	☎(3263)3071
岡　　山	☎086(803)1000	☎(3201)3807
広　　島	☎082(245)2111	☎(3591)1292
北　九　州	☎093(582)2102	☎(6213)0093
福　　岡	☎092(711)4111	☎(3261)9712
熊　　本	☎096(328)2111	☎(3262)3840

報　道　機　関　(**市外局番 03**)

厚生労働記者会 ……3595-2570　（内線3729〜3730）
厚生日比谷クラブ ……3595-2571　（内線3750〜3754）
労政記者クラブ ……3595-2591　（内線5885〜5888）
厚生労働記者会加盟社（東京本社・支社）代表電話

朝　日　新　聞　社……3545-0131	共　同　通　信　社……6252-8000
毎　日　新　聞　社……3212-0321	時　事　通　信　社……6800-1111
読　売　新　聞　社……3242-1111	日刊工業新聞社……5644-7000
日本経済新聞社……3270-0251	Ｎ　　Ｈ　　Ｋ……3465-1111
産業経済新聞社……3231-7111	日　本　テ　レ　ビ……6215-1111
西日本新聞社……3273-8585	Ｔ　　Ｂ　　Ｓ……3746-1111
北海道新聞社……6229-0416	フ　ジ　テ　レ　ビ……5500-8888
東　京　新　聞……6910-2211	テ　レ　ビ　朝　日……6406-1111

厚生労働省幹部名簿

大　　　臣	武見敬三	厚生労働事務次官	伊原和人

大　　　臣　武見敬三
副　大　臣　濵地雅一
副　大　臣　宮﨑政久
大臣政務官　三浦　靖
大臣政務官　塩崎彰久

厚生労働事務次官　伊原和人
厚生労働審議官　田中誠二
医務技監　迫井正深
秘書官　田中真一
秘書官事務取扱　草野哲也
秘書官事務取扱　南　孝徳

（大臣官房）

官房長　村山　誠
総括審議官　宮崎敦文
総括審議官　井上　肇
（国際担当）（事務代理）

危機管理・医務技術　佐々木昌弘
総括審議官

公文書監理官　中井雅之

審議官　森　真弘
（医政、口腔健康管理、精神保健
医療、災害対策担当）
（老健局、保険局併任）

審議官　岡本利久
（健康、生活衛生、アルコール健
康障害対策、社会、援護、地域
共生・自殺対策、人道調査、福
祉連携担当）

審議官　佐藤大作
（医薬担当）

審議官　尾田　進
（労働条件政策、働き方改革担当）

審議官　田中仁志
（労災、賃金担当）

審議官　青山桂子
（職業安定、労働市場政策担当）

審議官　大隈俊弥
（雇用環境、均等担当）

審議官　吉田　修
（老健、障害保健福祉担当）（社会・援護局併任）

審議官　榊原　毅
（医療保険担当）

審議官　神ノ田昌博
（医療介護連携、データヘルス改革担当）
（医政局、老健局併任）

審議官　武藤憲真
（年金担当）

審議官　高橋秀誠
（人材開発、外国人雇用、都道府
県労働局担当）

審議官　熊木正人
（総合政策担当）
（政策統括室長代理）

地域保健福祉施策　駒木賢司
特別分析官

国際保健福祉　井上　肇
交渉官

国際労働交渉官　秋山伸一

人事課長　矢田貝泰之

参事官　長良健二
（人事担当）

人事調査官　鈴木高太郎

調査官　楊井千晶

人事企画官　松本直樹

総務課長　成松英範

参事官　福島悠子
（法務担当）（総務課法務室長併任）

公文書監理・
情報公開室長(総務課審理室長併任) 松﨑俊久

広 報 室 長 綾 賢治

企 画 官 奥山晃正
（人事課併任）

企 画 官 米丸 聡
(総務課国会連絡室長併任)

企 画 官 渡邊由美子
(厚生科学課、医政局、健康・生
活衛生局感染症対策部感染症対
策国立健康危機管理研究機構
設立準備室長併任)

企 画 官 西川宜宏
(医政局特定医薬品開発支援・医
療情報担当参事官室、医政局、健
康・生活衛生局感染症対策部併任)

企 画 官 立川淳一
(健康・生活衛生局併任)

企 画 官 鈴野 崇
(健康・生活衛生局感染症対策部、
予防接種課併任) 総括調整官(命)

企 画 官 古賀大輔
(医薬局総務課国際薬事規制室長、
医薬品審査管理課、医療機器審査
管理課、国際課併任)

企 画 官 谷 俊輔
(医薬局総務課医薬品副作用被害
対策室長併任) 総括調整官(命)

企 画 官 猪飼裕司
（医薬局併任）

企 画 官 山本 剛
(医薬局監視指導・麻薬対策課麻薬
対策企画官、監視指導室長併任)

企 画 官 鈴木良尚
(職業安定局総務課人道調査室長、
ハローワークサービス推進室長併任)

企 画 官 髙田崇司
(職業安定局雇用政策課雇用復興企画官、
労働市場情報整備推進企画室長併任)

企 画 官 林 歓
(雇用環境・均等局併任)

企 画 官 倉吉紘子
(雇用環境・均等局総務課、職業生活
両立課、有期・短時間労働課併任)

企 画 官 東 善博
(保険局併任)

企 画 官 芦田雅嗣
(年金局総務課年金広報企画室長、年金課併任)

企 画 官 岡野和薫
(年金局事業企画課併任)

企 画 官 石川義浩
(年金局事業企画課併任) 総括調整官(命)
年金記録回復室長(命) 年金事業運営推進室長(命)

企 画 官 土田さおり
(人材開発統括官付若年者・キャリア
形成支援担当参事官室併任)

総括調整官(命) 坂本和也
(医政局医薬産業振興・医療情報企画課
医療用物質等確保対策推進室長併任)

総括調整官(命) 須賀幹郎
(医政局医薬産業振興・医療情報企画課、健康・
生活衛生局感染症対策部企画・検疫課併任)

総括調整官(命) 新垣真理
(医政局医薬産業・医療情報企画課)

総括調整官(命) 橋本圭司
(健康・生活衛生局感染症対策部
感染症対策課併任)

総括調整官(命) 伊藤秀俊
(職業安定局雇用保険課併任)

総括調整官(命) 村中秀行
(老健局高齢者支援課介護業務効率化・
生産性向上推進室長、総務課、保険局
総務課併任)

総括調整官(命) 石毛雅之
(年金局事業管理課給付事業室長併任)

会 計 課 長 尾崎守正
総括調整官(命)

会 計 管 理 官 河村のり子

監査指導室長 小山英夫

経 理 室 長 藤原 毅

管 理 室 長 櫻井 淳

厚生管理企画官 筧田和三
(厚生管理室長、ヘルスケア推進室長併任)

地 方 課 長 石津克己
(労働局業務改革推進室長併任)

参 事 官 菊池育也
(地方担当) (地方厚生局管理室長併任)

地方企画官　西川誠明
（地方支分部局法令遵守室長、
労働局業務改革推進室長代理、
労働行政デジタル化企画室長併任）

業務改善分析官　野田幸裕

国際課長　平嶋壮州

国際企画・戦略官　乃村久代

国際保健・協力室長　髙橋順一

国際労働・協力室長　先﨑誠

厚生科学課長　眞鍋馨

災害等危機管理　水野嘉郎
対策室長

参事官　松下和生
（総括調整、障害者雇用担当）

参事官　前田奈歩子
（自殺対策担当）（社会・援護局
総務課自殺対策推進室長併任）

参事官　古川弘剛
（感染症対策、医政、総括調整、行政改革）

参事官　高宮裕介
（救急・周産期・災害医療等、医療
提供体制改革担当）

参事官　立石祐子
（雇用環境政策担当）
（雇用環境・均等局総務課雇用環境政策室長併任）

参事官　岡部史哉
（情報化担当）（情報化担当参事官室長併任）

（医　政　局）

局　長　森光敬子
（死因究明等推進本部事務局長併任）

総務課長　梶野友樹
（医療経理室長併任）

医療政策企画官　坪口創太
（大臣官房情報化担当参事官室併任）

地域医療計画課長　佐々木孝治

医療安全推進・　松本晴樹
医務指導室長

医療経営支援課長　和田昌弘

国立ハンセン病　北礼仁
療養所対策室長

医療独立行政　長島清
法人支援室長

政策医療推進官（併任）　高山研

医事課長　西嶋康浩

試験免許室長　廣井勝之

医師臨床研修　野口宏志
推進室長

死因究明等企画　渡邉一真
調査室長

医療基盤情報分析官　山田英樹

歯科保健課長　小嶺祐子

歯科口腔保健　髙田淳子
推進室長

看護課長　習田由美子

看護サービス　習田由美子
推進室長（併任）

看護職員確保対策官　櫻井公彦
（医事課、研究開発政策課、労働基準局
労働条件政策課併任）総括調整官（命）

医薬産業振興・　内山博之
医療情報審議官

医薬産業振興・　水谷忠由
医療情報企画課長
（セルフケア・セルフメディケー
ション推進室長併任）

医療機器政策室長　水谷忠由
（事務取扱）

首席流通指導官　藤沼義和
（流通指導室長併任）

研究開発政策課長　中田勝己

治験推進室長　飯村康夫

参事官　田中彰子
（特定医薬品開発支援・医療情報担当）
（参事官室長併任）

(健康・生活衛生局)

局　　　　　長	大 坪 寛 子	難病対策課長	山 本 博 之
総 務 課 長	吉 田 一 生	移植医療対策推進室長	野 田 博 之
指導調査室長	阿 部 友 喜	生活衛生課長	諏 訪 克 之
健 康 課 長	山 本 英 紀	生活衛生対策企画官(併任)	九十九 悠 太
地域保健企画官	田 邉 錬 太 郎		
保 健 指 導 官(保健指導室長併任)	後 藤 友 美	食品監視安全課長	森 田 剛 史
		食品監視分析官	三 木　　朗
がん・疾病対策課長	鶴 田 真 也	輸入食品安全対策室長	福 島 和 子
肝炎対策推進室長(総務課原子爆弾被爆者援護対策室長、B型肝炎訴訟対策室長併任)	安 田 正 人		

(感染症対策部)

部　　　　　長	鷲 見　　学	感染症対策課長	荒 木 裕 人
企画・検疫課長	笹 子 宗 一 郎	感染症情報管理室長	横 田 栄 一
検疫所業務企画調整官(検疫所管理室長併任)	吉 岡 明 男	予防接種課長	堀　　裕 行

(医　薬　局)

局　　　　　長	城　　克 文	医療機器審査管理課長	高 江 慎 一
総 務 課 長	重 元 博 道	医薬安全対策課長	野 村 由 美 子
薬 事 企 画 官	大 原　　拓	監 視 指 導・麻薬対策課長	小 園 英 俊
薬局地域機能推進企画官	坂 西 義 史	薬物取締調整官	深 田 真 功
医薬品審査管理課長	中 井 清 人	血液対策課長	岩 﨑 容 子

（労働基準局）

局　　　　　長	岸本武史	主任中央労働基準 監察監督官 （労働基準監察室長併任）	黒部恭志
総　務　課　長	佐々木菜々子	労働関係法課長	五百旗頭千奈美
石綿対策室長 （労災管理課併任）	喜名明子	賃　金　課　長	篠崎拓也
主任労働保険 専門調査官 （労働保険審査会事務室長併任）	木村　聡	主任中央賃金指導官	伊勢久忠
労災保険業務 分　析　官 （労災管理課建設石綿給付金認定 等業務室併任）	穴井元尚	最低賃金制度研究官	松淵厚樹
		労災管理課長	松永　久
		労災保険財政数理室長	由井　亨
		主任中央労災補償 監　察　官 （労災補償監察室長、労働保険徴収課併任）	池田邦彦
労働条件政策課長	澁谷秀行	建設石綿給付金 認定等業務室長	佐藤健吾
労働条件確保改善 対　策　室　長	田上喜之		
医療労働企画官 （医政局医事課、看護課、 労働時間特別対策室長併任）	加藤正嗣	労働保険徴収課長	宿里明弘
		労働保険徴収 業　務　室　長	中村昭彦
過労死等防止対策 企　画　官	野田直生	補　償　課　長	児屋野文男
監　督　課　長	村野伸介	労災補償訟務分析官	黒田　修
過重労働特別対策室長	加納圭吾	職業病認定対策室長	水島康雄
調　査　官 （賃金課、賃金支払制度業務室長併任）	大野希望	労災保険審理室長	大屋勝紀
		調　査　官 （安全衛生部計画課機構・団体管理室長併任）	八藤後紀明
		労災保険業務室長	田中勝之

（安全衛生部）

部　　　　　長	井内　努	電離放射線労働者 健康対策室長	宇野浩一
計　画　課　長	佐藤　俊	主任中央労働衛生 専　門　官	船井雄一郎
調　査　官	上村有輝		
安　全　課　長	安井省侍郎	主任中央じん肺 診　査　医	井口　豪
建設安全対策室長	中野　響		
安全対策指導業務 分　析　官	久野　聡	職業性疾病 分　析　官	佐々木邦臣
労働衛生課長	松岡輝昌	化学物質対策課長	土井智史
産業保健支援室長	大村倫久	化学物質評価室長	藤田佳代
メンタルヘルス対策・ 治療と仕事の両立支援推進室長	富賀見英城	環境改善・ ばく露対策室長	長山隆志

（職業安定局）

局　　　　　長	山田雅彦	労働市場基盤 整備室長	千原　　啓
総務課長	黒澤　朗	主任中央需給調整 事業指導官	渡部幸一郎
訓練受講 支援室長	岡田幸大	外国人雇用対策課長	川口俊徳
公共職業安定所 運営企画室長	西海国浩	海外人材受入就労 対策室長	南摩一隆
人材確保支援 総合企画室長	井上英明	国際労働力対策企画官 （経済連携協定受入対策室長、雇用政 策課、社会・援護局福祉基盤課併任）	前村　充
首席職業指導官	國分一行	労働市場センター 業務室長	伊藤浩之
主任中央職業安定 監察官 （人材開発統括官付人材開発政策 担当参事官室併任）	宮本淳子	主任システム計画官	木原憲一
職業指導技法研究官	渡邉浩司	高齢・障害者 雇用開発審議官	藤川眞行
職業情報研究官	竹内　聡	雇用開発企画課長	渡辺正道
雇用政策課長	吉田暁郎	就労支援室長	逸見志朗
労働移動支援室長	秋山雅紀	建設・港湾対策室長	島田博和
民間人材サービス 推進室長	吉村賢敏	高齢者雇用対策課長	武田康祐
労働市場分析官	新田峰雄	障害者雇用対策課長	西澤栄晃
雇用保険課長	岡　英範	地域就労支援室長	安蒜孝至
主任中央雇用保険 監察官 （労働基準局労働保険徴収課併任）	焼山正信	調査官	桃井竜介
調査官	鈴木義和	主任障害者雇用専門官	藤井　剛
需給調整事業課長	中嶋章浩	地域雇用対策課長	福岡洋志

幹部名簿

（雇用環境・均等局）

局　　　　　長	田中佐智子
総 務 課 長	山田敏充
労働紛争処理業務室長 （在宅労働課フリーランス就業環境 整備室長併任）	佐 野 耕 作
雇用機会均等課長	岡 野 智 晃
ハラスメント防止 対 策 室 長（併）	木村剛一郎

有期・短時間労働課長	竹 野 佑 喜
職業生活両立課長	菱 谷 文 彦
在 宅 労 働 課 長	千 葉 裕 子
勤労者生活課長	小 林　　淳
労働者協同組合 業 務 室 長	米 岡 良 晃
労働金庫業務室長	福 井　　尚

（社会・援護局）

局　　　　　長	日 原 知 己
総 務 課 長	山 口 高 志
女性支援室長	中 村 彩 子
保 護 課 長	竹 内 尚 也
自 立 推 進・ 指 導 監 査 室 長	片 桐 昌 二
保護事業室長	小 川 善 之
地域福祉課長	金 原 辰 夫
成 年 後 見 制 度 利 用 促 進 室 長	火宮麻衣子
消費生活協同組合 業 務 室 長	小 野 博 史
生活困窮者自立 支 援 室 長 （地域共生社会推進室長併任）	玉 田 耕 大

福祉基盤課長	田 中 規 倫
福祉人材確保対策 （福祉人材確保対策室長併任） 総括調整官（命）	吉 田 昌 司
援護企画課長	石 塚 哲 朗
中国残留邦人等 支 援 室 長	宇 口 良 子
援護・業務室長	阿 部 一 貴
事 業 課 長	浅 見 高 嗣
事業推進室長	星 野 正 司
戦没者遺骨鑑定 推 進 室 長	小 泉 貴 人

幹部名簿

（障害保健福祉部）

部　　　　長	野村知司	精神・障害保健課長　小林秀幸
企画課長	本後　健	心の健康支援室長　竹之内秀吉
（アルコール健康障害対策推進室長併任）		（公認心理師制度推進室長併任）
自立支援振興室長	川部勝一	依存症対策推進室長　羽野嘉朗
施設管理室長	川島英紀	（企画課障害福祉サービス等データ企画室長、地域生活・発達障害者支援室長併任）
障害福祉課長	伊藤洋平	総括調整官（命）

（老　健　局）

局　　　　長	黒田秀郎	認知症施策・　吉田　慎 地域介護推進課長
総務課長	江口　満	認知症総合戦略企画官　遠坂佳将
介護保険指導室長	奥出吉規	（地域づくり推進室長併任）
介護保険計画課長	大竹雄二	老人保健課長　古元重和
高齢者支援課長	峰村浩司	

（保　険　局）

局　　　　長	鹿沼　均	歯科医療管理官　和田康志
総務課長	姫野泰啓	保険医療企画　米田隆史 調査室長
保険課長	佐藤康弘	医療技術評価　木下栄作 推進室長
全国健康保険協会　高橋賢治 管理室長		医療保険制度　土岐太郎 改革推進官（命）総括調整官（命）
国民健康保険課長	唐木啓介	医療指導監査室長　町田宗仁
高齢者医療課長	安中　健	薬剤管理官　清原宏眞
医療介護連携政策課長　山田章平 （医政局、老健局併任）		調査課長　鈴木健二
保険データ　河合篤史 企画室長		数理企画官　江郷和彦
医療課長	林修一郎	

（年　金　局）

局　　　　　長	間　隆一郎	数　理　課　長	佐　藤　裕　亮
総　務　課　長	小　野　俊　樹	数理調整管理官	木　村　　剛
首席年金数理官	村田祐美子	（数理調整管理室長併任）	
年 金 数 理 官	榎　　広　之	年金管理審議官	巽　　慎　一
（企業年金・個人年金課基金数理室長併任）		事業企画課長	樋　口　俊　宏
年　金　課　長	若　林　健　吾	システム室長	保　坂　拓　夫
国際年金課長	花　咲　恵　乃	調　査　室　長	楠　田　裕　子
資金運用課長	西　平　賢　哉	監　査　室　長	設　楽　保　広
企 業 年 金・個人年金課長	海　老　敬　子	会　計　室　長	加　藤　英　明
		事業管理課長	重　永　将　志

（人材開発統括官）

人材開発統括官	堀井奈津子	キャリア形成支援企 画 官	佐　藤　悦　子
参　事　官	溝　口　　進	（キャリア形成支援室長、人材開発政策担当参事官室併任）	
（人材開発総務担当参事官室長併任）			
参　事　官	松　瀬　貴　裕	企業内人材開発支 援 企 画 官	永　島　宏　泰
（人材開発政策担当参事官室長併任）		（企業内人材開発支援室長併任）	
訓練企画官	大塚陽太郎	参　事　官	安　達　佳　弘
（訓練企画室長併任）		（能力評価担当参事官室長併任）	
特別支援企画官	稲　田　　剛	主任職業能力検定官	増岡宗一郎
（特別支援室長併任）		（能力評価担当参事官室併任）	
就労支援訓練企画官	横　田　和　也	参　事　官	堀　　泰　雄
（政策企画室長併任）総括調整官（命）		（海外人材育成担当参事官室長併任）	
主任職業能力開発指 導 官	佐　藤　　純	海外協力企画官	高村亜紀子
（人材開発政策担当参事官室、海外人材育成担当参事官室併任）		（海外協力室長併任）	
参　事　官	今野憲太郎		
（若年者・キャリア形成支援担当参事官室長併任）			

（政策統括官）

政策統括官　朝川知昭
(総合政策担当)（政策統括室長併任)

審議官〔再掲〕　熊木正人
(総合政策担当)（政策統括室長代理併任)

政策立案
総括審議官　河野恭子
(統計、総合政策、政策評価担当)
(政策統括室長代理併任)

参　事　官　安藤公一
(総合政策統括担当)（政策統括室副室長併任)

参　事　官　宇野禎晃
(総合政策統括担当)（政策統括室副室長併任)

政策企画官　尾﨑美弥子
(大臣官房会計課、政策統括室併任)

政策企画官　角園太一
(政策統括室、大臣官房情報化担当
参事官室併任)　総括調整官(命)

社会保障財政企画官　荻原和宏
(大臣官房会計課、政策統括室併任)
総括調整官(命)

労働経済調査官　藤木雄太
(政策統括官付参事官(企画調整担当)付
統計・情報総務室併任)

社会保障調査官　増井英紀
(政策立案・評価担当参事官室併任)

参　事　官　三村国雄
(調査分析・評価担当)
(政策立案・評価担当参事官室長併任)

政策立案・
評価推進官　菊池清隆

政策統括官　森川善樹
(統計・情報システム管理、労使関係担当)

政策立案
総括審議官〔再掲〕　河野恭子
(統計、総合政策、政策評価担当)
(政策統括室長代理併任)

参　事　官　古瀬陽子
(企画調整担当)
(統計・情報総務室長併任)

政策企画官　白木紀行
(政策統括官付参事官(企画調整担当)付
統計・情報総務室併任)

統計企画調整官　飯島俊哉
(統計企画調整室長併任)

審査解析官　長山直樹
(審査解析室長併任)

統計管理官　鎌田真隆
(人口動態・保健社会統計室長併任)

保健統計官　清水貴也
(保健統計室長併任)

社会統計室長　大村達哉

世帯統計官　藤井義弘
(世帯統計室長併任)

統計管理官　角井伸一
(雇用・賃金福祉統計室長併任)

統計技法研究官　野口智明

賃金福祉統計官　田中伸彦
(賃金福祉統計室長併任)

調　査　官　外山惠美子
(雇用・賃金福祉統計室併任)

参　事　官　大塚弘満
(労使関係担当参事官室長併任)

調　査　官　石崎琢也
(労使関係担当参事官室併任)

サイバーセキュリティ・
情報化審議官　林　弘郷

参　事　官　和田　訓
(サイバーセキュリティ・情報システム管理担当)
(サイバーセキュリティ担当参事官室長併任)

情報システム管理官　笹木義勝
(情報システム管理室長併任)

（地方厚生局）

北海道厚生局

局 長	一 瀬 篤
健康福祉部長	飯 野 賢 一
総 務 管 理 官	合 田 靖
指導総括管理官	石 川 芳 正
麻薬取締部長	川 瀬 泰 治

東 北 厚 生 局

局 長	辺 見 聡
健康福祉部長	鈴 木 義 弘
総 務 管 理 官	結 城 勝 彦
指導総括管理官	森山伊久夫
麻薬取締部長	江 野 英 夫

関東信越厚生局

局 長	武 田 康 久
健康福祉部長	川 野 宇 宏
総 務 管 理 官	今 井 悟
指導総括管理官	愛 須 通 裕
特別指導管理官	片 谷 大 介
麻薬取締部長	橋 本 隆 志

東海北陸厚生局

局 長	込 山 愛 郎
健康福祉部長	井 上 宏
総 務 管 理 官	西 條 一 徳
指導総括管理官	早 坂 嘉 久
麻薬取締部長	柴 辻 正 喜

近 畿 厚 生 局

局 長	髙 倉 俊 二
健康福祉部長	床 枝 栄 一
総 務 管 理 官	堀 勝 博
指導総括管理官	高 市 和 彦
特別指導管理官	谷 口 雅 一
麻薬取締部長	谷 口 和 久

中国四国厚生局

局 長	依 田 泰
健康福祉部長	清 水 俊 一
総 務 管 理 官	鹿 間 等
指導総括管理官	遠 藤 雅 人
麻薬取締部長	小 野 原 光 康

四 国 厚 生 支 局

支 局 長	榎 本 芳 人
総 務 管 理 官	主 藤 秀 幸
指導総括管理官	大 澤 昭 彦
麻薬取締部長	阿 部 祐 二

九 州 厚 生 局

局 長	尾 崎 俊 雄
健康福祉部長	舩 越 裕
総 務 管 理 官	髙 野 進 一
指導総括管理官	加 藤 孝 文
麻薬取締部長	大 渕 朗 裕

（中央労働委員会）

事 務 局 長　奈 尾 基 弘

審 議 官　宮 本 悦 子
（審 査 担 当）

審 議 官　原 口　剛
（調整、企画広報担当）

総 務 課 長　田 村　雅

広 報 調 査 室 長　秋 山 惠 一

審 査 課 長　田 尻 智 幸

審 査 室 長　笠 松 和 宏
（総務課管理室長併任）

主 任 訟 務 官　松 本 和 之
（総務課議事調整室長併任）

審 査 情 報 分 析 官　大 隈 由 加 里

和 解 手 法 分 析 官　藤 澤 美 穂

審 査 判 決 分 析 官　丸 山 浩 典

審 査 総 括 官　六 本 佳 代
（第一部会担当審査総括室長併任）

審 査 総 括 官　奈 須 川 伸 一
（第二部会担当審査総括室長併任）

審 査 総 括 官　川 又 修 司
（第三部会担当審査総括室長併任）

審 査 官　金 沢 淳 二

審 査 官　八 木 公 代

審 査 官　松 野 明 広

主 任 特 別 専 門 官　三 田 村 朝 子
第一部会担当審査総括室付審査官（命）

特 別 専 門 官　寺 崎 千 尋

特 別 専 門 官　鈴 木 真 理 子

調 整 第 一 課 長　境　伸 栄

行 政 執 行 法 人 室 長　荒 木 治 美

個別労働関係紛争
業務支援室長（併）　境　伸 栄

調 整 第 二 課 長　渡 辺　聡

こども家庭庁幹部名簿

| 大　　　　臣 | 加藤鮎子 | 大臣政務官 | 古賀友一郎 |
| 副　大　臣 | 工藤彰三 | 長　　　官 | 渡辺由美子 |

（長 官 官 房）

官　房　長	中村英正	企　画　官 （財政・地方連携推進担当）	吉村　顕
審　議　官 （成育局担当）	竹林悟史	企　画　官 （大臣秘書官事務取扱併任）	小澤幸生
審　議　官 （支援局担当）	源河真規子	人事調査官	川岸直樹
審　議　官 （総合政策担当）	髙橋宏治	経理室長	吉行　崇
支援金制度等 準備室長	伊澤知法	参　事　官 （会計担当）	湯山壮一郎
総務課長	林　俊宏	参　事　官 （総合政策担当）	中原茂仁
企　画　官 （広報・文書担当）	中村明恵	参　事　官	羽柴愛砂
		参　事　官 （支援金制度等担当）	田中義高

（成 育 局）

局　　　長	藤原朋子	児童手当管理室長	西川昌登
総務課長	髙田行紀	母子保健課長	木庭　愛
保育政策課長	栗原正明	安全対策課長	近藤裕行
許可外保育施設 担当室長	伊藤涼子	企　画　官 （こども性暴力防止法施行準備担当）	久米隼人
成育基盤 企画課長	齋藤　潔	参　事　官 （事業調整担当）	久保倉　修
成育環境課長	安里賀奈子		

(支　援　局)

局　　　　　長　吉住啓作	企　画　官　上野友靖
総　務　課　長　山下　護	（こども若者支援担当）
企　画　官　菊地史晃	家庭福祉課長　小松秀夫
（いじめ・不登校防止担当）	企　画　官　宮崎千晶
虐待防止対策　野中祥子	（ひとり親家庭等支援担当）
課　　　　　長	障害児支援課長　小野雄大

・・・・・・・・・・・・・・・・・・・・・・・・・・・・・・・

電　話　番　号

代　　表 ·················· 03-6771-8030
　各室（課）直通電話（市外局番 03）

長官官房
　総　務　課 ····················6850-0100
　　公文書監理官室············6860-0032
　　経理室························6778-5600
　　参事官························6863-0101
　　（総合政策担当）
　　少子化対策室················6860-0142
　　EBPM 推進室···············6860-0162

成　育　局
　総　務　課 ····················6854-0200
　保育政策課····················6859-0031
　公定価格担当室················6858-0126
　許可外保育施設担当室·······6858-0128
　成育基盤企画課···············6861-0031
　成育環境課····················6863-0331
　児童手当管理室···············6861-0225
　母子保健課····················6859-0041
　安全対策課····················6858-0151
　参事官························6838-0051
　（事業調整担当）
　施設調整等業務担当室·······6863-0286

支　援　局
　総　務　課 ····················6840-5400
　虐待防止対策課···············6859-0080
　家庭福祉課····················6863-0080
　ひとり親家庭等支援室·······6859-0183
　障害児支援課··················6862-0580

環境省幹部名簿

03−3581−3351（代表）

環境省

		内線番号	電話番号(市外局番 03)
大　　　臣	伊藤信太郎	6101	☎3580−0241
副　大　臣	八木哲也	6102	☎3580−0242
副　大　臣	滝沢　求	6140	☎3581−3361
政　務　官	朝日健太郎	6003	☎3581−4912
政　務　官	国定勇人	6141	☎3581−3362
事　務　次　官	鑓水　洋	6103	☎3580−0243
地球環境審議官	松澤　裕	6004	☎3593−3071

（大 臣 官 房）

官　房　長	上田康治	6104	☎3580−0244
政策立案総括審議官	中尾　豊	6115	☎3581−4914
公文書監理官(充)	熊谷和哉	6050	☎3581−4980
サイバーセキュリティ・情報化審議官	熊谷和哉	6050	☎3581−4980
秘　書　課　長	西村治彦	6120	☎3580−0249
調　査　官	中野　剛	6121	☎5521−8207
企　画　官	増田直文	6166	☎3581−3552
地方環境室長	小口　馨	6071	☎5521−9266
人材育成・業務改革推進室長	一井里映	7171	☎5521−8206
総　務　課　長	小笠原　靖	6130	☎3580−1372
広　報　室　長	小沼信之	6081	☎5521−8213
企　画　官	岡﨑雄太	7071	☎5512−5010
公文書監理室長	清武正孝	6170	☎5521−8210
国会連絡室長(併)	増田直文	6166	☎3581−3552
環境情報室長	明石健吾	6180	☎5521−8212
危機管理・災害対策室長(併)	岡﨑雄太	7071	☎5512−5010
会　計　課　長	成田浩司	6160	☎5521−8216
監査指導室長	金子浩二	6001	☎5521−8219
庁舎管理室長	藤田佳久	6012	☎6205−4939
大臣秘書官事務取扱	清水延彦	6101	☎3580−0241

（総合環境政策統括官グループ）

総合環境政策統括官	秦　康之	6201	☎3580-1701
大臣官房審議官	飯田博文	6402	☎3581-4916
総合政策課長	井上和也	21037	☎5521-8225
調査官	井樋世一郎	9950	☎5521-8350
企画評価・政策プロモーション室長	平塚二朗	21562	☎5521-8326
環境研究技術室長	奥村暢夫	22188	☎5521-8239
環境教育推進室長(併)	井上和也	21037	☎5521-8231
環境計画室長(併)	井上和也	21037	☎5521-9265
民間活動支援室長(併)	石川拓哉	21160	☎3406-5181
環境統計分析官	欠	－	－
原子力規制組織等改革担当室長	木野修宏	－	－
環境経済課長	平尾禎秀	25225	☎5521-8230
市場メカニズム室長	山本泰生	25664	☎5521-8354
環境影響評価課長	川越久史	7233	☎5521-8236
環境影響審査室長	加藤聖	6209	☎5521-8237

（地球環境局）

局長	土居健太郎	6701	☎3593-0489
大臣官房審議官	堀上勝	6202	☎3580-1701
特別国際交渉官	小川眞佐子	6703	☎3581-4915
総務課長	大井通博	21072	☎5521-8241
脱炭素社会移行推進室長	伊藤史雄	25730	☎5521-8244
気候変動科学・適応室長	羽井佐幸宏	22132	☎5521-8242
地球温暖化対策事業監理室長(併)	種瀬治良	22156	☎6457-9095
気候変動観測研究戦略室長	岡野祥平	25723	☎5521-8247
国際会議等業務室長	大竹敦	9982	☎5521-8241
地球温暖化対策課長	吉野議章	22157	☎5521-8249
地球温暖化対策事業室長	塚田源一郎	25722	☎5521-8339
脱炭素ビジネス推進室長	杉井威夫	21091	☎5521-8249

環境省

フロン対策室長	香具輝男	22158	☎5521－8329
事業監理官	種瀬治良	22156	☎6457－9095
デコ活応援隊隊長	島田智寛	22233	☎5521－8341
住宅・建築物脱炭素化事業推進室長	寺井　徹	22193	☎5521－8355
国際連携課長(併)	大井通博	21070	☎5521－8243
気候変動国際交渉室長	青竹寛子	25812	☎5521－8330
国際脱炭素移行推進・環境インフラ担当参事官	行木美弥	7758	☎5521－8246
JCM推進室長(併)	行木美弥	7758	☎5521－8246

（水・大気環境局）

局　　　長	松本啓朗	6501	☎3580－2163
大臣官房審議官（充）	伯野春彦	6601	☎6205－8275
総務課長	名倉良雄	6510	☎5521－8287
環境管理課長	吉川圭子	22187	☎5521－8292
環境管理情報分析官	辻原　浩	22217	☎5521－8292
環境汚染対策室長	鈴木清彦	6609	☎5521－8359
水道水質・衛生管理室長	柳田貴広	22361	☎5521－8300
農薬環境管理室長	吉尾綾子	22025	☎5521－8311
有機フッ素化合物対策室長	吉﨑仁志	21625	☎5521－8313
モビリティ環境対策課長	平澤崇裕	22567	☎5521－8296
脱炭素モビリティ事業室長	中村真紀	21034	☎5521－8301
海洋環境室長	水谷好洋	25750	☎5521－8304
企　画　官	谷口和之	22568	☎5521－8304
海域環境管理室長(併)	水谷好洋	25750	☎5521－8319
海洋プラスチック汚染対策室長	中山直樹	6965	☎6205－4934

（自然環境局）

局　　　長	植田明浩	6401	☎3580－1707
大臣官房審議官	飯田博文	6402	☎3581－4916
総務課長	松下雄介	6410	☎5521－8267
調査官	東岡礼治	21113	☎5521－8270
国民公園室長	田中英二	21750	☎5521－8672
動物愛護管理室長	立田理一郎	22200	☎5521－8331
自然環境計画課長	番匠克二	9726	☎5521－8272

自然環境情報分析官	欠	－	－
生物多様性戦略推進室長	鈴木　渉	22184	☎5521－8273
生物多様性主流化室長	浜島直子	21541	☎5521－9108
国立公園課長	西村　学	6440	☎5521－8277
国立公園利用推進室長	佐々木真二郎	6641	☎5521－8271
自然環境整備課長	中原敏正	6450	☎5521－8280
温泉地保護利用推進室長	坂口　隆	6427	☎5521－8280
野生生物課長	中澤圭一	6460	☎5521－8282
鳥獣保護管理室長	宇賀神知則	6470	☎5521－8285
希少種保全推進室長	荒牧まりさ	6677	☎5521－8353
外来生物対策室長	松本英昭	6680	☎5521－8344

（環境再生・資源循環局）

局　　　　長	白石隆夫	6107	☎3581－3366
次　　　　長	角倉一郎	6801	☎3593－8260
大臣官房審議官	小田原雄一	6564	☎5521－8710
総務課長	波戸本　尚	6811	☎5501－3152
（総務課企画官）	長谷部智久	9981	☎5521－9260
循環指標情報分析官	外山洋一	21786	☎5501－3152
循環型社会推進室長（充）	近藤亮太	22174	☎5501－3153
リサイクル推進室長	近藤亮太	22174	☎5501－3153
制度企画室長（併）	岡﨑雄太	21893	☎6205－4946
容器包装・プラスチック資源循環室長	井上雄祐	25797	☎5501－3153
資源環境ビジネス推進室長	河田陽平	25486	☎6205－4946
廃棄物適正処理推進課長	松﨑裕司	21573	☎5501－3154
浄化槽推進室長	沼田正樹	21024	☎5501－3155
災害廃棄物対策室（併）	松﨑裕司	21573	☎5501－3154
廃棄物規制課長	松田尚之	21568	☎5501－3156
不法投棄原状回復事業対策室（併）	松田尚之	21568	☎5501－3156
ポリ塩化ビフェニル廃棄物処理推進室長（併）	松田尚之	21568	☎5501－3156
参事官（総括）	原田昌直	22172	☎5521－8350

参　事　官 (再生利用・技術実証)	中野哲哉	25320	☎5521－9267
参　事　官 (戦略改定・最終処分)	内藤冬美	21586	☎5521－8350
参　事　官 (中貯・除染・廃棄物)	長田　啓	21146	☎5521－8830
放射性物質汚染 廃棄物対策室長	鈴木克彦		☎5521－8352
福島再生・未来志向 プロジェクト推進室長(併)	長田　啓	21146	☎5521－9269
企　画　官	戸ヶ崎　康	22154	☎3581－2788
除染チーム次長 (総務課企画官)	長谷部智久	9981	☎5521－9267
除染・中間貯蔵 チーム次長(調査官)	井樋世一郎	9950	☎5521－8350

（環境保健部）

部　　　　　長	前田光哉	6301	☎3580－9706
政策立案総括審議官	中尾　豊	6115	☎3581－4914
企　画　課　長	鮎川智一	6310	☎5521－8251
保健業務室長	堀内直哉	6320	☎5521－8255
特殊疾病対策室長	森　　桂	6330	☎5521－8257
石綿健康被害対策室長	辰巳秀爾	6381	☎5521－6550
熱中症対策室長	永田　翔	6312	☎6206－1732
公害補償審査室長	宇田川弘康	6371	☎5521－8264
化学物質安全課長(併)	鮎川智一	6350	☎5521－8259
化学物質安全企画官(併)	清丸勝正	22152	☎5521－8253
化学物質審査室長	清丸勝正	22152	☎5521－8253
環境リスク評価室長	市村　崇	6340	☎5521－8262
水銀・化学物質国際室長	高木恒輝	22152	☎5521－8260
環境リスク情報分析官	欠	－	－
放射線健康管理 担 当 参 事 官	海老名英治	6375	☎5521－9248

（地域脱炭素推進審議官グループ）

地域脱炭素 推進審議官	大森恵子	6109	☎3580－1043
大臣官房 審　議　官	堀上　勝	6202	☎3580－1701
地域政策課長	近藤貴幸	22183	☎5521－8232

環境省

地域循環共生圏推進室長	石川 拓哉	21160	☎5521－8328
地域脱炭素事業監理室長（併）	種瀬 治良	22156	☎5521－8232
地域脱炭素事業推進課長	冨安 健一郎	22564	☎5521－8233
地域脱炭素政策調整担当参事官	大倉 紀彰	25669	☎5521－9109

（地方支分部局）

北海道地方環境事務所長	山本 麻衣	☎011－299－1950（代）
釧路自然環境事務所長	岡野 隆宏	☎0154－32－7500
東北地方環境事務所長	中島 尚子	☎022－722－2870（代）
福島地方環境事務所長	関谷 毅史	☎024－573－7330（代）
福島地方環境事務所次長	細川 真宏	☎024－573－7330（代）
関東地方環境事務所長	神谷 洋一	☎048－600－0516（代）
中部地方環境事務所長	小森 繁	☎052－955－2130（代）
信越自然環境事務所長	酒向 貴子	☎026－231－6570
近畿地方環境事務所長	伊藤 賢利	☎06－6881－6500（代）
中国四国地方環境事務所長	坂口 芳輝	☎086－223－1577（代）
四国事務所長	大林 圭司	☎087－811－7240
九州地方環境事務所長	則久 雅司	☎096－322－2400（代）
沖縄奄美自然環境事務所長	北橋 義明	☎098－836－6400
皇居外苑管理事務所長	黒川 ひとみ	☎03－3213－0095
京都御苑管理事務所長	小口 陽介	☎075－211－6348
新宿御苑管理事務所長	柴田 泰邦	☎03－3350－0152
千鳥ヶ淵戦没者墓苑管理事務所長	石関 延之	☎03－3262－2030
生物多様性センター長	高橋 啓介	☎0555－72－6031

（環境調査研修所）

| 所長（充） | 秦 康之 | ☎04－2994－9303（代） |
| 次長 | 堀内 洋 | ☎04－2994－9303（代） |

（国立水俣病総合研究センター）

| 所長 | 伯野 春彦 | ☎0966－63－3111（代） |
| 次長 | 齋藤 真知 | ☎0966－63－3111（代） |

環境省

令和 6 年版（令和 6 年 7 月16日現在）

ガイドブック **厚生労働省** 第96版

発行人 松井直樹

発　行　　**厚 生 行 政 出 版 会**

〒103-0003　東京都中央区日本橋横山町2-4
第二松井ビル6階

TEL　03-3663-9666
FAX　03-3663-9667
E-mail　kgs@kosei-guide.co.jp

定価 本体 2,500円（税込2,750円）〒310円

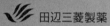

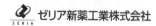

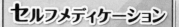

マークは3つのお約束

Safety 安全

Sマークの店は損害賠償責任保険加入済み。
だから万一の事故にもきちんと対応できます。

Standard 安心

Sマークの店はサービス内容をはっきり掲示。
安心できるサービスをお約束します。

Sanitation 清潔

Sマークの店は施設・設備の一定の基準を守って、
衛生管理をきちんと行っています。

厚生労働大臣認可

Sマークの店は「標準営業約款にしたがって営業します」と
宣言して、厚生労働大臣に認められたお店です。

理容店　　美容店　　クリーニング店　　めん類店　　一般飲食店

これからも Ⓢ マークの店をご利用ください!

公益財団法人 全国生活衛生営業指導センター
一般社団法人 全国生活衛生同業組合中央会
〒105-0004 東京都港区新橋 6-8-2 全国生衛会館 2 階　https://www.seiei.or.jp

MEMO

MEMO